COURNOT

BIBLIOTHÈQUE DES PHILOSOPHIES

Directeur : Michel MALHERBE

COURNOT

LE RÉALISME

par

Bertrand SAINT-SERNIN

PARIS
LIBRAIRIE PHILOSOPHIQUE J. VRIN
6, Place de la Sorbonne, Ve

1998

Imprimé en France
ISSN 1281-5675
ISBN 2-7116-1352-6

Pour Jane

Remerciements

Ce livre doit beaucoup à mes étudiants, à qui j'ai eu plaisir à exposer la philosophie de Cournot. Je remercie tout particulièrement Dominique Sénémaud, ancien élève de l'École Polytechnique, qui m'a donné une version dactylographiée de mon cours. Anne Fagot-Largeault et Daniel Andler ont bien voulu relire le manuscrit et me faire bien des suggestions : je leur redis combien leur amical compagnonnage m'est précieux. Christiane d'Ainval m'a éclairé sur son ancêtre, le Maréchal Gouvion Saint-Cyr. Qu'elle trouve ici l'expression de ma gratitude. Je suis très reconnaissant à Thierry Martin de son aide, en matière de bibliographie notamment. Que Pierre Oster, dont l'indéfectible amitié m'enseigne, depuis tant d'années, les exigences de l'écriture, sache ce qui lui revient dans ce livre. Enfin, je n'aurais pas écrit ces pages, si les travaux de Jane Saint-Sernin sur Cournot, recteur de Dijon, ne m'avaient révélé la personnalité attachante et libre de ce génie secret.

CHAPITRE PREMIER

PORTRAIT

Cournot est né dans la petite ville de Gray, située sur les bords de la Saône, à l'est de Dijon, le 28 août 1801. Il entre à huit ans au Collège de Gray et y achève ses études secondaires un peu avant ses quinze ans, sans passer le baccalauréat; il reste dans sa ville, occupant un emploi de clerc chez un avoué. Il s'ennuie. Apprenant qu'un inspecteur général de mathématiques visite le lycée de Besançon, il pense un moment lui demander audience, y renonce, mais les professeurs du Collège Royal de Besançon, frappés par ses dons, l'engagent à préparer le concours d'entrée à École Normale supérieure dans la section des sciences. Cournot fréquente la classe de mathématiques supérieures du lycée de Besançon et, comme il est plus âgé que les autres élèves, on lui donne le statut de maître-répétiteur surveillant, ce qui le défraye du coût de ses études. En 1821, il est reçu, mais, un an après, juste avant la rentrée de 1822, pour des raisons politiques, l'École est fermée et il se retrouve à Paris sur le pavé à vingt ans.

Il passe un an à la Sorbonne, en 1822-1823; il y rencontre le grand mathématicien Dirichlet[1], qui n'a alors que dix-sept ans, et, comme il doit gagner sa vie, entre comme précepteur chez le maréchal Gouvion-Saint-Cyr. Il devient peu à peu un ami de la famille et aide le maréchal à rédiger ses *Mémoires* qui paraîtront à partir de 1830. Entre-temps, Cournot continue à faire des mathématiques et de la physique; il assiste à la rencontre entre Œrsted et Arago; édite les *Lettres à une princesse d'Allemagne* d'Euler. Denis Poisson, qui règne alors sur les mathématiques et la physique, le remarque. En 1829, il soutient sa thèse principale, «Mémoire sur le mouvement d'un corps rigide soutenu par un plan fixe», et sa thèse complémentaire «La Figure des corps

1. En 1824, Dirichlet publie que l'équation $x^5 + y^5 = z^5$ ne peut pas avoir de solutions entières.

célestes». Il traduit le *Traité d'Astronomie* de John F. W. Herschel (1792-1871), fils de William Herschel (1738-1822), qui découvrit Uranus (13 mars 1781), et le publie en 1834 avec une *Addition* portant sur «la distribution des orbites cométaires»[1]. Il traduit aussi les *Éléments de Mécanique* de Kater et Lardner. Le Maréchal Gouvion Saint-Cyr meurt en 1830, Cournot reste dans la famille pour achever l'édition de ses *Mémoires*, mais, en 1833, il fait savoir qu'il souhaite prendre un poste dans l'enseignement. En 1834, Poisson le charge de missions à Paris; en particulier, d'examiner les candidats au concours d'entrée à l'École Normale supérieure. En juillet 1834, il est nommé professeur à la Faculté des sciences de Lyon, puis, en octobre 1835, recteur de l'Académie de Grenoble et professeur à la Faculté des Sciences. En 1836, Ampère meurt à Marseille au cours d'une tournée d'inspection. On demande à Cournot de devenir Inspecteur général par intérim. Tout en exerçant cette triple activité, il écrit à Grenoble ses *Recherches sur les principes mathématiques des richesses*, qui paraissent en 1838. Le 10 septembre 1838, Cournot épouse Colombe Antoinette Mélanie Petitguyon, qui lui donne un fils, Pierre, qui naît en 1839.

Après ce court séjour en Dauphiné, il devient inspecteur général des études, chargé des sciences. Succédant à Poisson, il préside, de 1839 à 1843, le jury de l'agrégation de mathématiques. À cette époque, les inspecteurs généraux ont la responsabilité de l'enseignement supérieur et du secondaire; ils vont par deux (un scientifique et un littéraire) dans les établissements, parcourant la France pendant trois mois; le reste du temps, ils travaillent pour eux et président les jurys de concours. Cournot avait comme compagnon un helléniste, Alexandre, auteur d'un dictionnaire très connu au XIXe siècle.

Jusqu'à cinquante ans, il se fait connaître comme mathématicien; de cinquante à soixante-quinze ans, il publie quatre ouvrages de philosophie où la réflexion sur les sciences tient une place centrale. Il s'inscrit ainsi dans une tradition française de double création, philosophique et scientifique, celle de Descartes, Pascal, Auguste Comte, Renouvier, Duhem, Meyerson, Poincaré, etc. Il mène, sous plusieurs régimes, une carrière de haut fonctionnaire, qu'il termine, sous le Second Empire, de 1854 à 1861, comme recteur de l'Académie de Dijon.

Durant cette période, cet homme secret a l'idée que l'instruction publique est un phénomène social majeur, qu'on ne peut ni décrire ni

1. A. A. Cournot, *Exposition de la théorie des chances et des probabilités* [1843], Vrin, 1984, introduction de Bernard Bru, p. v.

comprendre sans employer des instruments statistiques; pendant cinq ans, il fera établir, pour l'Académie de Dijon, un système de statistiques, qui est sans équivalent et qui a été découvert et étudié par Jane Saint-Sernin[1]. Son action de recteur présente une autre singularité: la première partie du Second Empire est un régime autoritaire, qui donne aux préfets et aux recteurs des instructions précises, et leur demande notamment des rapports sur l'état d'esprit des fonctionnaires et de la population. Cournot allègue qu'un rapport administratif ne peut avoir qu'un unique objet et se prévaut de cette règle de bonne administration pour donner à ses inspecteurs d'Académie la consigne de répondre systématiquement qu'il n'y a rien à signaler[2].

C'est donc un libéral: sans forfanterie, il protège l'ensemble de ses administrés; les ministres successifs lui font des remontrances, mais aucun ne met fin à ses fonctions; sans doute le pouvoir exécutif avait-il alors le sentiment que la communauté universitaire se dirige suivant des lois qui lui sont propres et que la liberté inhérente à cette institution doit être respectée.

Cournot a été aussi, à trente-cinq ans, et sans que personne autour de lui s'en rende compte, l'un des fondateurs de ce qui deviendra, au XXe siècle, l'économétrie. Comme l'écrit Irving Fisher en 1897: «It may be claimed that Cournot was the principal Founder of this school»[3]. Son nom, aujourd'hui encore, est associé à la découverte de ce qu'on appelle les «équilibres de Nash» dans la théorie des jeux non-coopératifs. Il formule, en effet, la première théorie du duopole. *Recherches sur les principes mathématiques de la théorie des richesses,* livre original qui n'a pas eu grand succès à l'époque, mais sera redécouvert par des économistes anglo-saxons à la fin du XIXe siècle. Il est arrivé à Cournot, en économie, ce qui est arrivé à Mendel en génétique.

Cournot se forme au moment où règnent les conceptions de Laplace. Au XIXe siècle, la mécanique classique atteint son apogée puis connaît un ébranlement profond. C'est aussi le siècle des statistiques, du calcul des probabilités et – vers sa fin – de l'utilisation des probabilités dans les sciences de la nature. Cournot participe de ces deux traditions; mais

1. Jane Saint-Sernin, «*A.A. Cournot, recteur de Dijon: un philosophe et un administrateur face aux problèmes de l'existence et à ceux de l'action*», Dijon, 1982. Inédit.

2. «Ainsi, écrit Fortoul au recteur de Dijon, j'ai lu avec surprise, dans votre rapport pour le mois de mars, que vous aviez rempli les feuilles relatives à l'administration académique par cette unique mention: rien à signaler», *in* Jane Saint-Sernin, *op. cit.* On trouve, dans cette étude, bien des témoignages de l'indépendance et de la hauteur d'esprit de cet homme d'action philosophe.

3. Irving Fisher, «Cournot and Mathematical Economics», in *The Quarterly Journal of Economics*, published for Harvard University, Vol. XII, January 1898, N° 2, p. 119.

il ne croit pas que l'univers ait une structure analogue à celle que Kant – dont Arago redécouvre la cosmologie vers 1843[1] –, et Laplace ont imaginée, c'est-à-dire que l'univers est régi uniquement par la loi de la gravitation universelle ou des lois de forme analogue, ce qui assure l'unité de l'expérience possible.

La vision de Cournot est différente ; il pense que, si l'univers est régi par les lois causales de la mécanique, la contingence y tient une place fondamentale : bien que nous ayons l'impression de vivre dans un univers qui est un, celui-ci est constitué de mondes distincts, qui ont leur structure propre, leurs relations causales internes et qui peuvent rester isolés les uns des autres ou, au contraire, entrer en contact, voire en collision. Ces mondes, selon l'échelle et la nature des phénomènes qui s'y passent, ont des structures et des lois différentes. La réflexion de Cournot sur le hasard porte sur cette séparation, sur ces rencontres et ces chocs des mondes partiels qui constituent l'univers. Il est, au XIXe siècle, l'un des premiers à penser scientifiquement de telles interférences, que le calcul des probabilités, à la différence des mathématiques classiques, permet de décrire, voire de modéliser.

Dans la première moitié du XIXe siècle, les savants sont à la fois mathématiciens et physiciens. Cournot, quant à lui, a un sens très vif de la pluralité des approches de la nature. Il ne croit pas à l'existence d'une science monolithique, ni au recours à une méthode unique pour connaître la réalité. Il distingue, en suivant l'ordre historique, une approche par les formes et la géométrie, et une approche par la mécanique ; il pense, en revanche, que la causalité à l'œuvre dans les êtres vivants nous est partiellement opaque ; certains phénomènes organiques, certes, relèvent de la mécanique ou de la chimie ; toutefois, l'organisation, la reproduction, la stabilité de la forme à travers la suite des générations ne ressortissent pas à une explication physico-chimique.

En histoire naturelle, il juge que la vision typologique ou essentialiste de la nature vivante défendue par Cuvier n'est pas rationnelle, car elle implique un Créateur procédant par coups d'État, au lieu d'employer des moyens graduels et, si l'on peut dire, légaux. Il s'interroge sur l'histoire de l'univers : distinguant trois grandes périodes cosmogoniques, il conçoit l'idée que les régularités du monde inorganique sont apparues « par hasard », quand des lois newtoniennes du mouvement, s'appliquant à des configurations de matière propices, ont permis la coagulation de cristaux d'ordre.

Il semble avoir été le premier à penser scientifiquement la naissance de l'ordre à partir du chaos ; mais, à ses yeux, ce qui a été possible dans

1. Je remercie Paul Clavier de m'avoir donné cette information.

l'ordre minéral ne l'est pas dans la nature vivante : la vie n'est pas le résultat d'un alliage du hasard et de la nécessité. Il a le sentiment que le macrocosme comporte un degré de complexité que l'on ne peut discerner qu'en appliquant le calcul des probabilités aux phénomènes de la physique terrestre.

Ainsi, Cournot – qui ne se considérait pas comme un mathématicien de la même trempe que son illustre ami, l'Allemand Dirichlet – a eu la perception aiguë des répercussions philosophiques que peuvent avoir certaines grandes évolutions des sciences. Cette conscience de la connaissance en marche l'a conduit, le premier, à concevoir une théorie des révolutions scientifiques (terme associé, dans nos esprits, au nom de Thomas Kuhn et de son ouvrage : *La Structure des révolutions scientifiques)*. En 1872, dans ses *Considérations sur la marche des idées et des événements dans les temps modernes*, il propose une interprétation des crises et des changements de mode d'explication qui jalonnent l'histoire des sciences. Il n'est pas seulement averti de l'état du savoir ; il a, de plus, le souci de faire une histoire philosophique des sciences ; histoire qui nous éclaire sur les conditions du passage de la confection d'images cohérentes ou, comme il dit, « logiques » du monde à la représentation fidèle ou « rationnelle » – et donc véridique – de la nature. Il tente donc de concilier une philosophie de la nature d'inspiration réaliste avec une théorie de la marche de l'histoire.

Cournot, en effet, est réaliste. Bien entendu, nous essayons de fabriquer des images cohérentes et partielles de la nature, mais le problème essentiel de toute la philosophie des sciences, c'est de distinguer entre l'ordre *logique* et l'ordre *rationnel* : le premier se limitant à une exigence de cohérence logique, alors que le second comporte une exigence de vérité : comment juger de la valeur représentative de nos idées, comment savoir si elles ne constituent que des « *Weltbilder* », des images du monde, ou si elles sont des représentations fidèles des opérations de la nature elle-même ?

Le réalisme paraît une attitude candide, naïve même : sur quelles raisons tabler pour affirmer que l'esprit humain est en mesure de démêler ce qui relève de sa machinerie physiologique et psychique de ce qui représente « l'ordre et la connexion des choses » ? D'autant que Cournot ne se donne pas la part belle : loin d'attribuer à la nature une uniformité rassurante, il lui suppose une composition complexe. Par là, sa pensée est tout le contraire d'un réductionnisme.

L'esprit doit accepter d'explorer, dans une sorte d'aventure ordonnée, les divers ordres du réel, avant d'espérer revenir vers l'Ithaque de l'unité. Henri Poincaré, dont on interprète souvent bien à la légère le

« conventionnalisme », a porté, sur la position philosophique de Cournot un jugement élogieux, car il appréciait l'audace tranquille avec laquelle celui-ci croyait l'esprit capable de mettre au jour la raison des choses.

Il y a un siècle, au moment de publier *Les Lois de l'imitation*, Gabriel de Tarde qualifiait ainsi ce grand penseur ignoré : « Cournot, ce Sainte-Beuve de la critique philosophique, cet esprit aussi original que judicieux, aussi encyclopédique et compréhensif que pénétrant, ce géomètre profond, ce logicien hors ligne, cet économiste hors cadres, précurseur méconnu des économistes nouveaux, et pour tout dire, cet Auguste Comte épuré, condensé, affiné, a toute sa vie pensé dans l'ombre [...] »[1].

À cet éloge ancien, j'ai voulu joindre ma voix : recteur de Dijon de 1973 à 1976, j'ai habité sa maison, occupé son bureau, écrit à sa table, parcouru des établissements qu'il avait visités, médité ses *Institutions de l'Instruction publique en France*. Cournot est ainsi devenu pour moi une sorte de « Secret Sharer », de compagnon secret. Il a pressenti, en effet, bien des traits du monde dans lequel nous nous mouvons.

1. Gabriel de Tarde, *Les Lois de l'imitation* [1890], Kimé, 1993, Avant-Propos de la première édition, p. xxiv.

CHAPITRE II

HISTOIRE

LES CARACTÈRES GÉNÉRAUX DE L'HISTOIRE SELON COURNOT

Cournot a été formé à l'histoire par les dix ans qu'il a passés chez le maréchal Gouvion-Saint-Cyr. Il y a connu de près bien des survivants de la Révolution et de l'Empire, de cette période où, entre 1792 et 1815, la France aura été en guerre pendant près de vingt ans. Il a donc un sens direct de l'histoire et il en tire l'idée qu'elle ne relève pas d'une « formule scientifique » ; certains de ses fragments peuvent acquérir une forme plus ou moins scientifique, mais, dans sa globalité, elle échappe aux sciences.

Il compare donc l'histoire à un jeu, aux intérêts près. Il montre que, dans la vie, la marche des événements ne constitue ni une suite de coups au hasard, comme au jeu de dés, ni un enchaînement conceptuel comme dans une théorie scientifique : chaque événement influence les suivants sans les nécessiter. Les jeux de société, que nous appelons jeux de stratégie, nous fournissent un modèle de l'histoire, une idée de sa *forme*.

Il s'inspire de Bossuet qui, dans le *Discours sur l'Histoire universelle*[1], établit que l'histoire, mis à part quelques événements rarissimes, qu'on pourrait appeler des miracles, obéit à la causalité et doit s'expliquer en termes purement humains. Comprendre l'histoire, c'est en individualiser les acteurs, discerner que chacun d'eux essaie de percer à jour les intentions de ses adversaires et de ses alliés, en restant impénétrable à tous. « En effet, dit Bossuet, dans ce jeu sanglant où les

1. Nommé en 1670 précepteur du Dauphin, Bossuet fait remarquer à son élève : « qu'encore qu'à ne regarder que les rencontres particulières, la fortune semble seule décider de l'établissement et de la ruine des empires, à tout prendre il en arrive à peu près comme dans le jeu, où le plus habile l'emporte à la longue », *Discours sur l'Histoire universelle*, troisième partie, chap. II, Gallimard, Pléiade, 1961, p. 954.

peuples ont disputé de l'empire et de la puissance, qui a prévu de plus loin, qui s'est le plus appliqué, qui a duré le plus longtemps, et enfin qui a su le mieux ou pousser ou se ménager suivant la rencontre, à la fin a eu l'avantage, et a fait servir la fortune même à ses desseins »[1].

Dans un jeu, il y a des joueurs, c'est-à-dire des individus ou des agents collectifs qui font des projets, réussissent ou échouent à les réaliser, agissent en fonction des circonstances, etc. Chacun d'eux, quand il dresse des plans ou prend des décisions, doit donc tenir compte des plans et des décisions des autres joueurs, partenaires et adversaires. Il y faut de la pénétration, du jugement, mais aussi – et c'est la grande originalité de Cournot – des mathématiques et du calcul. Comparer l'histoire à un jeu de stratégie, c'est donc effectuer deux paris : celui de traiter les agents individuels et collectifs comme des êtres capables de penser et de choisir ; celui de croire que les « calculs » de ces agents relèvent, concurremment, de la psychologie et des mathématiques.

En recourant à l'analogie du jeu pour clarifier la nature de l'histoire, Cournot affirme, du même coup, que, dans cette dernière, les circonstances, les situations, les intrigues constituent, par moments, comme une pluralité de mondes distincts. Alors qu'en mécanique classique tous les objets matériels s'influencent mutuellement, même si cette action décroît en raison du carré de la distance, il existe, en histoire, des ensembles qui, pendant de longues périodes, n'interfèrent d'aucune façon.

Toutefois, il peut survenir des événements qui résultent de la rencontre et du choc de séries causales qui, jusque-là sans influence mutuelle, entrent en contact : le XIXe siècle, avec les guerres de la Révolution et de l'Empire, avec les explorations lointaines et la colonisation, avec l'ouverture à l'Occident de la Chine et du Japon, a été l'époque de ces grandes collisions.

C'est pourquoi Cournot ne croit pas que l'histoire puisse prendre une forme – il dit une « formule » – scientifique : elle reste sous la forme philosophique. Tout d'abord, la reconstitution du passé ne peut pas s'effectuer scientifiquement car les événements historiques sont les effets de causes qu'on ne peut reconstituer par « rétrodiction ». En effet, une prédiction scientifique exige deux conditions : la connaissance des lois qui régissent le domaine considéré et la connaissance des conditions initiales. Or on ne peut pas traiter des effets comme des conditions initiales : en vertu d'un même corps de lois, un même effet peut résulter d'enchaînements différents de causes.

1. *Ibid.*, *Discours*, p. 954.

Il y a des parties de l'histoire où les éléments stables, les phénomènes statistiques répétables prédominent ; et là, il y a connaissance scientifique ; ce n'est toutefois pas le cas dans l'histoire politique ni même en histoire des sciences. De même que les choix humains individuels peuvent résulter de considérations hétérogènes, ainsi les événements historiques peuvent résulter de séries causales qui, longtemps indépendantes, se sont rencontrées et mêlées.

Pour Cournot, l'histoire politique et sociale, en effet, comporte des dimensions multiples ; sa structure est analogue à celle de la tragédie grecque, où les personnages sont mus par des intérêts et conduits par des valeurs qui peuvent être contraires : du même coup, l'action politique doit être menée simultanément sur plusieurs fronts distincts, en fonction de principes parfois opposés. C'est pourquoi il n'est pas possible que l'histoire devienne une science.

Le centre de gravité de l'histoire scientifique, politique et générale (celle de la civilisation) se déplace à travers les siècles : comme la *virtù* politique chez Machiavel, la *virtù* scientifique migre. Il y a des lieux de puissance, d'excellence, de découverte, et ces lieux changent. Cournot en donne des exemples en histoire des sciences, mais aussi en histoire politique.

Ainsi, pour Cournot, l'histoire humaine forme un ordre intrinsèquement intelligible mais qui ne peut acquérir une forme scientifique ; l'histoire des hommes se déroule sur une pluralité de théâtres partiels, qui peuvent toutefois confluer pour atteindre une certaine unité ; les conjectures déterministes de Laplace ne s'appliquent pas à l'histoire, qui comporte de la contingence et, donc, de la probabilité.

Il y a deux points sur lesquels cette vision de l'histoire a été presque prophétique : l'idée que la forme de l'histoire est analogue à la forme des jeux de stratégie ; et l'idée selon laquelle la contingence fait partie de l'histoire. Ainsi, à partir des années 1940, il s'est développé aux États-Unis, en URSS et en France, entre autres pays, une pensée stratégique fondée sur la théorie des jeux, dont la perspective générale s'inscrit dans le droit fil des *Recherches mathématiques sur la théorie des richesses* de Cournot ; de la même manière, l'idée que la réalité n'est pas d'une seule pièce, qu'elle se compose d'une pluralité de petits mondes, dont les relations ne relèvent pas d'une approche déterministe, a eu, surtout depuis une quarantaine d'années, un très grand essor.

Ce qui a eu moins de succès, c'est l'idée – commune à bien des penseurs du XIXe siècle – que, la rationalisation et la normalisation des comportements et des actions augmentant, la politique proprement dite perdrait de son poids au profit de l'administration. Cournot pensait que l'administration des choses et même des personnes l'emporterait peu à peu sur le gouvernement des hommes. Sans s'illusionner sur la probabilité d'une histoire pacifiée, il pensait que le nombre des problèmes collectifs traitables par des mesures techniques irait en croissant. Il avait connu la fièvre révolutionnaire, mais il ne voyait pas là un état permanent de la société. En revanche, bien que sensible à la marche séculaire et lente des idées, il croyait aux révolutions scientifiques, au fait que les sciences changent de concepts, de postulats et de constitution, en même temps qu'elles changent d'objet. On peut se demander si Cournot n'a pas été plus audacieux dans sa vision de l'histoire des sciences que dans sa conception de l'histoire politique et générale.

Enfin et surtout, il n'est pas sûr qu'il ait pris toute la mesure du tragique de l'histoire, alors qu'il en a perçu et ressenti l'aspect dramatique : par les parents qui l'ont élevé, il est en plain-pied avec l'Ancien Régime ; il traverse successivement la Révolution, le Directoire, l'Empire, la Restauration, la Monarchie de Juillet, les révolutions de 1830 et de 1848, le Second Empire, la guerre de la France et de la Prusse, la Commune, et l'instauration de la IIIe République.

Pourtant, il lui semble que l'histoire possède une intelligibilité, une forme, et que l'on peut découvrir la raison des choses. Aucun des régimes qu'il a directement connus ne présente les traits des régimes totalitaires que le XXe siècle a engendrés. Aucune époque n'a simultanément connu un tel progrès des sciences et des techniques que le nôtre, tout en éprouvant un tel désarroi anthropologique.

Cournot a très bien vu, dès les années 1870, que l'on ne pourrait plus penser la nature – ni non plus l'histoire – au moyen d'un unique système de catégories ; il lui semble pourtant que la philosophie peut rendre raison de ce qui émerge dans l'histoire [1]. C'est donc un penseur qui donne beaucoup à méditer, qui stimule la réflexion, même s'il ne nous livre pas nécessairement la clé de l'histoire que nous avons vécue au cours du XXe siècle.

1. Nous n'avons plus la confiance de Cournot : des régimes plus obscurs, plus irrationnels et plus meurtriers ont vu le jour ; la notion d'agent – de décideur –, quoique exaltée, s'est brouillée depuis les découvertes de Freud ; enfin, l'opposition entre la paix et la guerre a cédé la place à une forme de violence qui s'exerce plus sur la population des États que sur leurs ennemis. (Au XXe siècle, sur 140 millions d'êtres humains tués par l'homme, un tiers seulement a péri dans des guerres extérieures, les deux autres tiers ont été tués par leurs concitoyens).

LES CARACTÈRES DE L'HISTOIRE DES SCIENCES

Cournot parle souvent de l'histoire des sciences. Schématiquement, on peut distinguer trois étapes dans sa réflexion: dans l'*Essai* [1851], la perspective est surtout analytique. Il s'agit de mettre en évidence les idées sur lesquelles les différentes disciplines se fondent et reposent. Dans le *Traité* [1861], la perspective est synthétique. Il ne s'agit pas seulement de voir comment les notions fondamentales ont été découvertes mais d'examiner comment elles s'enchaînent. Dans les *Considérations* [1872] enfin, Cournot propose une théorie originale des révolutions scientifiques qui légitime une approche de la nature par étapes et ruptures, sans que le pari réaliste soit sacrifié.

À ses yeux, l'histoire des sciences possède, à un degré plus élevé, les caractères de l'histoire générale. D'abord, elle a la forme d'un jeu, en ce sens que chaque agent (chaque savant) découvre et choisit (ses hypothèses) sur la base d'une situation qui se définit par les choix et les découvertes des savants qui l'ont précédé. Toutefois, alors qu'en politique il est difficile voire impossible de percer à jour les desseins d'autrui, en sciences, nous pouvons, à partir des documents, reconstituer le cheminement des recherches et des découvertes antérieures ou contemporaines. Il y a donc, en sciences, une communauté des esprits; et Cournot, même s'il ne cite pas la *Critique de la faculté de juger*, adhère à coup sûr à cette vue de Kant, selon qui, alors que Wieland ou Homère ne sauraient nous expliquer comment ils ont créé leurs chefs-d'œuvre, Newton ou Euclide le pourraient[1].

À la limite, la vie des sciences constitue, comme les échecs, un jeu à information complète, puisque chacun peut y voir ce que tous les autres ont accompli. Encore faut-il, dans le foisonnement des œuvres, discerner, en reconstituant leur forme la plus élémentaire, leur état le plus originaire, les idées véritablement novatrices. C'est à quoi s'est

1. Kant, *Critique de la faculté de juger*, § 47: «Ainsi peut-on parfaitement bien apprendre tout ce que Newton a exposé dans son œuvre immortelle sur les *Principes de la philosophie de la nature*, si vaste qu'ait dû être le cerveau qu'exigeaient de semblables découvertes; mais on ne peut apprendre à composer des poèmes d'une matière spirituelle riche, si détaillés que puisssent être tous les préceptes conçus pour l'art poétique et si excellents qu'en soient les modèles. L'explication tient au fait que Newton pouvait rendre entièrement claires et distinctes non seulement pour lui-même, mais aussi pour ses successeurs toutes les étapes qu'il eut à accomplir, depuis les premiers éléments de la géométrie jusqu'à ses découvertes les plus importantes et les plus profondes; en revanche, aucun Homère, aucun Wieland ne peut indiquer comment ses idées poétiquement riches et pourtant, en même temps, intellectuellement fortes surgissent et s'assemblent dans son cerveau – cela parce qu'il ne le sait pas lui-même, et dès lors ne peut non plus l'enseigner à personne» (trad. d'Alain Renaut, Aubier, 1995, p. 295).

employé Cournot dans son travail d'historien des sciences. Le *Traité de l'enchaînement des idées fondamentales dans les sciences et dans l'histoire* [1861] illustre parfaitement ce souci. Ainsi, à propos des « Principes de la statique ou de la théorie de l'équilibre des forces » (chap. II), il écrit :

« 91 – Il faut tâcher de juger, d'après notre exemple mathématique, plus simple dès lors que tout autre, comment les catégories fondamentales s'enchaînent, sans pourtant s'identifier »[1].

Pour dégager les principes de la statique, Cournot emploie une méthode, que l'on retrouvera dans la *Mécanique* [1883] de Mach :

« 98 – L'idée première une fois saisie, sur des exemples très simples comme ceux que nous avons choisis, il s'agit de la généraliser et d'en approprier l'énoncé à tous les cas possibles, ce qui est un détail de géométrie, assurément fort important, mais dont nous n'avons pas à nous occuper ici »[2].

La justification d'une telle méthode est philosophique : l'histoire des sciences a pour objet les principes plutôt que des prouesses techniques des sciences. Ce sont les principes des sciences qui éclairent et structurent le développement des diverses disciplines, sans que jamais pourtant la théorie dissolve et réduise l'élément historique.

Pour que soit fondée une nouvelle discipline ou qu'un nouveau principe soit découvert, il faut, en effet, qu'un homme discerne un problème là où les autres hommes, jusqu'à lui, ne voyaient que des évidences. Ce qui fait le génie de Galilée, c'est la faculté d'apercevoir dans la chute d'une pierre ou le balancement d'un lustre, non un fait mais un problème. C'est une idée sur laquelle David Hilbert[3] reviendra, en 1900, quand il définira les mathématiques comme une activité qui consiste à résoudre des problèmes.

Toutefois il existe, pour Cournot, deux sortes de problèmes scientifiques : ceux dont la résolution est possible dans le cadre des sciences existantes ; ceux qui suscitent une crise, parce que, pour les rendre solubles, il faut changer de concepts, d'hypothèses et instituer d'autres expériences. Bref, il y a des problèmes qui se résolvent sans toucher aux bases d'une discipline ; et d'autres qui ébranlent les bases de cette discipline et exigent une « révolution ».

1. *Traité de l'enchaînement des idées fondamentales dans les sciences et dans l'histoire*, liv. II, chap. 2, p. 89-90.

2. *Ibid.*, liv. II, chap. 2, p. 96-97.

3. David Hilbert, *Sur les problèmes futurs des mathématiques. Les 23 problèmes*, conférence prononcée par l'auteur au Deuxième Congrès International de Mathématiques tenu à Paris du 6 au 12 août 1900, Gauthier-Villars, 1902 ; Jacques Gabay, 1990.

Les problèmes sont les moteurs de l'activité scientifique. Les sciences ont une histoire, et cette histoire connaît deux sortes de marche : elle progresse soit par des extensions, soit par des ruptures. Les ruptures sont des essais pour résoudre une *crise*, et toute crise est interne : elle naît de difficultés inhérentes à une science.

Affirmer que, dans les sciences, les crises sont « internes », c'est souligner que la vie des sciences est autonome : les savants ne font pas trancher leurs problèmes par un tribunal extérieur ; ce sont les sciences qui inventent leurs instruments d'observation, leurs hypothèses théoriques, leurs concepts, etc. À cet égard, il y a une autonomie réelle de la science. Bien plus, les « crises rénovatrices » de la vie intellectuelle et, en particulier, de la philosophie prennent leur source dans les sciences : ce ne sont pas les spéculations métaphysiques sur l'infini de Nicolas de Cuse qui nous ont fait passer « du monde clos à l'univers infini », comme les nomme A. Koyré, mais les travaux des astronomes, des physiciens, et des mathématiciens.

Si les sciences ont une histoire, c'est qu'elles résultent de deux types d'opérations, que nous sommes enclins – en raison de leur simultanéité – à confondre, alors qu'elles sont distinctes : nous construisons des instruments (à des fins conceptuelles, symboliques et d'observation) pour contempler le réel ; et nous découvrons le réel. Dans le premier type d'activité, il y a de l'invention ; dans le second, il n'y en a pour ainsi dire pas, parce que le but recherché est de voir ce que sont les opérations de la nature.

L'histoire des sciences superpose deux séries d'enchaînements : la première est relative aux instruments et aux inventions, où l'imbrication temporelle est manifeste ; la seconde touche à la découverte, c'est-à-dire au dévoilement de la réalité, qu'il s'agisse de la matière inorganique, de la vie ou de l'humanité. Et là, Cournot professe que la nature elle-même a une histoire : le temps y joue un rôle constitutif. Il en découle une différence radicale entre la science et l'histoire. Comme il l'observe :

« Les obstacles à la prévision théorique de l'avenir tiennent à l'imperfection actuelle de nos connaissances et de nos instruments scientifiques, et peuvent être surmontés par suite des progrès des observations et de la théorie : il s'est écoulé dans le passé une multitude de faits que leur nature soustrait essentiellement à toute investigation théorique fondée sur la constatation des faits actuels et sur la connaissance des lois permanentes, et qui dès lors ne peuvent être connus qu'historiquement, ou qui, à défaut de tradition historique, sont et seront toujours pour nous comme s'ils ne s'étaient jamais produits »[1].

De ce fait, l'ordre scientifique n'absorbe ni ne dissout jamais entièrement l'ordre historique. C'est l'histoire des sciences qui permet de discerner la différence entre l'ordre logique et l'ordre rationnel : le but des sciences, selon Cournot, n'est pas de nous proposer une image cohérente d'une partie de la réalité ; il est d'en esquisser une représentation fidèle.

Or la nature ne reproduit pas partout un seul type de structures : il y a *des* sciences, parce que la réalité comprend une pluralité d'ordres qui diffèrent selon les degrés de grandeur et de petitesse, et selon qu'il s'agit de la matière inerte ou de la vie dont l'étude, tout en impliquant une approche physico-chimique, exige qu'on tienne compte de l'originalité du vivant. Comme l'écrit Cournot : « La symétrie de l'infiniment grand et de l'infiniment petit [...] n'a certainement point lieu, ne peut pas se soutenir scientifiquement dans l'ordre des phénomènes naturels. La Nature ne reproduit pas à diverses reprises, sur des échelles indéfiniment croissantes ou décroissantes, les mêmes phénomènes ou des phénomènes analogues [...] »[2].

Il est donc important, pour éclairer histoire des sciences, de constituer une classification des sciences, qui tente de restituer les articulations naturelles des phénomènes. C'est à quoi Cournot s'est employé, dès 1851, dans l'*Essai*, chap. XXII, qu'il intitule : « De la coordination des connaissances humaines ».

À la différence d'Auguste Comte, il ne pense pas que la science de l'homme soit la plus complexe : ce qui est le plus obscur, le plus difficile, le plus opaque, c'est le vivant ; en revanche, aux deux extrémités de la chaîne, en astronomie et en mathématiques d'une part, dans l'étude de l'homme de l'autre, on trouve plus de régularités, plus de lois aisément formulables.

Il n'y a donc pas une histoire de *la* science, mais une histoire *des* approches scientifiques de la nature, l'anthropologie ne pouvant elle-même pas ignorer la zoologie ni non plus la biologie.

L'histoire n'est pas une science, même si, note Cournot en 1875, le terme de « science » s'emploie d'une façon plus ou moins extensive. Ce n'est pas un accident ou une imperfection internes qui interdisent à l'histoire de revêtir la forme de la science ; c'est une raison

1. *Essai sur les fondements de nos connaissances et sur les caractères de la critique philosophique* [1851], Vrin, 1975, chap. XX, p. 358-359.

2. *Considérations sur la marche des idées et des événements dans les temps modernes* [1872], Vrin, 1973, p. 193.

ontologique : l'ordre et la succession des faits ne se réduisent pas à un enchaînement théorique. Pour une intelligence bien plus étendue que la nôtre, il y aurait encore de l'histoire et il y aurait du hasard, c'est-à-dire des rencontres de séries causales indépendantes, que cette indépendance ait été acquise à la suite d'une divergence à partir d'une même source ou qu'elle ait toujours existé.

Cournot est souvent revenu sur l'idée que, dans toute connaissance, l'élément théorique ne peut pas absorber et dissoudre l'élément historique : en d'autres termes, le temps n'est pas transformable en intemporalité ; l'enchaînement des faits ne se ramène pas à une relation entre idées ; il y a émergence de nouveauté dans l'univers, que ce soit dans la nature ou en histoire. Dire que le temps n'est pas réductible, ou dire que la probabilité ne se ramène pas à l'ignorance des causes, c'est presque synonyme pour Cournot. Nous vivons dans un monde qui est livré au temps ; et la nature elle-même a une histoire.

Au cours de sa vie, Cournot a vu s'étendre considérablement le temps géologique, l'âge de la Terre ; et, quand il examine la théorie de l'évolution de Darwin, il voit bien que cette théorie demande, pour que l'évolution des types organiques soit explicable, des durées incomparablement plus longues que celles qu'avaient imaginées Buffon ou Lyell. Il ne donne pas de chiffres précis, mais parle de millions de siècles.

En fin de compte, l'histoire des sciences est une histoire de la découverte de la nature et une histoire de l'anthropologie. Elle reconstruit la « marche des idées », mais en se montrant attentive à la « marche des événements », comme le disent les *Considérations* (1872).

On pourrait croire que l'histoire des sciences se résume à celle des grandes actions d'un petit nombre d'individualités créatrices. C'est en un sens vrai ; mais l'histoire des sciences présente une singularité considérable : nous pouvons nous remettre dans les pas d'Archimède ou de Newton, alors que nous n'avons pas les moyens de nous mettre à la place de César, d'Alexandre ou de Napoléon.

L'histoire des sciences et des techniques ne se réduit pas à retracer l'action de quelques individus de génie ; elle englobe l'action des communautés scientifiques ou technologiques ; celles-ci communiquent par le moyen de revues, de congrès, d'expositions, de journaux. Les « gazettes », comme dit Cournot, y ont leur place, comme les mémoires originaux.

En résumé, l'histoire des sciences tient, dans la pensée de Cournot, une place éminente, parce que, pour lui, les véritables révolutions intellectuelles ne sont ni religieuses ni philosophiques, mais scientifiques. C'est le fil conducteur des sciences et des techniques qui nous fait pénétrer dans « l'économie du monde ». Les grandes révolutions scientifiques présentent donc un intérêt particulier, parce qu'elles nous font voir comment une conception du monde succède à une autre. L'histoire a encore une autre vertu : elle nous fait reconnaître que l'ordre des faits ne peut se réduire à celui des idées.

CHAPITRE III

APPROCHES DE LA NATURE

CARACTÈRES GÉNÉRAUX DE LA NATURE SELON COURNOT

Cournot a bien une philosophie de la nature, même si, dans les *Considérations*, il a exprimé ses réticences à l'égard de la «*Naturphilosophie*». Il a lu la correspondance entre Goethe et Schiller[1], et retient de Kant l'idée de l'«architectonique de la raison pure». Toutefois, dans son avis «au bienveillant lecteur», en tête de *Matérialisme, Vitalisme, Rationalisme*, il écrit, à propos de l'ouvrage: «Ce sera plutôt un "Discours sur la philosophie naturelle", au sens des Anglais, qu'une "Philosophie de la Nature", au sens ambitieux des Allemands.» Il songe ici, selon toute vraisemblance, à *A Preliminary Discourse on the Study of Natural Philosophy*[2], de John Herschel, publié en 1830.

Celui-ci, dans son *Discourse*, notait que le propre du génie scientifique consiste à percevoir des énigmes, là où les autres voient des évidences; et à formuler des questions, là où les autres ne constatent que des faits. Les principes de la science sont comme des trésors enfouis sous les évidences les plus ordinaires: «Il faut une certaine habitude de l'abstraction, une certaine pénétration d'esprit; il faut s'être un peu frotté à la recherche scientifique, et croire en la valeur des principes qui sont comme cachés dans les faits les plus communs et les plus familiers; il faut aussi un certain entraînement et une certaine aptitude à les développer et à les mettre en évidence, à les formuler en termes explicites, à les faire servir à l'explication d'autres faits moins

1. Dans la traduction de la baronne de Carlowitz, parue en 1843 [*Considérations*, p. 405].

2. John Frederick William Herschel, *A Preliminary Discourse on the Study of Natural Philosophy*, London, Longman, 1830, Chicago University Press, 1987.

familiers, ou à la réalisation d'un but utile, pour guérir l'esprit de son inclination à se précipiter sur son objet, à sous-estimer les moyens en surestimant la fin; et, en fixant trop intensément l'objet qu'il s'est habitué à désirer, à perdre de vue la richesse et la diversité des points de vue qui se présentent spontanément sur les deux côtés de la route »[1].

En revanche, tout en louant le projet de Kant, il lui reproche son expression compliquée : « Que si l'on remonte à l'algèbre kantienne, en partageant l'opinion où nous sommes nous-mêmes, qu'il s'y trouve quelque chose qui intéresse essentiellement l'architecture des sciences, c'est ce quelque chose qu'il faut tâcher de démêler, non en raffinant les abstractions et en alambiquant la langue, mais au contraire en rendant l'abstraction palpable par un bon choix d'exemples »[2]. En effet, la tâche du philosophe de la nature consiste à réaliser le passage de l'ordre logique à l'ordre rationnel, « du chiffre que l'esprit se forge aux choses que la Nature nous offre »[3]. Cette présentation de l'œuvre de Cournot ne sera, en un sens, que le commentaire de cette étonnante formule.

Juger si un tel passage du « chiffre » aux « choses », de l'image symbolique à la réalité « palpable », s'est bien effectué, telle est la mission de la « critique philosophique ». Or l'opération est malaisée, car la nature résiste : elle oppose son ordre caché à nos tentatives pour la connaître, en particulier dans l'ordre de la vie. Dans le *Traité*, Cournot justifie l'emploi de l'expression « Natura naturans »[4], et ajoute : « §319. – L'idée de la Nature, c'est l'idée d'une puissance et d'un art divins, inexprimable, sans comparaison ni mesure avec la puissance et l'industrie de l'homme... ». Pourtant, poursuit-il, l'idée de Nature est « comme le fil conducteur, à l'aide duquel l'ordre s'introduit dans les faits observés, et qui nous met sur la trace des faits à rechercher. L'idée de la Nature ainsi éclaircie autant qu'elle peut l'être, n'est que la concentration de toutes les lueurs que l'observation et la raison nous donnent sur l'ensemble des phénomènes de la vie, sur le système des êtres vivants »[5]. Ainsi, l'idée de nature joue le rôle d'une idée régulatrice : elle sert à ordonner les phénomènes déjà observés et constitue un principe heuristique.

L'approche de la nature ne se réduit pas aux sciences. Cournot voit les diverses disciplines comme des instruments d'observation et d'expérimentation braqués sur un univers qui se révèle et se dérobe. Non qu'il y ait, pour découvrir la nature, une voie préférable à celle des sciences :

1. John Herschel, *A Preliminary Discourse*, préface d'Arthur Fine, p. 13.
2. *Considérations*, p. 405.
3. *Ibid.*, p. 405.
4. *Traité*, p. 293.
5. *Ibid.*, p. 294.

tout au contraire, c'est en partant de ces dernières, et d'elles seules, que l'esprit peut acquérir des idées précises et, sous certaines conditions, vraies sur la nature. Toutefois, pense Cournot, il n'existe plus – et il n'a même jamais existé, malgré les illusions qu'on s'était faites – de science qui soit capable d'unifier le champ entier de l'expérience. Cette impossibilité, que ni Descartes ni Hume ni Kant n'avaient aperçue, tient aux choses mêmes, à leurs formes et à leurs ordres.

En effet, la nature diversifie ses formes, ses structures, ses opérations selon la grandeur ou le genre des phénomènes : elle n'organise pas les atomes comme les astres. Il n'y a probablement aucun arbitraire à cela : Galilée, en étudiant la résistance des matériaux, avait déjà noté que, quand on double la longueur d'une poutre, on en multiplie par quatre la surface et par huit le volume. De même, dans l'organisation des êtres vivants, il y a une corrélation étroite entre la taille, la forme, le mode d'organisation et la physiologie (comme le montre D'Arcy Thompson dans *Forme et Croissance*[1]). Quand la grandeur des phénomènes change, la nature ne reproduit donc pas les mêmes formes. Or les idées de *forme* et de *grandeur* sont les premières que nous mettions en œuvre pour approcher la réalité. Nous opérons d'abord en géomètres. Toutefois, en géométrie pure, on se soucie de la forme, non de la taille. L'idée de grandeur, et surtout de grandeur physique, a donc une spécificité qui empêche qu'on la réduise à la pure géométrie, à la science des formes.

Si la nature n'est pas uniforme dans ses structures, elle n'est pas régie, comme les fondateurs de la mécanique classique le croyaient, par un unique système de forces qu'une unique science contiendrait et exposerait. La mécanique newtonienne est, certes, d'une immense portée : on lui doit, en particulier, l'unification de la physique terrestre et de la physique céleste. Néanmoins, Cournot ne croit pas que le fond des choses se ramène à des opérations mécaniques : la nature, dit-il dans les *Considérations*[2], agit tantôt en mécanicien, tantôt en chimiste, etc. La mécanique n'est pas la science souveraine qui absorbera toutes les autres. L'approche statistique ou combinatoire de la réalité nous mènera plus loin que la mécanique dans la compréhension de l'ordre des choses. En 1865-1870, ce point de vue est original. Quel en est le sens et la portée ? Cette vision, où la rencontre fortuite des petits mondes dont l'ensemble constitue la nature joue un rôle essentiel, confère au hasard une réalité objective (même si celui-ci ne constitue

1. D'Arcy Thompson, *On Growth and Form* ; trad. abrégée, *Forme et Croissance*, Seuil, 1994, chap. II, p. 47 sq.

2. *Considérations*, p. 195.

pas une cause substantielle mais une idée) ; et à l'histoire de la nature une effectivité qu'aucune théorie ne peut dissoudre.

En 1864, Marcelin Berthelot écrivait, à propos de la chimie : « La synthèse, procédant en vertu d'une loi génératrice, reproduit non seulement les substances naturelles, [...] mais aussi une infinité d'autres substances qui n'auraient jamais existé dans la nature » [1]. Cournot croit aussi que la nature ne réalise pas la totalité de ce qui serait faisable selon ses propres lois : elle ne produit pas la totalité de ce qui pourrait être ; elle tire au sort, parmi les possibles, les événements, les substances et les processus. La preuve en est que la chimie organique, depuis qu'en 1828 Friedrich Wöhler a réalisé la synthèse de l'urée, a multiplié la fabrication de substances que la nature – du moins dans ce que nous pouvons en observer – n'a pas produites. Cournot ne dirait pas, comme le fera Bergson, que c'est le réel qui nous instruit sur ce qui est possible : il pense, en mathématicien, que la nature a l'air de faire des choix et de ne pas remplir toutes les cases du possible.

Cette idée que la nature, notamment dans l'ordre de la vie, se livre à des choix, est une question qui a préoccupé Cournot et sur laquelle il a eu des vues originales et profondes : on le sent très intéressé, et presque séduit, par Darwin (même quand il lui fait des objections). Il perçoit d'une façon très claire qu'il y a une incompatibilité radicale entre la conception typologique et créationniste de la vie d'une part, la conception évolutionniste de l'autre. En effet, la première doctrine fait de l'apparition de chaque espèce un acte de création distinct, sans rapport avec l'apparition des autres espèces. La seule existence des insectes suppose donc une multitude d'actes différents, sans aucun lien entre eux. Dire que la nature est ainsi faite, c'est dire qu'il n'existe pas vraiment de « Nature », dans la mesure où il n'y a pas un système soumis à des lois générales, mais seulement un « Monde » où les choses se font par une suite de « coups d'État », qu'il faut alors imputer à un Dieu qui, agissant par caprices et en despote, n'a ni une intelligence souveraine ni le souci de la simplicité et de l'ordre. Cournot voit, dans l'interprétation littérale et trop simple de la conception biblique de la création, ou dans la doctrine de Cuvier, une vue métaphysique qu'il trouve à la fois chimérique et impie (dans la mesure où elle réduit l'action divine à ce que l'action des hommes a de plus arbitraire).

Il ne nie pas que l'idée de « création », entendue au sens d'apparition de nouveautés radicales, ait un sens ; mais il lui semble plus pertinent de croire que les formes nouvelles sont modelées à partir de formes

1. Marcelin Berthelot, *in* Jean-Marie Lehn, *Leçon inaugurale de la chaire de Chimie des interactions moléculaires*, faite le vendredi 7 mars 1980 au Collège de France, p. 8.

antérieures déjà élaborées et travaillées. En un mot, on trouve, dans l'œuvre de Cournot, et en particulier dans *Matérialisme, Vitalisme, Rationalisme*, une vue très claire de l'opposition radicale entre les conceptions typologique et évolutionniste.

Que l'apparition des formes de vie nouvelles se produise sur la base de formes déjà existantes, donne à l'histoire naturelle une consistance sur laquelle Cournot a souvent insisté. Il y a des faits, des événements, des bifurcations, des rencontres. La nature ne fait pas ses choix de la même façon que les hommes, mais elle a une histoire au sens où l'entend Cournot, celui d'un enchaînement de raisons et de causes, où la contingence a sa place et où de l'imprévisible se produit.

Si la nature a une histoire, c'est qu'elle n'est pas d'un seul tenant. Cournot illustre cette idée à l'aide d'exemples géographiques : les affaires d'un bourgeois de Paris sont sans aucune incidence sur ce qui se passe dans une ville de la Chine. Et, pourtant, ces deux mondes, français et chinois, qui sont restés sans contacts pendant des siècles, peuvent soudain cesser d'être isolés et séparés.

On pourrait aujourd'hui, en médecine comme en histoire, multiplier les exemples de ces « hasards » à la Cournot. Toutefois, cette vision des choses heurte : comme René Thom le faisait remarquer, dans un article fracassant intitulé « Halte au hasard, silence au bruit », on peut toujours imaginer qu'un même espace contienne deux mondes séparés. C'est sans doute vrai, mais cette objection, aux yeux de Cournot, reste superficielle, puisque, pour lui, le hasard n'est nullement une cause efficiente mais une « idée » : même pour une intelligence supérieure, analogue à celle que Laplace avait imaginée, il y aurait des rencontres et des événements imprévisibles. En un mot, dans l'univers de Cournot, l'histoire est réelle, le nouveau émerge, la création se poursuit. Même s'il n'a pas le lyrisme de Bergson, sa conception de la nature n'est pas incompatible avec celle de l'auteur de *L'Évolution créatrice*.

Il y a toutefois un point sur lequel Cournot est du même avis que Kant : il ne pense pas que l'on connaisse les forces qui sont à l'œuvre dans le monde organique. Il admet que ces forces sont, pour une part, celles mêmes qu'analysent la mécanique, la chimie et les autres sciences de la nature ; mais il a la conviction que la causalité biologique nous échappe.

Nous comprenons assez bien la nature inorganique ; nous avons aussi des vues plutôt exactes sur la politique et l'administration ; la vie, en revanche, demeure rebelle à nos idées ; elle résiste à nos tentatives pour en discerner les lois. Cournot est donc « vitaliste » dans la mesure où il ne croit pas que la vie soit réductible à une somme de mécanismes et de réactions chimiques. Mais il n'est pas « spiritualiste » : il ne croit pas qu'il suffise de faire revivre les vieilles notions d'âme ou d'esprit pour résoudre les problèmes de la biologie. Il préfère constater que l'esprit humain paraît mal équipé pour connaître la vie en lui et hors de lui.

En résumé, même si nous parlons de la nature, les sciences ne nous donnent pas les moyens spéculatifs et expérimentaux d'élever à une conception rationnelle la vision de son unité. Nous postulons, avec de bonnes raisons, l'unité de la nature ; mais nous n'avons qu'une « philosophie » et non une « science » de cette dernière. Nous ne disposons pas, en effet, des moyens de transformer l'histoire naturelle en une théorie de la nature. Nous n'avons pas de science de la *natura naturans* ni même de la *natura naturata*. Et, pourtant, la pensée a pour vocation d'édifier une « critique philosophique », c'est-à-dire de tenter de démêler ce qui est seulement un ensemble de conjectures logiques sur les phénomènes observables et ce que pourrait être une conception rationnelle de l'ordre des choses.

Pour mieux saisir comment en une génération, de Herschel à Cournot, la philosophie de la nature se modifie, revenons un instant sur le *Discourse*. Herschel remarque, comme le feront plus tard Berthelot et Cournot, que les lois de la nature ne portent pas seulement sur des événements réels : « Chaque loi est un réservoir de cas (*a provision for cases*) susceptibles de se produire, et se trouve en relation avec un nombre infini de cas qui ne se sont jamais produits et qui ne le feront jamais »[1]. La nature, en effet, ne réalise pas spontanément l'ensemble des événements ou des êtres que ses lois lui permettraient de produire : « De là une fabrique incessante de corps nouveaux, que la Nature n'avait pas pris la peine de créer [...] »[2]. L'action de l'homme repose sur cette incomplétude des choses.

Mais, surtout, les lois de la nature ne sont pas comme les législations humaines qui s'accroissent du dehors par juxtaposition ; elles portent toutes la marque d'une même inspiration, qui manifeste leur cohérence. On peut donc parler de l'« esprit des lois de la nature », plus justement que de l'« esprit des lois » humaines. Herschel observe : « On ne peut pas supposer que l'Auteur divin de l'univers a édicté des lois particulières, dépendantes de toutes les contingences singulières auxquelles les différents éléments sont assujettis : ce serait lui attribuer les défauts de

1. John Herschel, *A Preliminary Discourse*, § 26, p. 36.
2. Cournot, *Matérialisme, Vitalisme, Rationalisme*, p. 21.

la législation humaine. [...] Mais en créant [ces éléments], dotés de certaines qualités et puissances, il leur a imprimé dès l'origine l'*esprit*, non la *lettre* de sa loi ; et fait que toutes leurs combinaisons et relations ultérieures soient les conséquences de cette première marque »[1]. Cournot reprend, nous l'avons vu, le même argument pour réfuter l'idée que Dieu, pour créer les êtres vivants, aurait agi par autant d'actes séparés qu'il y a d'espèces.

De même, Herschel, comme à sa suite Cournot, ne croit pas que les lois de la nature soit impénétrables, ce qui rendrait le pari de l'attitude réaliste illusoire. Certes, il se demande : « Jusqu'à quel point serons-nous un jour capables d'avoir connaissance des processus ultimes et internes de la nature [...] ? Nous ne sommes pas en mesure de le savoir ; mais [...] il semble qu'il n'y ait pas grand espoir de pénétrer aussi loin »[2]. Toutefois, prenant l'exemple de la chimie, Herschel remarque : la chimie moderne tend à concevoir la matière comme faite d'atomes, qui se répartissent en un petit nombre de classes. À l'intérieur d'une même classe, tous les individus sont identiques. Bien que nous ne puissions pas vérifier directement cette conjecture, puisque les atomes échappent à nos sens, nous avons de fortes raisons de l'admettre, car, dans des circonstances semblables, leurs propriétés sont identiques. « Or une série de machines à filer (*a line of spinning-jennies*), ou un régiment de soldats habillés exactement pareil et paradant ensemble ne nous donnent pas l'idée d'une existence indépendante. [...] Cette conclusion, qui serait déjà forte s'il n'y avait que deux individus exactement semblables à tous les points de vue et pour toujours, acquiert une force irrésistible quand leur nombre est multiplié au-delà de ce que l'imagination peut concevoir »[3]. Ainsi, l'hypothèse atomique introduite par la chimie moderne confère à la matière de la clarté, de l'uniformité et de l'ordre. Du même coup, elle nous incline à croire que ni la matière ni les lois de la nature ne nous sont irrémédiablement cachées : « [Elles] sont non seulement stables mais cohérentes et intelligibles, leur découverte demandant des recherches dont l'étendue est assez grande pour stimuler, sans l'être trop au point de décourager »[4].

1. « The Divine Author of the universe cannot be supposed to have laid down particular laws, enumerating all individual contingencies, which his materials have understood and obey, – this would be to attribute to him the imperfection of human legislation ; [...] », Herschel, *op. cit.*, § 27, p. 37.
2. *Ibid.*, § 77, p. 86.
3. *Ibid.*, § 28, p. 38.
4. *A Preliminary Discourse*, § 33, p. 42-43.

Pour Herschel et les philosophes de sa génération, tels Whewell et Mill, la «philosophie inductive» a une justification ontologique, dans la mesure où l'ensemble des vérités naturelles constitue un corps ordonné et hiérarchisé. Le chercheur n'en perce pas d'emblée la constitution, si bien que sa démarche comporte une part d'errance. Il n'y a pas de méthode toute faite pour chercher la vérité dans les sciences. En revanche, on peut espérer approcher une classification naturelle des phénomènes. Faisant l'éloge de Bacon, Herschel écrit: «Ce n'est pas l'introduction du raisonnement inductif, à titre de processus nouveau [...] qui caractérise la philosophie baconienne; c'est la perception aiguë, la large et enthousiaste proclamation de son importance essentielle, [...] comme la grande et unique chaîne qui lie entre elles les vérités physiques, et comme clé possible de toute découverte et de toute application [s.e. technique]»[1]. Le savant peut pratiquer légitimement la généralisation et l'induction, parce que l'ordre interne de la nature justifie l'ascension des cas particuliers aux lois empiriques et la montée de ces dernières aux axiomes qui servent d'hypothèses fondamentales aux théories. De même, la constitution de la nature autorise le parcours inverse, des hypothèses fondamentales aux cas particuliers.

Cette belle architecture platonicienne, secrètement appuyée sur une théologie naturelle ou révélée, est entièrement remise en question par Cournot. Celui-ci, sans adopter le moins du monde une attitude athée ou matérialiste, subvertit l'idée d'une nature pacifiquement ordonnée: il introduit, dans l'ordre de la nature, la contingence et l'histoire.

LES TROIS PÉRIODES COSMOGONIQUES

Cournot, à la fin de la première partie de *Matérialisme, Vitalisme, Rationalisme*, livre quelques indications sur sa cosmogonie physique, c'est-à-dire esquisse ses conjectures à propos de la naissance de l'ordre et de l'apparition de la vie. Il incline à concevoir un univers où la matière aurait existé de toute éternité; et lie cette affirmation à la maxime selon laquelle les lois de la nature sont immuables:

«Si donc les lois fondamentales de la physique sont, au témoignage de la science, immuables dans le temps, il faut bien que la plus

1. *Ibid.*, § 105, p. 114.

fondamentale de toutes, celle qui consacre la préexistence, la permanence, l'indestructibilité de l'étoffe ou de la substance matérielle, compte au nombre des décrets immuables dans le temps: ce qui revient à dire que la question de l'infinité du monde dans le temps comporte une solution scientifique qu'on ne peut rejeter ou dépasser qu'en se plaçant dans un ordre de spéculation transcendante, religieuse ou mystique, et en tout cas inaccessible à la science» [1].

En un mot, «la prétendue antinomie de Kant n'est pas mieux fondée au sujet du temps qu'au sujet de l'espace» [2]: tout incline à poser que la matière n'est pas apparue à un instant du temps. Au contraire, la chaîne du temps aurait «son milieu partout et son bout nulle part» [3]. Cournot ne croit pas que le Monde [4] ait présenté, à chaque moment du temps, la même configuration, le même dosage de régularité et de chaos. Il y a, dans la réalité, plus de régularité que de désordre; il semble même qu'il y ait une augmentation de l'ordre avec le temps (ce qui paraît aller contre le second principe de la thermodynamique). Il observe: «Cependant l'on peut dire qu'en général, dans le Monde qui nous est donné en spectacle et sur lequel les philosophes raisonnent, la régularité domine: soit qu'elle se montre dans la marche constamment progressive des grands phénomènes cosmiques, ou dans la périodicité de leurs retours» [5].

Cournot fait ici allusion à l'astronomie et songe aux théories de Buffon sur le refroidissement de la Terre, aux hypothèses de Poisson sur la «variation séculaire des températures terrestres» [6], aux travaux de Kant et de Laplace. S'attachant à reconstituer les étapes de la cosmogonie physique, il note: «De plus, la science constate que l'ordre actuellement établi n'a pas toujours subsisté, et que des phénomènes aujourd'hui réguliers ont dû être amenés graduellement à l'état présent de constante progression ou de périodicité» [7].

Pour lui, l'histoire du Monde comprend «trois grandes phases ou périodes»: chaotique, intermédiaire ou génétique, finale. Il prend grand soin de ne pas lier ces considérations à la mythologie ou à la métaphysique et précise que c'est «pour interpréter théoriquement ces données de l'observation scientifique [qu'il] faut distinguer trois

1. *Matérialisme*, p. 49.
2. *Ibid.*, p. 49.
3. *Ibid.*, p. 50.
4. Cournot distingue «Monde» et «Nature»: «Autre est l'idée de la *Nature*, autre l'idée du *Monde* ou (si nous voulons à l'exemple du vieil Humboldt reprendre le mot grec, moins profané par l'usage) l'idée du *Cosmos*», *ibid.*, première section, § 7, p. 42.
5. *Matérialisme*, p. 50.
6. *Ibid.*, p. 49.
7. *Ibid.*, p. 50.

grandes phases ou périodes»[1]. Alors que, dans le *Timée*, Platon fait intervenir la Divinité pour que s'opère le passage du désordre à l'ordre, il s'agit ici de «l'apparition d'une combinaison *singulière* qui se prêtât à la naissance d'un ordre régulier, par le jeu des forces internes et par des réactions mutuelles entre les diverses parties du système»[2]. C'est donc un événement aléatoire qui a permis la cristallisation d'«un ordre régulier». En ce sens, c'est le chaos qui joue lui-même le rôle générateur de l'ordre, puisqu'il permet que les «conditions initiales» soient réunies *par hasard*. Il n'est pas sûr qu'on dise aujourd'hui autre chose quand on évoque la naissance de l'ordre par le chaos.

À cet égard, Cournot se distingue à la fois de Platon et de Kant: comme Kant, il juge que l'existence de lois immuables du mouvement dispensent du recours à Dieu[3] comme cause de l'ordre; mais, à la différence de Kant[4], il ne croit pas que cette condition nécessaire soit suffisante. Les explications actuelles de l'apparition des molécules complexes ne sont pas, au vocabulaire près, bien différentes.

Il aurait donc existé une irrégularité première, qui durait depuis un temps infini; puis une rencontre a eu lieu, une *singularité* s'est produite, et de l'ordre est apparu, en vertu de lois qui, dans la période chaotique, régissaient déjà la matière, entendue comme étoffe primordiale du Monde.

Cournot caractérise ainsi la première grande période:

« 1) une *phase chaotique*, d'une durée infinie *a parte ante*, pendant laquelle des phénomènes se seraient succédé irrégulièrement»[5]. Il y a donc une différence entre le point de vue du physicien, pour qui l'hypothèse la plus probable est que la matière a toujours existé, et le point de vue du croyant pour qui l'univers, créé par Dieu, a un commencement. Cournot sépare explicitement ces deux perspectives. Le XXe siècle a renouvelé le problème, introduisant plus d'historicité encore que ne le faisait Cournot dans la cosmologie, avec la constitution

1. *Ibid.*, p. 50.

2. *Ibid.*, p. 50.

3. «Le Dieu a voulu que toutes choses fussent bonnes: il a exclu, autant qu'il était en son pouvoir, toute imperfection, et ainsi, toute cette masse visible, il l'a prise, dépourvue de tout repos, changeant sans mesure et sans ordre, et il l'a amenée du désordre à l'ordre, car il avait estimé que l'ordre vaut infiniment mieux que le désordre», *Timée*, 30 a.

4. «Si le système du monde avec tout son ordre et toute sa beauté n'est qu'un effet de la matière laissée à ses lois générales du mouvement, si la mécanique aveugle des forces de la nature s'entend à se développer de façon si merveilleuse à partir du chaos et parvient d'elle-même à une telle perfection, alors la preuve qu'il y a un Auteur divin, preuve que l'on tire de la beauté de l'univers, perd toute force», Kant, *Histoire générale de la nature et théorie du ciel* [1755], préface, Pléiade, tome 1, p. 38.

5. *Matérialisme*, p. 50.

de modèles évolutionnistes de l'univers [depuis Alexander Friedmann (1922) et Georges Lemaître (1925)], fondés sur la théorie de la Relativité générale [1915][1] et la découverte par Hubble [1929] du décalage vers le rouge du rayonnement des galaxies [*red shift*].

Pour que la deuxième grande période débute et que naisse un « ordre régulier », deux conditions sont nécessaires : que les parties du système considéré, ou ses éléments, soient assujetties à des forces et, par là, à des lois ; qu'une configuration se produise qui forme une « combinaison *singulière* », propice à l'apparition de l'ordre. L'autre idée de Cournot, plus difficile à saisir, c'est que, une fois apparue, la régularité a tendance à persister et à s'étendre ; elle ne se défait pas comme cela adviendrait si chaque configuration, même ordonnée, était analogue à un coup indépendant dans un jeu de hasard. C'est cette circonstance singulière, constatée *a posteriori*, puisque « l'on peut dire, note-t-il, qu'en général, dans le Monde [...], la régularité domine », qui explique – ou justifie – l'existence d'une deuxième grande période :

« 2) une *phase intermédiaire* ou *génétique*, pendant laquelle le système s'est graduellement rapproché des conditions de stabilité, de permanence ou de périodicité auxquelles il devait physiquement aboutir au bout d'un temps limité, ou dont, selon la rigueur de l'abstraction mathématique, il devait indéfiniment s'approcher, comme une courbe géométriquement définie s'approche de son asymptote, de manière qu'au bout d'un temps suffisant on ne puisse plus distinguer physiquement l'une de l'autre »[2].

Si la phase chaotique semble être infinie *a parte ante*, autant, dès que l'ordre commence à apparaître, il se répand en un « temps limité ». Pourquoi ? L'exemple de l'astronomie [sur la question de la propagation de l'ordre] est intéressant : « Il a suffi, par exemple, que les valeurs assignées aux éléments des orbites des planètes se trouvassent, à une époque quelconque, comprises entre certaines limites, pour que le jeu des réactions du système, en assurât dès lors la stabilité »[3].

Toutefois, ce n'est qu'une partie de l'explication, obtenue à partir de l'application des lois de la mécanique céleste à une configuration particulière des planètes. Encore faut-il qu'une seconde condition ait été réalisée, à savoir que ces planètes se soient trouvées à des distances

1. Abraham Pais, dans *The Science and the Life of Albert Einstein*, Oxford University Press, 1982, décrit la présentation par Albert Einstein, le 25 novembre 1915, devant la section de mathématique et de physique de l'Académie des Sciences de Prusse, d'un texte par lequel « la théorie de la Relativité générale est achevée en tant que structure logique » (p. 239).

2. *Matérialisme*, p. 50.

3. *Ibid.*, p. 51.

qui permettent au système de se stabiliser. Cournot le précise : « Mais il faudrait de plus établir que l'épuisement des combinaisons fortuites et instables, grâce à l'infinité du temps écoulé, a dû amener une des combinaisons que les réactions du système peuvent ensuite rendre stables, telles que nous les observons »[1].

Autrement dit, il faut supposer infini l'âge de l'univers pour que soit vraisemblable l'hypothèse de la naissance de l'ordre par le chaos. Ce qui complique l'explication de l'ordre par le hasard, dans la cosmologie moderne, c'est que l'âge de l'univers semble fini. Par là s'explique aussi, du point de vue cosmogonique, que la voie du hasard et des combinaisons, dans l'explication scientifique de la nature, soit pour Cournot plus prometteuse et plus profonde que la voie de la mécanique classique.

Les lois de la mécanique, en effet, sont comme en sommeil dans la période chaotique. Elles ne peuvent créer de l'ordre qu'à partir de l'instant où, en un point de l'univers, une configuration *singulière* d'éléments matériels se forme de façon aléatoire, faisant apparaître de la régularité qui, ensuite, se propage. Les lois probabilistes sont donc aussi anciennes que les lois de la mécanique, puisqu'elles reposent sur la causalité. Toutefois, il y a une sorte de priorité chronologique et de dominance ontologique des premières sur les secondes, puisque les lois probabilistes ne sont pas assujetties à des conditions d'existence et d'application aussi limitatives que les lois mécaniques.

3) Suit enfin une phase finale, où l'ordre et la régularité se consolident, faisant du « Monde » une « Nature », c'est-à-dire, dans une certaine mesure, un système. Bien sûr, le risque de retour au chaos ne disparaît pas entièrement. Sur cette phase finale, Cournot s'étend peu. Parfois, il la désigne comme l'état terminal d'un système physique. Ainsi, il note : « La lune paraît être arrivée depuis longtemps à un état de refroidissement final dont le soleil et par la suite la terre sont encore bien loin, heureusement pour nous et pour nos neveux »[2]. Mais ce terme est, pour la plupart des régions de la nature, comme rejeté à l'infini, alors que, dans la nature, telle que nous l'observons – en particulier dans notre système planétaire – un état de stabilité prévaut : « La surface du globe terrestre offrait encore l'image du chaos, que déjà, depuis des milliers de siècles, notre système planétaire était

1. *Ibid.*, p. 51.
2. *Ibid.*, p. 51.

constitué dans des conditions de stabilité qui n'ont plus cessé de le régir »[1].

Cournot aborde ici un problème majeur, celui de la naissance de l'ordre. Comment, dans un univers que l'on suppose – conformément à la plupart des cosmogonies – initialement dépourvu d'ordre, la régularité, la stabilité, l'ordre apparaissent-ils ? Si le problème est bien posé, il manque à Cournot, pour le traiter comme nous le faisons aujourd'hui, plusieurs clés : tout d'abord, une bonne classification des espèces chimiques, comme celle de Mendéleiev, qui date de 1869-1872 ; ensuite, une théorie de la transmutation des substances figurant dans le tableau du savant russe ; enfin, une théorie des forces fondamentales. Ces manques vont être comblés par les sciences physico-chimiques, à partir de l'époque de Mendéleiev, mais surtout à partir de l'époque de Becquerel, de Pierre et Marie Curie, de Planck, d'Einstein, et des fondateurs de la mécanique quantique.

L'APPROCHE DE LA NATURE PAR LES FORMES

Parmi les historiens des sciences et les analystes de l'esprit humain, Cournot est l'un de ceux qui ont le plus réfléchi sur l'*idée de forme* :

« Après que nous nous sommes fait une idée de la forme extérieure et générale d'un objet matériel, tel qu'une machine ou un corps organisé, si nous voulons le mieux connaître, nous pénétrons à l'intérieur, nous démontons la machine, nous disséquons la plante ou l'animal, et par là qu'atteignons-nous ? Encore des formes ou de l'ordre, à savoir les formes des parties constitutives et l'ordre d'après lequel elles sont agencées. Nous pourrions pousser notre analyse et notre anatomie plus loin, appeler le microscope à notre aide : nous n'obtiendrions pas autre chose que des particules figurées d'une certaine façon, groupées dans un certain ordre : donc nous n'atteignons, même conjecturalement, que ce qui rentre sous la rubrique de l'ordre et de la forme »[2].

De ce texte, deux thèmes majeurs se dégagent, touchant la forme et l'ordre :

1) Celui qui aborde la nature ou les machines avec l'œil du géomètre ne cesse d'y discerner des formes, même quand il change d'échelle : « Nous démontons la machine, nous disséquons la plante ou l'animal, et par là qu'atteignons-nous ? Encore des formes [...] ».

1. *Ibid.*, p. 51.

2. *Traité de l'enchaînement des idées fondamentales dans les sciences et dans l'histoire* [1861], Vrin, 1982, p. 10.

2) L'idée de forme et l'idée d'ordre sont liées : en effet, une configuration extérieure ne devient une forme que lorsque ses points constitutifs sont reliés au moyen d'un schème qui reflète une idée, qu'il s'agisse d'une règle de construction, d'une équation, etc. Bref, il faut que les « particules figurées » soient « groupées dans un certain ordre ». En un mot, la forme s'entend comme une règle de constitution et de fonctionnement. Pour le faire voir, Cournot prend des exemples non seulement en géométrie mais dans le droit : « Les actes législatifs ou juridiques ont leurs formes ; organiser un conseil, un tribunal, fixer le nombre des juges ou des jurés, la majorité requise pour une élection, pour une condamnation ou pour un acquittement, c'est assigner la forme d'une institution politique ou judiciaire » [1]. Par où l'on comprend la connexion intime entre l'idée de forme et celle d'ordre. C'est en trouvant ou en fixant la formule de l'ordre que nous passons de la configuration extérieure à la forme intelligible ou rationnelle.

Alors que les formes logiques sont pauvres, « le fonds des vérités géométriques, utiles ou tout au moins curieuses, est inépuisable ». En effet, « les éléments d'Euclide offrent déjà un corps de doctrine bien plus vaste que la doctrine aristotélicienne ; et si l'un des prédécesseurs d'Euclide en eût à lui seul inventé les trois premiers livres, il aurait, comme Aristote, légué à la postérité un monument que le temps ne devait pas renverser » [2]. Il n'y a donc pas une supériorité d'Aristote sur Euclide.

L'objet de l'étude des formes n'est pas imaginaire : c'est le réel que nous appréhendons. La difficulté est d'apprécier et de déterminer quelles sont les formes effectives des objets et des êtres : « [...] La critique philosophique tient à la faculté que nous avons de juger de la simplicité relative des lois ou des formes, à la tendance de notre esprit qui cherche dans le simple la raison du composé, sauf à se tromper parfois dans l'usage qu'il fait de ce principe régulateur » [3]. L'idée de forme est inséparable de la réalité : « Les images qui se peignent dans notre esprit, les idées que chacun de nous se fait des choses, peuvent être considérées comme autant de copies d'un modèle extérieur, comme autant d'empreintes ou d'exemplaires d'un type qui est la chose même, concrète ou abstraite, dont nous gardons en nous-même l'image ou l'idée » [4]. La découverte des formes fait partie de l'attitude réaliste que prône Cournot en sciences.

1. *Traité*, p. 9.
2. *Ibid.*, p. 12.
3. *Ibid.*, p. 13.
4. *Ibid.*, p. 52-53.

Le vrai problème, c'est de découvrir l'ordre rationnel, celui qui retrace fidèlement les opérations et les processus de la nature. Par là, la forme perd son côté statique, elle épouse le mouvement des choses. Or notre conception du mouvement ou du déploiement des choses peut être factice. C'est « qu'une définition peut être logiquement exacte et rationnellement défectueuse, parce que l'ordre logique qui n'est en général qu'un ordre artificiel, tenant à certaines vues de notre esprit, peut fort bien ne pas cadrer, et ne cadre même qu'accidentellement avec l'ordre rationnel, qui doit être l'expression fidèle des rapports que les choses ont entre elles [...] »[1]. À cet égard, la physique nous sert de filtre : elle nous fait discerner l'ordre réel des choses.

Herschel, avant lui, dans *A Preliminary Discourse on the Study of Natural Philosophy*, avait noté l'importance de « cette espèce supérieure de logique (*that higher kind of logic*), qui nous enseigne à user de notre raison de la manière la plus appropriée à la recherche de la vérité ; qui met en évidence les critères qui nous permettent de nous assurer que nous l'avons atteinte ; et qui, en décelant les sources de l'erreur, et en montrant du doigt les repaires où les sophismes [*fallacies*] sont susceptibles de se nicher, nous avertit de leur danger, et nous montre comment les éviter [...] »[2]. Comme Cournot, Herschel appelle cette logique « rationnelle », pour la distinguer de la logique des écoles, qu'il appelle « verbale », car elle traite surtout des mots, alors que la première s'intéresse aux choses. Cournot, de son côté, observe : « L'ordre rationnel [...] doit être l'expression fidèle des rapports que les choses ont entre elles en vertu de leur nature et par leur essence propre »[3].

La raison, en effet, ne s'attache pas seulement aux formes immobiles ou à leur état instantané : elle prend pour objet les changements de forme, qu'ils surviennent dans un être ou, comme en histoire naturelle, à travers une longue suite de générations. Toutefois, il ne suffit pas de saisir historiquement – de façon descriptive – les changements de forme. L'esprit veut en comprendre la raison : « Saisir les caractères essentiels des choses, c'est saisir la manière dont elles procèdent rationnellement les unes des autres, ou s'engendrent les unes les autres »[4]. Cournot note que « pour les êtres vivants dont le naturaliste s'occupe, la liaison des idées de génération et de classification est encore bien plus palpable [...] ».

1. *Ibid.*, p. 47-48.
2. John Herschel, *A Preliminary Discourse*, § 14, p. 18-19.
3. *Traité*, p. 47-48.
4. *Ibid.*, p. 50.

Si la science classique est attentive aux formes, en revanche, à la différence de ce que proposera Thom dans la théorie des catastrophes, elle ne postule pas l'indépendance – au moins de principe – de la forme et du substrat. Galilée, par exemple, insiste sur le fait que l'étoffe dont les êtres sont faits détermine leur taille et même en partie leur forme, ne serait-ce que pour des questions de résistance des matériaux. Il écrit: « Constatez donc comment de ces démonstrations ressort clairement l'impossibilité, non seulement pour l'art, mais pour la nature elle-même, d'accroître leurs constructions jusqu'à des dimensions énormes [...] à moins, bien entendu, d'utiliser une matière beaucoup plus dure et résistante que la matière habituelle [...] »[1].

D'Arcy Thompson illustre à merveille cette exigence de la science classique qui dérive la forme du jeu des forces physiques qui s'exercent sur les êtres vivants comme sur les choses. Dans *On Growth and Form*, il se donne justement pour but d'explorer le monde des formes vivantes en les présentant comme les résultantes d'un système de forces.

Si la science classique s'attache avec prédilection aux formes régulières, elle n'ignore pas la notion de perturbation ni la réalité des turbulences, notamment des fluides. De plus, nous le verrons, Cournot a montré que le calcul des probabilités constituait un instrument puissant de description et d'analyse.

Toutefois, alors que Newton, dans les *Philosophiae naturalis principia mathematica* [1687], conserve à la géométrie d'Euclide une place majeure, Lagrange, un siècle plus tard, ne laisse subsister aucune figure dans sa *Mécanique analytique*[1787]. Est-ce à dire que la science classique, à son apogée, dédaigne l'approche de la nature par la forme ? Nullement. Toutefois, l'idée de forme, à elle seule, ne constitue pas une clé suffisante pour saisir l'ordre de la nature. Cournot rattache explicitement la mécanique à l'expérience, proprement physique, de la force: « [...] Si nous n'avions pas le sentiment intime de l'effort musculaire, le spectacle du monde [...] pourrait bien encore nous suggérer la notion de l'étendue, des figures et des mouvements, mais l'idée fondamentale de la mécanique, et par suite les idées fondamentales de la physique, comme de bien d'autres théories, nous échapperaient tout à fait »[2]. Ainsi, pour passer de la géométrie à la mécanique, de l'idée de forme à celle de force, deux expériences distinctes et conjuguées sont nécessaires: l'une, physiologique, de l'effort musculaire, qui n'aurait pas lieu si nous n'étions pas des êtres enracinés dans

1. Galilée, *Discours concernant deux sciences nouvelles*, trad. par Maurice Clavelin, PUF, 2e éd. 1995, p. 106.

2. Cournot, *Traité de l'enchaînement des idées fondamentales*, §81, p. 80.

le Monde ; l'autre, intellectuelle, qui nous incite à mettre entre parenthèses les témoignages cénesthésiques, pour conduire une analyse causale du mouvement. « La force est ce qui fait mouvoir ou ce qui tend à faire mouvoir le corps ; le corps est ce qui résiste et ce dont la résistance, quelquefois insurmontable, ne peut en aucun cas être surmontée que par le déploiement de la force » [1].

On ne peut pas dire que la science classique ait été indifférente à l'idée de forme, même si elle ne lui attribue pas, en mécanique surtout, un statut résolument autonome.

Pour déterminer les champs et les limites de l'étude des formes dans la science classique, il faudrait ici conduire un inventaire qui couvrirait l'étude de l'équilibre, du mouvement [la cinématique et la dynamique], de l'optique géométrique, etc. Il suffirait de parcourir l'œuvre de Cournot ou *La Mécanique* de Mach pour se faire une idée de l'importance de l'idée de forme. On serait frappé, en particulier, par le rôle que jouent, dans la géométrie des objets ou des relations, les principes d'extrémalité : le principe de Fermat énonce que la lumière suit le trajet qui minimise le temps de parcours. De la même manière, les bulles de savon prennent une forme sphérique, qui maximise le volume correspondant à une surface donnée. On verrait aussi comment les mathématiciens se sont attachés à définir non seulement les formes que l'on pouvait construire dans le cadre d'une théorie donnée [par exemple, la géométrie d'Euclide, avec pour instruments la règle et le compas], et celles qui étaient ineffectuables dans un certain cadre.

On évaluerait ainsi ce que la théorie des fonctions et l'analyse ont apporté à l'idée de forme, enrichissant les mathématiques des moyens de faire surgir et de conceptualiser des formes qui échappaient à la géométrie d'Euclide.

En même temps, il est juste de souligner que, dans la physique classique de la fin du XIXe siècle et du XXe siècle, l'idée de forme a tendance à s'estomper, et même à s'évanouir. Les figurations intuitives sont dévaluées, la notion de chose se transforme ou même s'abolit. À cet égard, il est exact de dire que la géométrie a subi une éclipse, que l'on a pu observer, pendant plusieurs décennies, dans l'enseignement.

Toutefois, la science classique reste attachée, sinon à la géométrie, du moins à l'« *Anschaulichkeit* » des phénomènes, au fait qu'on peut, au moins en principe, leur faire correspondre un schème et une figuration, selon les exigences énoncées par Kant.

Ce qui ébranle la géométrie, à partir du XIXe siècle, c'est qu'elle n'apparaît plus comme unique et nécessaire : la naissance des géo-

1. *Ibid.*, § 81, p. 80.

métries non-euclidiennes, auxquelles nous sommes à présent tout à fait habitués, provoque chez les philosophes une sorte d'inquiétude ou même de stupeur : il était allé de soi, pendant plus de deux millénaires, que les propriétés mathématiques de l'espace physique et de notre représentation mentale de l'étendue étaient identiques. Cette identité, soudain, disparaissait, rompant une attache de plus entre notre constitution subjective et les structures du monde extérieur. Ou plutôt, la théorie de la relativité allait montrer que l'espace réel dans lequel nous vivons n'est pas, malgré une croyance millénaire, euclidien, mais riemannien.

Le « conventionnalisme »[1] de Poincaré faisait de la détermination de la structure de l'espace le résultat non d'une observation et d'une réflexion mais d'un choix : « *Les axiomes géométriques ne sont donc ni des jugements synthétiques* a priori *ni des faits expérimentaux.* Ce sont des *conventions* ; notre choix, parmi toutes les conventions possibles, est *guidé* par des faits expérimentaux, mais il reste *libre* et n'est limité que par la nécessité d'éviter toute contradiction. C'est ainsi que les postulats peuvent rester *rigoureusement* vrais quand même les lois expérimentales qui ont déterminé leur adoption ne sont qu'approximatives. En d'autres termes, *les axiomes de la géométrie* (je ne parle pas de ceux de l'arithmétique) *ne sont que des définitions déguisées* »[2].

FORCES ET FORMES

L'historien des sciences ne peut manquer d'être frappé par l'importance qu'a eue la géométrie dans la constitution d'une science de la nature. Les considérations géométriques imprègnent l'optique, la statique et les débuts de la dynamique, jusqu'au moment où se constitue, à la fin du XVIIe siècle, sous l'impulsion de Newton et de Leibniz, le calcul infinitésimal. De plus, pendant plusieurs siècles, et pratiquement jusqu'à la fin du XVIe siècle, la seule science arrivée à maturité a été l'astronomie.

Or, en astronomie, il est relativement aisé de voir comment se combinent et se distinguent les idées de forme et de grandeur. L'esprit, en effet, doit résoudre deux problèmes : Quelles sont les *formes* des

1. On exagère souvent la portée du « conventionnalisme » de Poincaré. Dans son étude sur « Cournot et les principes du calcul infinitésimal », *Revue de Métaphysique et de Morale*, 1905, numéro spécial consacré à Cournot, le grand mathématicien se montre en sympathie, nous le verrons, avec le « réalisme » de ce dernier.

2. Henri Poincaré, « Les géométries non-euclidiennes » in *La Science et l'hypothèse* [1902], Flammarion, 1968, p. 75-76.

orbites décrites par les corps célestes? Quelle est la *grandeur* du système solaire et la taille de chacune des orbites? Cournot a exploré l'extension et la valeur clarifiante de l'idée de forme. Il voit bien que la géométrie n'a pas constitué, en astronomie, un principe d'unification suffisamment puissant. Il écrit, par exemple: «L'ancienne philosophie admettait d'emblée une distinction tranchée entre les phénomènes célestes et ceux de la région inférieure, sublunaire ou terrestre: là-haut une pureté, une régularité parfaite, ici-bas la grossièreté, la complication, la corruption et le trouble. Les corps terrestres étaient inertes; les autres se mouvaient d'eux-mêmes, ils étaient dieux ou tenaient de la nature divine. Le mouvement circulaire, le plus parfait de tous, leur était aussi naturel que la ligne droite semble l'être aux corps terrestres, quand ils cèdent à une impulsion étrangère»[1]. Ainsi, les formes géométriques, et en particulier le cercle et la droite, ont un sens et une portée cosmologiques: les mathématiques ne sont pas un instrument neutre; leurs figures ont une valeur métaphysique, elles s'inscrivent dans la nature.

Cournot ne fait que transposer à la réalité une constatation des géomètres: l'étude des figures (droite, cercle, triangles quelconques, "solides" platoniciens) ne postule aucune liaison intime entre les corps proprement dits et les mouvements de ces figures. L'étude des formes n'instruit pas, à elle seule, sur la liaison entre les corps, entre les êtres. C'est pourquoi Cournot poursuit: «La physique, l'astronomie se sont transformées l'une et l'autre, le jour où l'on s'est avisé d'essayer si la même mécanique ne s'appliquait pas aux mouvements des corps célestes et à ceux des corps que nous touchons, que nous remuons à la surface de la Terre»[2].

C'est là un point essentiel de sa «philosophie naturelle»: le passage de l'approche géométrique à l'approche mécanique (ou physique) de la nature est à la fois une rupture, une révolution et une création (ou plutôt une découverte). L'esprit applique de nouveaux instruments intellectuels et techniques pour regarder le «Monde» et pour y apercevoir, à travers les impressions esthétiques d'ordre et de beauté, l'unité d'une «Nature», c'est-à-dire d'un système soumis à un même ensemble de lois. Pour Cournot, l'esprit humain se meut d'emblée dans un univers imprégné de considérations religieuses, même si, comme une remarque des *Considérations* sur Archimède le montre, l'esprit scientifique ne se laisse pas contraindre par les préjugés.

1. *Matérialisme*, p. 44.
2. *Ibid.*, p. 45.

En fait, la grande victoire du XVIIe siècle, c'est-à-dire de la physique, c'est l'union de la mécanique céleste et de la mécanique terrestre. Cournot est revenu à plusieurs reprises sur cet événement majeur, dont la réalisation s'étale sur un siècle et demi, entre la publication du *De Revolutionibus orbium cœlestium* de Copernic en 1543 et celle des *Philosophiae naturalis principia mathematica* de Newton en 1687, en passant par les travaux de Galilée et de Kepler. En gros, de 1543 à 1687. Cournot prend soin de montrer comment cette révolution est sortie à la fois de coups d'audace théoriques et d'observations nouvelles : « En même temps que la théorie suggérait l'idée d'une telle hypothèse, l'invention du télescope la rendait vraisemblable, par suite des ressemblances physiques qu'on apercevait entre les planètes et la Terre, déjà assimilée dans le système de Copernic aux autres planètes ! »[1]

Dès que la mécanique se trouve constituée, elle permet en retour l'étude des formes géométriques à l'aide de moyens nouveaux et puissants : des formes qui échappaient à la géométrie élémentaire et que les Grecs n'avaient pas étudiées se mettent, au XVIIe siècle, à livrer leurs secrets. Il n'y a donc pas, dans l'esprit de Cournot, une suite d'approches successives de la nature qui auraient leurs lois propres et se constitueraient de façon distincte. L'approche de la nature par les formes a bénéficié puissamment des progrès de la physique et de la mécanique. Cournot le dit en une phrase : « Pendant que l'astronomie attteignait à une perfection inouïe, par l'application des principes de la mécanique terrestre, elle donnait de ces mêmes principes, par l'accord soutenu des observations les plus délicates et des calculs les plus minutieux, une confirmation empirique bien supérieure à celle qu'auraient pu fournir des expériences faites sur les corps mobiles à la surface de la Terre »[2].

Ainsi, la Mécanique aide au perfectionnement de la connaissance des formes ; et la perfection « inouïe » qu'atteint l'étude des mouvements et des formes en astronomie fournit une confirmation de la mécanique que les expériences faites sur la Terre seraient incapables d'apporter. Cournot est très sensible à la fécondation croisée de l'astronomie et de la physique (qui unifie la mécanique céleste et la mécanique terrestre à l'aide des mêmes principes de la dynamique).

Cette évocation presque lyrique de l'unité enfin réalisée au XVIIe siècle des physiques céleste et terrestre ferait aisément croire que, pour Cournot, la nature reproduit les mêmes types d'organisation, les mêmes

1. *Ibid.*, p. 45 et étude de Maurice Clavelin dans *La Dignité de l'homme*.
2. *Ibid.*, p. 45.

structures, quelle que soit l'échelle de grandeur des objets et des systèmes. Ce n'est pourtant pas le cas: dire que les lois du mouvement de Newton s'appliquent à tous les objets pourvus d'une masse ne signifie nullement que les soleils et les atomes soient identiques à la taille près, que les uns soient les images homothétiques des autres. Cournot s'explique sur ce point: la géométrie peut faire abstraction de la grandeur; la physique, non. Il écrit: «En géométrie pure, les dimensions des corps, c'est-à-dire des portions d'étendue limitées et figurées, ne sont que relatives; il n'y a pas de grandeur ni de petitesse absolue; les mêmes figures peuvent être construites sur une infinité d'échelles différentes» [1].

Bref, on peut négliger la grandeur des objets dont on *construit* la figure. Les philosophes, ajoute Cournot (qui se montre toujours ironique à l'égard des penseurs qui parlent de «grandeur» ou de «petitesse» sans se référer aux mathématiques), en ont tiré des spéculations hasardeuses: «L'homme est comme suspendu entre deux abîmes, l'infini en grandeur et l'infini en petitesse. Après avoir mis un lilliputien dans sa poche, Gulliver est mis à son tour dans la poche d'un géant» [2].

Dans les *Considérations*, il s'étend davantage sur ce point en prenant l'exemple du cardinal Nicolas de Cuse. Dans *Matérialisme*, il reprend: «En réalité chaque classe de phénomènes a son échelle, et d'ordinaire on observe un saut très brusque d'une échelle à l'autre» [3]. Il s'agit là d'un élément essentiel de la «philosophie naturelle» de Cournot: l'application de l'idée de forme (géométrique) à la nature est soumise à des conditions; on ne peut pas jouer sur la grandeur comme sur un facteur qu'on ferait varier arbitrairement. Dans la nature, il n'en va pas comme «en géométrie pure» où «le module de grandeur (...) reste arbitraire» [4]. L'argumentation de Cournot n'est pas «théorique»; elle est, pour employer son vocabulaire, «cosmologique», autrement dit empirique, factuelle.

Il observe: «On ne voit pas de cristaux gros comme des planètes ou des montagnes; et nous avons beau augmenter la puissance de nos microscopes, nous ne trouvons dans un cristal ou dans une goutte d'eau rien qui ressemble à un système planétaire [...]» [5]. Autrement dit, ce que critique Cournot, c'est une théorie de l'«emboîtement» qui, appliquée à la nature, nous ferait imaginer que, quelle que soit la taille ou la nature des phénomènes, les mêmes formes se reproduisent à des

1. *Ibid.*, p. 45.
2. *Ibid.*, p. 45.
3. *Ibid.*, p. 45.
4. *Ibid.*, p. 45.
5. *Ibid.*, p. 45.

échelles différentes. Il écrit: «Les phénomènes d'ondulations lumineuses, les phénomènes capillaires, les phénomènes chimiques ont tous leurs échelles respectives, n'empiètent pas les uns sur les autres, ne se reproduisent pas périodiquement ou à tour de rôle, comme il le faudrait dans l'hypothèse d'un emboîtement indéfini des phénomènes cosmiques»[1].

De ce fait, l'étude des formes dans la nature ne relève pas de la géométrie pure; elle implique une évaluation qualitative, une discrimination attentive des régions de la réalité ou, comme le dit avec plus de précision et de prudence Cournot, des «phénomènes» qui, selon leur ordre, ont leur extension propre et qui, nous l'avons déjà souligné, «n'empiètent pas les uns sur les autres». S'il n'y a pas emboîtement (ni non plus «préformation») comme dans la science du vivant de Malebranche (1638-1715) ou de Leibniz (1646-1716), il y a «échafaudage».

Ainsi, dans l'ordre de la petitesse, la série est limitée et les «ordres de grandeur» ne sont pas en nombre infini: «Et la conséquence que la raison en tire, c'est qu'effectivement la série est limitée, et qu'il y a un point de départ, un commencement dans la petitesse, au point de vue de la structure du monde physique et de l'échafaudage des phénomènes cosmiques les uns sur les autres»[2].

Cette notion d'«échafaudage» est importante: elle veut dire, par exemple, que le monde des êtres vivants repose sur le monde inorganique. Mais, comme dans une série d'échafaudages, le support inférieur ne détermine pas tous les caractères de la construction qui s'élève sur lui. La même image, le même refus de l'emboîtement réapparaissent dans le domaine de l'infiniment grand: «Des découvertes successives dans une série que rien ne paraît arrêter, conduisent presque inévitablement à admettre que la série ne s'arrête jamais et que le Monde est infini comme l'espace: ce qui peut bien accabler l'imagination, mais non la raison dont les conceptions n'ont rien de commun avec les simulacres de l'imagination»[3].» (L'opposition de la raison et de l'imagination est à souligner, car, au XIXe siècle, les grands physiciens utilisent l'imagination comme une moyen de réaliser des expériences de pensée et donc comme un mode d'exploration du réel. Ce recours à l'imagination constructive, comme la nomme Taine dans son portrait de Napoléon, sur laquelle est revenu Duhem et que Comte célèbre

1. *Ibid.*, p. 46.
2. *Ibid.*, p. 46.
3. *Ibid.*, p. 47.

chez Fourier, n'est aucunement proscrit par Cournot ; toutefois, il dissocie l'audace théorique de la limitation imaginative.)

Cournot montre que l'infiniment grand n'est pas structuré de la même manière que l'infiniment petit, où la raison trouve que « la série est limitée », tandis que, dans l'ordre de l'infiniment grand, la raison est irrésistiblement poussée « à admettre que la série ne s'arrête jamais ». Cet infini cosmique n'est pas obtenu par expansion concentrique ou par dilatation à partir d'un centre qui serait, par exemple, le système solaire : « Le point des espaces stellaires où notre système solaire est placé, n'offre rien qui le singularise ; le groupe stellaire auquel il appartient n'a rien de particulier : *Unus e multis* »[1].

Dès lors, « il ne s'agit plus, comme tout à l'heure, de mondes emboîtés les uns dans les autres, mais de mondes juxtaposés les uns aux autres, puisque rien n'indique une ordonnance systématique autour d'un centre, telle qu'on l'observe dans notre monde planétaire »[2].

Alors que, dans l'infiniment petit, la série, nous l'avons vu, est limitée, dans l'ordre de l'infiniment grand il y a sans doute une profusion d'univers-îles juxtaposés. Cette vision grandiose n'est pas nouvelle : mais Cournot ne l'associe pas à des spéculations métaphysiques ; il la rattache à des « découvertes successives dans une série que rien ne paraît arrêter »[3]. Ce sont ces découvertes qui nous proposent une image nouvelle de l'univers : « Tout prend alors une autre face : notre système solaire n'est qu'un atome ; les soleils et les mondes se groupent sporadiquement, comme des îles et des archipels dans un océan sans rivages »[4].

Cette vision des univers-îles, nous le verrons, consonne avec l'idée que l'espace de l'expérience est constitué de petits mondes. Mais Cournot ne se contente pas de déployer la diversité des structures de l'univers ; il s'interroge aussi sur l'invariance de ses formes.

L'IMMUTABILITÉ DES LOIS DE LA NATURE

On peut imaginer un univers dont les lois seraient fixes, mais dans lequel les êtres évolueraient : « Il ne faut pas, avec la plupart des métaphysiciens, regarder la croyance à l'immutabilité des lois de la Nature comme un principe qui s'impose d'emblée à l'esprit humain, qui

1. *Ibid.*, p. 47.
2. *Ibid.*, p. 47.
3. *Ibid.*, p. 47.
4. *Ibid.*, p. 47.

est le point de départ de toutes les recherches ultérieures, et sans lequel il ne pourrait faire un pas dans les voies de la science »[1].

Cournot distingue ce qui est une « maxime » et ce qui est une « loi » scientifique. Pour lui, supposer l'immutabilité des lois de la nature, leur invariance à travers le temps, constitue d'abord une croyance. Comment confirmer qu'une telle croyance est fondée ? Il serait nécessaire que nous disposions d'observations, portant sur des phénomènes analogues, qui se soient produits à de grands intervalles de temps ; pour obtenir une certitude, il faudrait que nous puissions voyager dans le temps, nous retrouver, par exemple, dans la situation où serait un système solaire il y a deux ou trois milliards d'années. Cournot eût-il pu, dans les années 1870, tenir le raisonnement que nous faisons aujourd'hui, quand nous disons que, plus nous observons des corps célestes lointains, plus nous observons des âges anciens de l'univers ? Probablement pas.

Quelle justification donne-t-il donc de l'invariance des lois de la nature ? Son raisonnement n'est pas facile à suivre : il garde en tête l'idée d'un contraste entre l'invariance probable des lois de la matière et la variabilité probable des types organiques. Il ne pense pas que l'invariance des lois de la nature inorganique doive être posée comme un principe initial : « En cosmologie physique, le principe en question est le couronnement, non la base de l'édifice scientifique »[2]. Nous n'avons aucun moyen direct de tester empiriquement la validité de ce principe : sa vraisemblance résulte plutôt du fait que, si nous postulons l'invariance des lois de la nature, nous obtenons une science qui permet la prévision et l'explication.

La difficulté, c'est de bien comprendre quelles sont les lois primordiales de la nature et quelles en sont les lois dérivées : « À la vérité, la chute de la pierre ne peut point passer, dans l'état de nos connaissances, pour l'effet immédiat d'une loi primordiale de la Nature ; la durée du jour sidéral ou de la rotation diurne de la Terre, longtemps regardée par les astronomes comme un étalon rigoureusement fixe, comporte (nous le savons maintenant) des variations excessivement lentes, auxquelles correspondent autant de variations de la pesanteur terrestre : le tout en vertu des lois primordiales de la mécanique et de la gravitation universelle, immuables dans le temps »[3].

Bref, le signe qu'une loi n'est pas primordiale est double : elle peut être dérivée d'autres lois ; ce qui, en elle, semblait fixe, devient, avec le

1. *Matérialisme,* p. 47-48.
2. *Ibid.*, p. 48.
3. *Ibid.*, p. 48.

progrès des sciences, variable. Le raisonnement de Cournot est-il irréfutable ? Oui, si l'on reconnaît que le principe de l'immutabilité des lois de la nature n'est pas, pour lui, apodictique, mais seulement d'un haut degré de vraisemblance. Il se contente de dire : « Quoi qu'il en soit, plus les sciences qui ont pour objet le monde physique font de progrès, et mieux elles s'ordonnent conformément au principe ou à la maxime de l'immutabilité des lois dans le temps »[1].

Cournot ne dispose pas de preuves qui seraient tirées de l'astrophysique. Les témoignages sur lesquels il assoit la « maxime » – c'est-à-dire le principe subjectif ou la croyance considérée – viennent de la géologie. Son raisonnement est très simple et parfaitement valable : « De toutes les sciences de cet ordre, la géologie est celle qui s'occupe le plus du passé, qui réunit le plus de monuments, qui y rattache le plus d'inductions ; et il n'y a plus de fait géologique que dans l'état de la science on n'explique ou qu'on ne répute explicable par les causes physiques actuellement agissantes, sauf à tenir compte de la différence des circonstances dans lesquelles elles opéraient, à des époques si reculées »[2]. Autrement dit, ce qui varie à travers le temps, ce n'est pas le système des lois primordiales, c'est l'ensemble des circonstances (cosmologiques) dans lesquelles ces lois immuables s'appliquent.

Cournot estime, à juste titre d'ailleurs, qu'on ne connaît pas encore, dans le domaine de la vie, les lois « primordiales » de la nature, comme on les connaît en mécanique. Du même coup, même si, dans cet ordre, il existe des lois nombreuses et imbriquées, leur écheveau n'est pas aisément démêlable. Dans chaque être vivant, en effet, l'échafaudage des registres distincts de la causalité se retrouve : tantôt ils mènent des cours relativement séparés, tantôt ils interfèrent. C'est le caractère pluridimensionnel de la causalité biologique qui rend la nature vivante plus énigmatique et plus difficile à pénétrer.

Ainsi, le postulat de l'immutabilité des lois constitue non la base mais le « couronnement » d'une réflexion sur les mondes physique et biologique. À travers les réflexions de Cournot sur les lois de la nature, on voit bien en quoi consiste son réalisme : il pense qu'il y aura toujours de l'inconnu, mais qu'un jour il n'y aura plus de mystère. Il note : « Dans l'état actuel de la cosmogonie purement physique, il y a encore et il y aura toujours une large part faite à l'inconnu : il n'y a plus de part faite au mystère, du moins de ce chef, et sous la réserve des remarques qui doivent bientôt suivre »[3].

1. *Ibid.*, p. 48.
2. *Ibid.*, p. 48.
3. *Ibid.*, p. 49.

La nature vivante

Autant Cournot est prêt à attribuer au hasard la naissance de l'ordre au sein de l'univers physique, autant il exclut que l'organisation des êtres vivants soit apparue par hasard. Il ne s'agit pas, chez lui, d'un doute motivé par des raisons métaphysiques ou théologiques, mais d'un constat empirique : les êtres vivants, bien qu'ils soient le siège d'opérations physico-chimiques, ne sont pas pour autant des machines.

Ici encore, Cournot raisonne par analogie : quand on observe des animaux supérieurs, et plus encore quand on étudie le comportement humain, on découvre que tout s'y accomplit selon des plans, même quand les visées ne sont pas conscientes. En allant de proche en proche jusqu'aux animaux les plus simples et aux plantes, ces mêmes constatations valent encore, si bien qu'en fin de compte les organismes vivants se révèlent irréductibles à des machines. Sans employer le terme de « téléonomie » comme le fera Jacques Monod, Cournot a en vue la même réalité : « Nous regardons comme un caractère essentiel de la Nature vivante, de poursuivre avec un art admirable, quoique avec l'inconscience de l'instinct, l'accomplissement d'une fin, la réalisation d'un type, l'exécution d'un plan, et de proportionner la dépense de force, d'instinct ou d'art inventif à l'importance, aux exigences du but à atteindre »[1]. Il ne s'agit pas d'une propriété des organismes qui serait surajoutée à d'autres, presque superflue : c'est là où s'est tracée la frontière – qui n'est pas étanche – entre l'inorganique et l'organique, entre le « matérialisme » et le « vitalisme ».

De cette évidence empirique, Cournot tire une conséquence qui est assez voisine d'une remarque de Kant dans la *Critique de la faculté de juger* : alors que, dans le monde inorganique, nous connaissons à la fois les lois universelles et leurs applications particulières, dans le monde organique nous voyons le fonctionnement des vivants, nous devinons en partie leur constitution, mais la cause qui les fait croître et qui les régit nous demeure inconnue. Cournot s'exprime ainsi : « Pour toute intelligence qui n'est pas dans le plus intime secret des opérations de la Nature, il y a impossibilité d'assigner ce qu'elle est capable ou incapable de faire dans un cas donné […] »[2].

Certes, la vie des organismes repose sur des processus physico-chimiques identiques à ceux que le mécanicien, le physicien, le chimiste observent ou même reproduisent dans la nature inerte ; mais ces opérations ont un caractère concerté, planifié, harmonieux ; c'est cet

1. *Matérialisme.*, p. 69-70.
2. *Ibid.*, p. 70.

« art » qui semble à Cournot irréductible à un « triage machinal », c'est-à-dire à une sorte de tirage au sort qui se serait fait au sein du monde inorganique. Pour dire les choses autrement, Cournot émet l'hypothèse que la vie n'est pas la même chose que les mécanismes ou les réactions chimiques. Il écrit : « Reportons-nous par la pensée à un état du Monde terrestre, certainement antérieur à la vie puisqu'alors les fonctions de la vie n'étaient pas possibles : est-ce qu'une intelligence si puissante qu'on la suppose, autre que celle qui gouverne le Monde, aurait pu prédire alors l'apparition de la vie ? Non, car l'affirmation irait contre notre hypothèse fondamentale, à savoir que les phénomènes de la vie sont inexplicables par le seul conflit des forces physico-chimiques »[1].

Le « vitalisme » de Cournot est très particulier, et sans doute original. Il s'appuie sur deux constatations distinctes : d'un côté, les êtres vivants fonctionnent comme s'ils faisaient des plans ; de l'autre, la vie ne semble pas résulter d'une configuration propice qu'auraient prise *par hasard* les processus et les forces physico-chimiques. L'idée de « plan », si on la prend au sérieux, exclut celle de combinaison aléatoire. Ce point est important, car c'est ce que les « réductionnistes » actuels soutiennent : les systèmes téléonomiques, disent-ils, ont pu naître de manière fortuite, par des processus aléatoires.

Si Cournot attribue au hasard la naissance de la phase intermédiaire ou « génétique » de l'histoire du Monde, il refuse que l'ordre biologique ait pu procéder de l'ordre physico-chimique par un processus aléatoire. Il déclare : « On ne peut admettre (…) que la Nature, sans dépense nouvelle d'instinct ou de génie inventif, en obéissant simplement à l'action physique des milieux ambiants, en opérant machinalement le triage des combinaisons fortuites, en procédant aveuglément à l'ampliation ou à l'atrophie d'organes déjà constitués, aurait réussi un beau jour à faire sortir le type du mammifère des types de vertébrés inférieurs […] »[2]. Il ne suffit pas, pour expliquer la nature vivante, d'imaginer une chiquenaude initiale qui aurait transformé un groupe de molécules chimiques en une cellule organique : la nature vivante ne cesse, quand elle invente des types nouveaux, de faire preuve d'un art qui n'est pas réductible à une suite d'« opérations aveugles ».

Cournot se garde toutefois de considérer que de telles réflexions relèvent de la science *stricto sensu*. Elles sont du ressort de la « philosophie de la Nature »[3]. Il note, par exemple, que la science « ne se pique pas de remonter aux premières origines » et ajoute même que, à son

1. *Ibid.*, p. 70.
2. *Ibid.*, p. 70.
3. *Ibid.*, p. 74.

époque, elle « se pique plutôt de ne pas y remonter »[1]. Quels que soient les résultats empiriques que la science puisse obtenir, la raison, étayée par la science, examine des alternatives et fait ses choix. Ainsi, à propos du problème de la génération spontanée, que Pasteur vient de traiter, quelques années avant la parution de *Matérialisme, Vitalisme, Rationalisme*, il écrit : « Que les savants imaginent des expériences ou discutent les expériences des autres, à l'effet d'établir qu'il s'opère encore sous nos yeux ou qu'il ne s'opère plus de générations spontanées, même aux plus bas degrés de l'échelle organique, la conclusion scientifique à laquelle ils arriveront empiriquement, quelle qu'elle puisse être, n'empêche pas la raison d'affirmer qu'il y a eu des générations spontanées ou des organismes primordiaux formés de toutes pièces, quoique sur une bien moindre échelle qu'Agassiz[2] ne le voudrait »[3]. En effet, dire que la vie est apparue sur Terre, que l'on réussisse ou non à imaginer ou à reproduire l'état de la Terre à l'époque où cet événement a eu lieu, c'est affirmer qu'il y a eu génération spontanée, apparition d'organismes dont l'étoffe provenait du monde physico-chimique.

Ce qui est le point essentiel, aux yeux de Cournot, c'est qu'on ne puisse pas rendre raison de l'harmonie des organismes « par l'épuisement des combinaisons fortuites ni par triage automatique »[4]. Cette puissance inventive de la nature n'est pas entièrement concentrée à l'origine, au moment où apparaît la vie ; elle se manifeste tout au long de l'histoire de la vie.

Pourtant, Cournot, nous l'avons vu, repousse aussi énergiquement l'explication de la vie par le hasard et l'idée que les espèces auraient fait l'objet de créations séparées sans aucun lien entre elles. Il répète que « l'hypothèse scientifique d'une genèse de l'homme, réputée naturelle en ce qu'elle serait conforme au plan général de l'évolution organique, n'aurait point pour conséquence, ainsi que trop d'esprits prévenus semblent le croire, d'affaiblir l'idée qu'on doit se faire de la puissance, de l'intelligence et de la bonté du grand Ouvrier, de la dignité intellectuelle et morale de la nature humaine et du rang de l'homme dans la Création »[5]. L'homme n'a pas été produit par l'animation directe d'une matière inorganique. Il résulte de la transformation de vivants plus anciens que lui. Ce texte met en relief l'une des idées essentielles de la « philosophie de la Nature » de Cournot, qui, même s'il n'est pas darwinien, croit que l'évolution des espèces, telle que Darwin

1. *Ibid.*, p. 73.
2. Louis Agassiz, naturaliste suisse, 1807-1873.
3. *Matérialisme*, p. 73.
4. *Ibid.*, p. 103-104.
5. *Ibid.*, p. 104.

la conçoit, est beaucoup plus plausible que l'hypothèse typologique des créations distinctes et séparées, qui fait de Dieu, nous l'avons dit, un despote arbitraire qui crée par coups d'État.

Bien des exemples de Cournot ont vieilli et la révolution biologique de la seconde moitié du XXe siècle a changé nombre de nos perspectives. Pourtant, il reste très intéressant de suivre la réflexion d'un grand probabiliste quand il affirme que, dans le domaine des phénomènes physico-chimiques, l'apparition de l'ordre par le désordre est possible, tout en niant qu'un processus analogue puisse rendre raison du passage de l'ordre physico-chimique à l'ordre biologique.

PHILOSOPHIE DE LA NATURE

L'idée d'une évolution graduelle des types organiques apporte, au XIXe siècle, quelque chose de révolutionnaire : on ne peut plus dissocier les actes de création, imputés exclusivement à Dieu, et la perpétuation stable des espèces, attribuée à la nature. Substituer à une conception typologique une conception évolutionniste de la nature est une rupture considérable, puisque la puissance de création s'inscrit dans la nature elle-même. Or cette idée de création, c'est-à-dire, pour Cournot, non pas de création *ex nihilo*, mais de construction, de causalité et de transformation organiques, n'est pas élucidable par la raison, comme le sont les opérations mécaniques, physiques ou chimiques. Il y a bien une sorte d'analogie entre les opérations de la nature et celles de l'art, mais cette analogie est imparfaite, puisque nous ne pouvons pas prêter à l'araignée qui tisse sa toile ou qui emprisonne une mouche un raisonnement et des plans. C'est le terme d'*instinct* qui sert à qualifier les comportements animaux qui ressemblent à des actions intelligentes, sans pourtant que la réflexion y tienne place. Mais ni le *matérialisme* ni le *naturalisme* n'en rendent compte, pour Cournot. On ne peut se dissimuler « ce que le naturalisme a d'exorbitant pour la raison de l'homme en tant qu'il attribue à des forces naturelles des opérations instinctives qui surpassent infiniment notre intelligence, tout en hésitant à y reconnaître la manifestation d'une cause en qui résiderait la plénitude de l'intelligence »[1].

Cournot a pour habitude d'essayer les mêmes hypothèses sur des terrains différents. Peut-on, se demande-t-il, appliquer à l'araignée la théorie de Locke sur la négation des idées innées ? Non, répond-il : venant d'évoquer la perception qu'a l'araignée de la mouche et la

1. *Matérialisme*, p. 98.

confection de la toile où elle prend au piège cette dernière, il observe: «Il est très clair que la table rase de Locke ne serait pas plus propre que la mécanique de Descartes à rendre compte des fonctions psychologiques de l'animal»[1].

Ainsi, l'énigme que pose à la raison humaine la «Nature vivante», c'est que nous ne parvenons pas à élucider scientifiquement ses opérations, à comprendre la «*création organique*». Toutefois, le philosophe n'en reste pas à ce constat négatif. La «philosophie naturelle», pour ne pas employer le «terme plus ambitieux» de philosophie de la nature, a pour tâche d'essayer des hypothèses en les confrontant aux «données de la science».

Quelles hypothèses Cournot entend-il tester ainsi ?

1) Tout d'abord, il lui paraît clair que la matière dont les êtres vivants sont faits est la même que celle que le chimiste ou le physicien étudient. Il consacre, en particulier, des pages éclairantes à la chimie organique, et note, comme le fait à la même époque, c'est-à-dire dans les années soixante, Marcelin Berthelot, que la chimie organique permet de constituer par art – artificiellement – des corps composés que la nature n'a pas jugé bon de produire, ou en tout cas, que nous n'observons pas en étudiant ses opérations. «De là une fabrique incessante de corps nouveaux, que la Nature n'avait pas pris la peine de créer [...]»[2]. Pour Cournot, en effet, tout se passe comme si la nature faisait des choix[3].

2) Les chimistes pénètrent plus avant dans la nature que les physiciens: «Tandis que les physiciens ne tiraient de la mécanique newtonienne que des théories à beaucoup d'égards imparfaites, fragmentaires ou même incohérentes, les chimistes, en suivant d'autres voies, réussissaient à construire un système des mieux liés, une science autonome qui n'emprunte rien au mécanisme, et qui est même, autant qu'on peut en juger, irréductible à la mécanique; puisque la discontinuité y règne partout, comme dans la théorie des nombres et dans la syntactique abstraite, au rebours de la mécanique qui suppose partout la continuité des forces et des mouvements qu'elles engendrent»[4]. Ce point est capital: alors que Cournot insiste sur le caractère continu des forces mécaniques, il souligne l'aspect discontinu, «*dualistique*» même, des combinaisons en chimie minérale. Mais, «à côté de la chimie

1. *Matérialisme*, p. 99.
2. *Ibid.*, p. 21.
3. À propos de la chimie organique, il évoque «des associations ternaires ou quaternaires entre les quatre radicaux dont la Nature a fait choix [...]» (*ibid.*, p. 21).
4. *Matérialisme*, p. 20.

dualistique, si bien appropriée à l'étude des corps inorganiques, allait naître et se développer une seconde chimie, la *chimie organique*»[1]. À propos de cette dénomination, Cournot souligne que cette nouvelle chimie n'«empiète en rien sur les sciences qui ont pour objet les phénomènes de l'organisation et de la vie»[2]. Il connaît les travaux de Pasteur sur la fermentation lactique et a certainement suivi le débat entre Pasteur et Pouchet sur la génération spontanée. Pasteur a d'ailleurs siégé auprès de lui au jury de l'agrégation[3]. La chimie organique l'intéresse, car «elle se place [...] aux confins des deux mondes inorganique et organique, mais sans cesser d'appartenir essentiellement au monde inorganique»[4].

3) De ces observations, Cournot tire un résultat important, qui conforte son «réalisme»: la chimie organique fabrique artificiellement – c'est-à-dire en dehors des organismes – des produits qui sont identiques à ceux que la nature vivante réalise. L'art de l'homme et les opérations de la nature coïncident donc sur des points limités. Bien sûr, nous ne pouvons pas réaliser un Homoncule, mais nous entrons, par la chimie organique, dans l'«atelier»[5] de la nature. Bien plus, «les chimistes sont parvenus, heureusement pour la médecine et les arts, à marier les deux chimies, à combiner les produits d'origine organique à d'autres corps dont l'emploi n'entrait pas dans le plan de l'économie végétale ou animale»[6]. De ce fait, l'homme est l'artisan d'une sorte de création continuée.

4) De ces contacts, de ces opérations où interfèrent le monde inorganique et le monde organique, Cournot tire des réflexions sur leurs liens et sur leur autonomie respective. Chronologiquement et en raison, le monde inorganique précède et rend possible celui de la vie. Toutefois, l'émergence de l'organisation ne découle pas nécessairement de la simple existence du monde physique; il n'en est pas non plus un fruit fortuit. La raison, ici, écarte deux hypothèses, et n'en formule pas une troisième positivement; elle suggère seulement, par analogie, que l'on peut comparer le «génie» de la nature et celui de l'artiste.

Cournot décrit ainsi, de façon imagée, les relations entre le monde physique et celui de l'organisation: «Le monde physique (...) est comme la charpente qui supporte le monde de l'organisation et de la vie. Entre ces deux mondes existent des relations d'engrenage et de

1. *Ibid.*, p. 20.
2. *Ibid.*, p. 20-21.
3. Comme le signale Jane Saint-Sernin dans la thèse susmentionnée.
4. *Matérialisme*, p. 21.
5. Selon l'image de Goethe.
6. *Matérialisme*, p. 21.

contact intime plutôt que de greffe ou de soudure; et plus les observations se précisent scientifiquement, plus on est porté à croire que ce sont bien deux mondes distincts, ayant leurs lois propres, sans que l'on puisse concevoir le passage de l'un à l'autre par voie de développement graduel et de progrès continu »[1]. À travers ces métaphores, c'est un problème actuel et délicat qu'aborde Cournot: que se passe-t-il, à l'interface de deux régions de la nature, lorsqu'une action causale, au lieu de déployer la totalité de ses effets à l'intérieur d'un ordre donné (par exemple mécanique) de phénomènes, en diffuse dans un ordre différent?

5) La nature ne peut être pensée ni comme un ensemble d'univers-îles extérieurs les uns aux autres et juxtaposés ni non plus comme une seule réalité substantielle. La difficulté qu'éprouve l'esprit à constituer une « philosophie naturelle » ou, s'il est plus ambitieux, une « philosophie de la Nature », réside dans ce problème. Bien sûr, il est toujours possible de négliger la diversité ontologique, et de rabattre l'ordre rationnel sur l'ordre logique.

Là où l'accès direct n'est pas possible, il faut procéder de façon indirecte en se disant, par exemple: "Qu'entend-on par réduire l'organisation des êtres vivants à la physico-chimie?" Ou encore: "Que voudrait dire expliquer l'apparition des êtres vivants par une combinaison fortuite de circonstances propices?" Le travail de la raison, en philosophie comme en science, consiste à échafauder des hypothèses et à les « trier » à la lumière des sciences.

6) Bien plus, les hypothèses révolutionnaires et fécondes ne naissent pas de la spéculation métaphysique. L'esprit ne fait de découvertes qu'au contact de la nature, dans la pratique des sciences. Une philosophie de la nature ne se conçoit donc pas loin des sciences de la nature: « Que quelques *néo-cartésiens* aient poussé la hardiesse (j'oserais dire l'impertinence) jusqu'à prétendre que de grands philosophes se sont égarés en philosophie pour avoir pris une part glorieuse au mouvement scientifique de leur temps, et que le tort ou le malheur de Descartes a été de prendre rang parmi les grands géomètres: nous soutiendrons au contraire que les crises rénovatrices des sciences ont été les seules crises utilement rénovatrices de la philosophie [...] »[2].

1. *Ibid.*, p. 53.
2. *Ibid.*, p. 211.

CHAPITRE IV

INSTRUMENTS DE LA CONNAISSANCE

INTRODUCTION : LA CRITIQUE PHILOSOPHIQUE

Dans les *Considérations*, Cournot observe : « Le signe nous est indispensable pour fixer et contempler la vérité intelligible, qui pourtant subsiste indépendamment du signe, comme l'étoile télescopique existe indépendamment du télescope qui la rend visible »[1]. En une image, il définit l'un des problèmes majeurs de la « logique supérieure » ou de la « critique philosophique » : juger la « valeur représentative de nos idées », « faire la part de la constitution du monde extérieur et la part de la configuration du miroir qui le réfléchit »[2]. Les hommes sont dans la situation suivante : ils ne peuvent rechercher la nature et la constitution des choses, c'est-à-dire la vérité, qu'à l'aide d'instruments dont chacun a ses particularités, ses limites, sa configuration, sa fragilité, sa constitution. Comment, dans ces conditions, démêler ce qui relève de la nature des choses ? Ce problème accompagne le débat philosophique depuis ses origines. Le mérite de Cournot est de le traiter de façon systématique, et d'en proposer une solution « réaliste », en ce sens qu'il pense que l'esprit est capable de faire la part entre ses propres opérations et les opérations de la nature. C'est ce qu'il appelle juger la « valeur représentative de nos idées ». Il ne pense pas que l'homme soit en mesure de reproduire *toutes* les opérations de la nature, mais seulement de dire dans tous les cas si une opération reste confinée dans l'enceinte du sujet humain ou si elle a lieu hors de lui dans la nature.

1. *Considérations sur la marche des idées et des événements dans les temps modernes*, p. 97. (N.B. : par *étoile télescopique*, on entend une étoile découverte à l'aide d'un télescope par opposition à une étoile visible à l'œil nu).
2. *Ibid.*, p. 101.

LES SENS

Cournot ne fournit pas une liste exhaustive des instruments de la connaissance, mais examine les principaux. Le premier « instrument », pour un être vivant, ce sont les sens. Il s'interroge à leur propos : « Quelle est précisément la part des sens dans l'élaboration de la connaissance humaine ? »[1] Ou, sur le fait que nous avons cinq sens : « Le nombre cinq a-t-il donc quelque vertu secrète, tenant à l'essence des choses ? Ou si la nature en l'adoptant a usé pour ainsi dire de son pouvoir discrétionnaire, n'y a-t-il pas lieu de croire qu'avec un sens de plus ou de moins tout le système de nos connaissances serait bouleversé [...] ? »[2] La question posée par Cournot est simple : dans chaque espèce animale, les sens sont appropriés aux besoins. Toutefois, en l'homme – qui est aussi un animal –, les « moyens de perception si visiblement contingents et relatifs » sont-ils faits pour satisfaire notre curiosité présomptueuse ? Cournot s'exprime ainsi : « C'est de notre part une prétention bien chimérique que celle d'avoir l'intelligence, même superficielle ou bornée, de ce que sont les choses, avec des moyens de perception si visiblement contingents et relatifs, appropriés sans doute aux besoins de notre nature animale, mais nullement accommodés aux exigences présomptueuses de notre curiosité ? »[3] Or, dans la connaissance par les sens, il y a comme un désir de voir les choses face à face, que Locke exprimait ainsi : « Nous ferions de plus grands progrès dans la connaissance des choses si nous allions à la source, je veux dire à l'examen des choses mêmes »[4]. On sait que Husserl, et après lui tous les phénoménologues, feront un sort essentiel à cette injonction. Plus récemment, les sciences cognitives se sont mises à examiner de près le rôle des sens et de la sensation dans la connaissance. C'est un immense champ de recherches dont l'exploration est en cours.

Cournot défend la thèse suivante : les sens sont, bien évidemment, indispensables à la connaissance du monde extérieur ; mais la constitution de notre appareil sensoriel ne détermine pas le système des sciences de la nature. Si l'homme était insensible à la chaleur, se demande-t-il « le système de ses connaissances en serait-il profondément altéré ? »[5] Il propose alors une expérience de pensée et, se

1. *Essai sur les fondements de nos connaissances et sur les caractères de la critique philosophique* (1851), p. 447.

2. *Ibid.*, p. 113.

3. *Ibid.*, p. 113.

4. Locke, *Essais sur l'entendement humain*, I, III, §. 23, cité par E. Naert, *Locke*, Seghers, 1973, p. 9.

5. *Essai*, § 92, p. 113.

représentant l'état où seraient des hommes privés de sensations de chaud et de froid, conclut: «Non seulement l'aptitude de notre sensibilité à recevoir les impressions du chaud et du froid n'est pas la condition essentielle de la connaissance que nous avons du principe de la chaleur et de ses effets; non seulement elle ne contribue pas au perfectionnement scientifique de cette connaissance, mais elle pourrait y nuire si la raison ne se mettait en garde contre les illusions dont elle est la source»[1].

Il y a pour Cournot une expérience originaire, un sens plus essentiel que les autres, c'est le «toucher actif»[2]. Il écrit: «Rendons la sensibilité tactile à tous les organes par lesquels l'animal agit sur les corps extérieurs et sur le sien propre; donnons-lui le sentiment intime de l'effort musculaire qui détermine le mouvement des organes; permettons aux organes de céder aux sollicitations de l'instinct et à l'impulsion de la volonté [...]: et la représentation de l'espace sortira dans toute sa netteté de cette série de sensations complexes, par une raison de pure forme, quelle que soit d'ailleurs la nature *sui generis* des sensations tactiles de chaud ou de froid, de poli ou de rude, et lors même que ces sensations seraient remplacées par d'autres dont nous n'avons nulle idée, lors même que la conscience du mouvement produit résulterait d'une sensation autre que celle qui accompagne en nous la contraction et les efforts de la fibre musculaire.» Cournot y voit l'origine de la construction empirique du monde extérieur. Il conclut: «À la vérité, la résistance que les corps opposent au déploiement de la force musculaire ajoute à la représentation de l'espace et à la notion de l'*extériorité*, en suggérant à notre intelligence les idées de solidité, de matérialité, de masse, d'inertie, etc., qui nous servent à imaginer et à expliquer les divers phénomènes du monde physique»[3]. En un mot, le toucher actif est le plus originaire, le plus fécond de nos sens.

Ce bilan dressé, Cournot ajoute: «Voilà ce que ne pourraient nous donner les sensations visuelles, non plus que celles qui nous arrivent par le goût, l'odorat ou l'ouïe»[4]. Il attribue «cette grande découverte physiologique»[5] à propos du toucher aux Allemands, «entre autres Weber

1. *Ibid.*, § 96, p. 116.
2. Gilbert Romeyer-Dherbey, dans *Maine de Biran ou le penseur de l'immanence radicale*, Seghers, 1974, p. 115, cite ce mot de son auteur: «Le toucher actif est le sens propre du jugement et de la connaissance».
3. *Essai*, § 107, p. 135.
4. *Essai*, p. 135.
5. *Ibid.*, p. 135.

et Valentin»[1]. Bref, le cœur de la vie sensorielle, c'est «cette branche du système nerveux qui préside aux mouvements volontaires»[2].

Ce qui paraît essentiel à Cournot, c'est la découverte selon laquelle c'est «à un appareil organique parfaitement distinct de l'appareil des nerfs sensoriels, quoique en connexion nécessaire avec celui-ci»[3] qu'est dévolu le «toucher actif» ou «ce qui tient à l'exercice d'une fonction active»[4]. En un mot, nos opérations volontaires, nos actions sont distinctes, même dans l'ordre physiologique, de nos impressions. Et c'est à l'expérience, au sens de l'ensemble de ces fonctions actives, que se rattache la connaissance du monde physique, et même les idées de la physique.

Sa conclusion est étonnante: c'est le sens le plus enfoui dans l'animalité, le plus fondamental pour cette dernière qui se trouve être aussi celui qui nous instruit le mieux sur le monde extérieur et sur nous-mêmes: comme l'*extériorité* dérive du toucher actif, on peut dire que deux de nos sens, le toucher actif et la vue, sont les instruments majeurs de la connaissance scientifique et, en fin de compte, qu'ils s'identifient pour ne faire qu'un. Cournot écrit: «Ainsi, en résumé, des cinq sens dont la nature a doué l'homme et les animaux supérieurs (...), il n'y en a réellement que deux qui soient pour l'homme des instruments essentiels de connaissance; et en tant qu'instruments de connaissance, ces deux sens s'identifient en quelque sorte; ils sont homogènes ou ils procurent des représentations et des connaissances homogènes, savoir, la représentation de l'espace et la connaissance des rapports de grandeur et de configuration géométrique; la vertu représentative étant, pour chacun de ces deux sens, attachée à la forme et indépendante du fond de la sensation, *ratione formae* et non *ratione materiae*»[5].

Les idées de forme, de grandeur, de configuration géométrique sont donc enracinées dans l'animalité la plus profonde de l'homme. Les sens autres que le toucher agissent à la manière de «réactifs»: ils recueillent et transmettent des impressions sensorielles. La structure formelle de base de notre connaissance du monde extérieur est déterminée par le toucher actif: «La conséquence qu'on en doit naturellement tirer, c'est que d'autres sens, ou un surcroît de perfectionnement des sens que nous possédons, aideraient au progrès de nos connaissances, comme le font la découverte d'un nouveau réactif ou d'un instrument nouveau, et

1. *Ibid.*, p. 134.
2. *Ibid.*, p. 135.
3. *Ibid.*, p. 135.
4. *Ibid.*, p. 135.
5. *Ibid.*, p. 135-136.

vraisemblablement nous mettraient sur la trace de phénomènes dont on ne soupçonnera jamais l'existence ; mais sans changer pour nous les conditions formelles de la représentation et de la connaissance des phénomènes : de manière à modifier nos théories dans ce qu'elles ont de conjectural, et dans ce qui dépasse l'observation, mais non dans ce qui n'est que la pure coordination des faits observés »[1].

L'examen du rôle que jouent les sens dans la constitution du savoir scientifique conduit à poser la question des relations entre qualités, quantité et réalité. Démocrite avait formulé le problème de façon abrupte en affirmant que les couleurs, les sons, les odeurs ne sont que par convention, et que seuls existent les atomes et le vide. L'avènement de la science moderne conduit à voir les choses autrement : y a-t-il un petit nombre de qualités capables de « représenter » tous les attributs des choses ? Si elles existent et qu'on les découvre, en effet, l'introduction dans la connaissance scientifique d'un principe d'économie se trouve du même coup légitimée : ces qualités « élues » à titre de représentants des autres qualités parleront en leur nom.

Le coup de génie des fondateurs de la science moderne est d'avoir découvert qu'à l'aide d'un petit nombre de qualités ductiles à la mesure et appelées pour cette raison « quantités », on pouvait décrire et relier entre elles les propriétés les plus notables des choses. Ces qualités promues à un rôle représentatif sont appelées « premières » par opposition aux qualités « secondes », qui sont pourtant, dans l'expérience vécue, les plus originaires, tels le goût, l'odeur, le son, etc. Ainsi s'établit une relation stable et univoque entre qualités, quantités et réalité.

Il y a une sorte d'homogénéité ou de parité entre le corps et la nature : ils sont tels que la plus intime animalité, la sensation dans ce qu'elle a de plus profondément imbriqué dans l'action animale (volontaire) aide à la formation des conceptions de base de notre connaissance de la nature. Cournot, parlant de l'étymologie des mots *idée* et *image*, dit : « L'homme ne fait qu'obéir à la loi qui l'oblige à fixer par des signes ou par des comparaisons sensibles toutes les notions purement intelligibles »[2]. Trente ans plus tard, Frege dira, presque dans le même esprit : « Les signes ont, pour la pensée, la même importance qu'eut, pour la navigation, l'idée d'utiliser le vent afin d'aller contre le vent »[3].

1. *Essai*, p. 136.
2. *Ibid.*, p. 137.
3. Gottlob Frege, *Funktion, Begriff, Bedeutung. Fünf logische Studien*, trad. fr. par Claude Imbert, *Écrits logiques et philosophiques*, Seuil, 1971, p. 63-64.

Dans le savoir de nos ancêtres du néolithique, fait observer Claude Lévi-Strauss, les êtres apparaissent sous un double point de vue : ils possèdent des qualités et constituent des messages. Du même coup, connaître, c'est à la fois décrire et décrypter. À ces deux opérations, la science moderne va en substituer deux autres : mesurer et relier. Un des mérites de Cournot est d'avoir pris comme fil conducteur de son inventaire des instruments de la connaissance l'étude des signes.

LES SIGNES

Parmi les instruments de la raison ou, comme dit Cournot, de la connaissance, il en est deux qui tiennent à notre humanité et même, pour le premier, à notre animalité, à savoir les *sens* et les *signes*, alors que d'autres, tout en prenant assise sur les sens et sur les signes, ont une histoire et, quelquefois, ne sont apparus que depuis la naissance de la science en Grèce, ou depuis celle de la physique théorique et de la physique expérimentale avec Galilée.

Même si la distinction n'est pas radicale et que la frontière entre les deux types d'instruments reste poreuse, il convient de distinguer entre les instruments permanents et les instruments variables ou historiques. Les signes, curieusement, ressortissent à ces deux domaines. On a pu dire que le langage et la technique étaient les deux activités qui distinguaient l'homme de l'animal ; on découvre, en étudiant les langues comme en étudiant les techniques et en analysant la science, qu'il reste à faire l'histoire prodigieuse des signes et des savoirs.

Cournot constate la diversité des signes, la pluralité des systèmes qu'ils forment, la variabilité et la relativité de leur extension, de leur compréhension, les fluctuations de leur usage et de leur sens. Les signes sont donc par excellence des instruments *relatifs* ; et, pourtant, la nature a fait que même les connaissances les plus abstraites, les plus éloignées des sensations dépendent d'eux. De plus, parmi les systèmes de signes concevables, celui des signes discontinus s'est imposé, y compris pour représenter les grandeurs et les variations continues. Il s'ensuit un double problème : nous avons besoin de signes sensibles pour exprimer l'intelligible ; les systèmes efficaces de signes sont discontinus, alors que les processus majeurs de la nature sont continus. Il note, en effet : « Puisque d'une part la nature a voulu subordonner à l'emploi des signes sensibles le jeu de la pensée et les développements de l'intelligence humaine [...] ; puisque d'autre part un système de signes discontinus a seul pu prendre un développement parallèle à ceux de la pensée, qui pourtant, en général, portent sur des qualités ou des rapports susceptibles de modifications continues, on comprend qu'il doit résulter de cette contrariété entre l'essence des signes et celle de la plupart des idées une des plus grandes entraves de l'intelligence: entrave contre laquelle elle lutte depuis qu'elle a commencé à se développer; entrave dont parfois elle a pu heureusement s'affranchir, et qui, par d'autres côtés, la retient dans une enfance éternelle. Dans cette discordance des idées et des signes, un esprit méditatif reconnaîtra un de ces détails où la nature semble accidentellement dévier de son plan général de continuité et d'harmonie»[1].

Les signes constituent pour la pensée une aide indispensable et un obstacle redoutable. Frege, le fondateur de la logique mathématique, note, comme Cournot, que les signes, qui «stabilisent nos représentations», conduisent l'esprit, par une sorte de ruse, du sensible à l'intelligible, de la représentation au concept. Ils nous permettent, en effet, d'évoluer à notre gré dans le monde de nos représentations, en «usant du sensible lui-même pour nous libérer de sa contrainte»[2]. À la suite de Cournot – et indépendamment de lui –, il remarque que les signes sont des instruments de la raison que l'on braque sur la réalité qu'ils aident à voir, quand l'intuition est défaillante. À propos du concept, il observe: «Puisqu'il ne peut être objet d'intuition, il a besoin d'un représentant intuitif qui nous le manifeste. Ainsi le sensible nous ouvre-t-il le monde de ce qui échappe aux sens»[3].

Cournot, comme Frege, lie l'étude des signes au «développement des facultés intellectuelles»: «Après la sensation purement affective, viennent les sensations accompagnées de perceptions, les sensations représentatives, capables d'engendrer des images qui persistent, ou que l'esprit peut reproduire, après que les objets extérieurs ont cessé d'agir sur les sens»[4]. La fonction des signes est de conserver le souvenir et le sens des objets, des personnes ou des événements qui ont eu lieu. Ils ont une fonction affective et vitale.

Leur classification repose – et cette perspective annonce celle de Peirce – sur les modes de relation entre le signe et la chose représentée. Celle-ci peut revêtir trois aspects différents: 1) une «conformité entre

1. *Essai*, § 207, p. 255

2. Gottlob Frege, «Que la science justifie le recours à une idéographie», in *Écrits logiques et philosopiques*, Seuil, p. 63-64.

3. Frege, *op. cit.*, p. 64: «...denn da er an sich unanschaulich ist, bedarf er eines anschaulichen Vertreters, um uns erscheinen zu können. So erschliesst uns das Sinnliche die Welt des Unsinnlichen.»

4. *Essai*, § 190, p. 233.

l'objet ou le type perçu et l'image ou l'idée présente à l'esprit»[1], comme dans le portrait d'une personne ou la peinture d'un paysage; 2) un mélange de dessin et de convention, comme dans les cartes de géographie: «Une carte de géographie est une espèce de portrait; et cependant il arrive journellement aux géographes de relever et de compter les erreurs d'une carte: c'est que leur attention se porte alors exclusivement sur un certain nombre de points remarquables [...]»[2]; 3) enfin, il peut y avoir une distance considérable entre le système des signes et la chose signifiée.

C'est le cas dans les «signes d'institution», ou symboles: «Une langue serait bien pauvre, si elle ne consistait qu'en onomatopées ou en signes vocaux ayant des rapports naturels avec les choses signifiées. Toute autre espèce de signes sensibles offrirait aussi peu de ressources, si l'on n'employait que ceux qui ont naturellement la propriété de réveiller l'idée de la chose signifiée, si l'on n'avait recours à des signes d'institution ou de valeur conventionnelle»[3]. Les signes conventionnels sont en nombre limité, mais ils doivent pouvoir exprimer toutes nos idées et nommer toutes les réalités ainsi que toutes les fictions. Les signes d'institution, en se substituant aux «signes fugitifs», établissent, entre l'ordre des symboles et l'ordre des choses, une sorte de couture transcendantale.

Il y a donc une énigme et presque un miracle dans l'invention du langage et des signes: «Des signes d'institution ne peuvent exister en nombre illimité, de manière à correspondre à tous les objets de la pensée; il faut donc nécessairement qu'il existe pour de pareils signes des lois de combinaison et des syntaxes dont l'esprit puisse retenir les formules jusqu'à se les rendre familières par l'habitude: de manière que l'attention puisse se porter sur le fond de la pensée, sans être distraite par la forme syntaxique»[4]. L'ordre logique, que Cournot distingue soigneusement de l'ordre rationnel – ce dernier reflétant la constitution et le mouvement des choses –, est donc lié au langage. À l'inverse, la science ne se réduit pas, nous le verrons, à une «langue bien faite». En effet, les signes ne sont pas nécessairement les représentants fidèles de la réalité.

Derrière la difficulté de représenter la réalité par des idées et de fixer ces dernières à l'aide des signes, il y a un problème que l'entendement humain doit affronter. Comme l'écrit Cournot: «Nous

1. *Ibid.*, § 191, p. 236.
2. *Ibid.*, § 191, p. 236.
3. *Ibid.*, § 207, p. 254-255.
4. *Ibid.*, § 207, p. 255.

espérons démontrer que la distinction la plus propre à éclairer la théorie de l'entendement humain, est celle de la continuité et de la discontinuité dans les objets de la pensée : soit qu'il s'agisse de phénomènes sensibles, ou bien de qualités et de rapports purement intelligibles, mais qui subsistent entre les choses ou dans les choses indépendamment de l'esprit qui les conçoit »[1].

Nos instruments intellectuels, en particulier le langage et les signes, fonctionnent selon un principe de discontinuité qui se double, pour le langage, d'une contrainte de linéarité dans le temps, alors que, dans la réalité, prévaut un principe de continuité. Il y a donc une tension constante entre le mode de fonctionnement de l'esprit et les opérations de la nature. Alors que la *Naturphilosophie* et l'Idéalisme allemand, dans la période 1790-1830, avaient insisté sur l'identité entre les lois de l'Esprit et celles de la Nature, identité que Dilthey allait durement contester dans le dernier tiers du XIXe siècle, Cournot, quand il étudie les signes, est frappé par l'existence d'une disparité profonde entre les instruments que l'esprit emploie et les opérations de la nature qu'il tente d'approcher.

Il y a, entre les instruments de la connaissance et la nature, une discordance qui tient à un fait fondamental : les opérations de l'entendement sont discontinues ; celles de la nature, sauf exceptions, sont continues : « Nous prétendons que cette distinction donne la clef des actes les plus vulgaires de l'esprit comme celle des méthodes dont l'emploi est réservé aux philosophes et aux savants, en même temps qu'elle rend compte d'un grand nombre de particularités de l'organisation sociale »[2]. Dans la nature, comme dans les institutions humaines, sauf quand on fait violence aux êtres ou aux choses, les « transitions continues » prédominent. La croix de la connaissance – et celle de l'écriture –, c'est que les hommes ne disposent que de signes discontinus pour exprimer la gradation, la nuance, l'inséparabilité des êtres. Cournot, en effet, se montre profondément leibnizien. Il voit, tant dans la nature que dans les affaires humaines, la présence du continu : « Nous soutenons enfin que, par une loi générale de la nature, la continuité est la règle et la discontinuité l'exception, dans l'ordre intellectuel et moral comme dans l'ordre physique, pour les idées comme pour les images, et que, si ce fait capital a été méconnu, ou si l'on ne s'est pas suffisamment attaché à en développer les conséquences, il faut l'imputer à la nature des signes qui sont pour nous les

1. *Ibid.*, § 197, p. 243.
2. *Ibid.*, § 197, p. 243.

instruments indispensables du travail de la pensée»[1]. En un mot, nous devons opérer avec des instruments discontinus pour approcher les opérations continues de la nature.

Parmi les ruses auxquelles recourt l'esprit, dans les sciences, Cournot souligne la «construction en idée», c'est-à-dire l'usage de fictions pour approcher la réalité physique. Il donne des exemples tirés de la mécanique: «Quand [...] nous imaginons des solides doués d'une rigidité parfaite, des fluides dépourvus de toute viscosité, de toute adhérence entre leurs parties, nous faisons abstraction de quelques-unes des qualités naturelles que ces corps possèdent; nous construisons en idée, pour simplifier les problèmes que nous nous proposons de résoudre et pour les accommoder à nos procédés de calcul, des corps dont le type ne se trouve pas réalisé dans la nature, et n'est peut-être pas réalisable»[2].

Nous jetons donc sur la nature, pour en capter certains traits, un filet de fictions rationnelles; de là, dans les signes, un alliage de réel et d'imaginaire. Cournot en tire l'idée qu'un physicien peut, dans sa pratique, se comporter sans inconvénient en idéaliste ou en réaliste, même si cette distinction, du point de vue philosophique, demeure cruciale. Ici, par chance, nos définitions de la «rigidité» et de la «fluidité» constituent de bonnes approximations des caractères objectifs des choses: «À la vérité, et par une heureuse circonstance, les corps solides et les fluides, tels que la nature nous les offre, ne s'éloignent pas tant des conditions fictives de rigidité et de fluidité absolues, qu'on ne puisse considérer les résultats théoriques, obtenus à la faveur de ces conditions fictives, comme représentant déjà avec assez d'approximation les lois de certains phénomènes naturels.» Et Cournot ajoute: «C'est en cela que consiste l'utilité de l'hypothèse ou de la conception abstraite, substituée artificiellement aux types naturels des corps solides et des fluides»[3]. Autrement dit, le réaliste lui-même recourt à des fictions – obtenues par soustraction ou amputation de certaines qualités réelles – pour approcher par variations et par ruse une nature qui se dérobe aux prises trop directes.

Quelle est donc la relation des signes à leur référent? Cournot observe: «Si la croyance à l'existence du monde extérieur est et a dû être, pour l'accomplissement de la destinée de l'homme, une croyance naturelle: si la nature s'est chargée de combattre les pyrrhoniens sur ce

1. *Ibid.*, § 197, p. 243.
2. *Ibid.*, § 149, p. 189.
3. *Ibid.*, § 149, p. 189.

terrain [...], elle n'a nullement pris ni dû prendre soin de combattre un pyrrhonisme purement spéculatif, qui consiste à ne voir dans toutes les idées abstraites que des jeux de l'esprit ou des créations arbitraires de l'entendement»[1]. Ce que Cournot appelle le «pyrrhonisme spéculatif», c'est une espèce d'idéalisme; et il pense qu'on peut faire efficacement de la physique en professant un tel idéalisme: «On n'en saura ni mieux, ni plus mal la géométrie ou la physique, soit que l'on considère les conceptions géométriques comme une fiction de l'esprit, sans réalité objective, qui trouve cependant une application utile dans l'analyse des phénomènes physiques; soit que l'on considère au contraire les vérités mathématiques comme ayant une valeur objective hors de l'esprit qui les conçoit, comme contenant la raison des apparences physiques assorties aux modes de notre sensibilité»[2]. Sur ce point encore, Cournot fait figure de précurseur: il légitime par avance une approche de la réalité par modèles nominaux et distingue l'idéologie du physicien de sa pratique. La physique du XIXe siècle et de la première moitié du XXe lui a donné raison: une philosophie positiviste ne constituant aucunement une entrave à ses progrès.

«Mais, ajoute Cournot, ce qui n'a pas d'influence directe sur les applications techniques et sur le progrès de la science positive, est précisément ce qui a le plus d'importance pour l'ordre philosophique à introduire entre les objets de nos connaissances, et pour éclairer du flambeau de la raison les connexions et les rapports entre les faits scientifiques, positivement constatés [...]»[3]. En d'autres termes, il est décisif de savoir si les sciences mathématiques constituent des abstractions «logiques» et ne sont que des «créations artificielles de l'esprit»; ou si, au contraire, elles expriment l'ordre des choses. Bref, il faut savoir comment, dans les différentes régions du savoir, se constitue l'objectivité.

Cette question met en jeu la nature des signes: sont-ils ou non en discordance avec les idées? Comment surmonter les «entraves» que l'imperfection des signes oppose à l'intelligence des choses, puisque les signes sont discontinus et que la plupart des processus naturels sont continus?

Ce qui importe, dans les sciences de la nature, c'est de trouver, pour représenter les caractères des choses, des qualités qui soient des grandeurs continues: «Nous dirons que la continuité est *quantitative* ou *qualitative*, selon qu'elle concourt ou qu'elle ne concourt pas à

1. *Ibid.*, § 152, p. 191.
2. *Ibid.*, § 152, p. 191.
3. *Ibid.*, § 152, p. 191.

la mensurabilité»[1]. Pour illustrer l'idée que des qualités comme la variation continue possèdent la caractéristique d'être exprimables par des quantités, Cournot prend l'exemple de l'ellipse et, comparant ses propriétés à celles du cercle, observe: «De même, cette espèce singulière de qualité qu'on appelle *quantité* se prête dans ses variations continues à des procédés réguliers de détermination que nulle autre qualité ne comporte; et de plus, dans l'état de nos connaissances, il est loisible de concevoir que la continuité de toute variation qualitative est une suite nécessaire de la continuité inhérente à des variations quantitatives dont les autres dépendent»[2].

Ainsi, parmi les qualités, il en est dont les variations ou les gradations s'expriment au moyen de grandeurs, parce que, dans leur structure intrinsèque, ces qualités ont une affinité avec la mesure. Les qualités réductibles à la quantité jouissent donc d'une espèce de privilège. L'esprit humain, dit Cournot, en est si conscient qu'il «tend, autant qu'il dépend de lui, à ramener à une variation de quantité (pour laquelle il a des procédés réguliers de détermination et d'expression) toute variation dans les qualités des choses»[3]. C'est sur ce terrain que se joue le succès de la science: elle repose, en effet, nous l'avons dit, sur le pari qu'un petit nombre de qualités peuvent légitimement représenter l'ensemble tout entier des qualités, sans que l'entendement humain perde sa faculté de discerner l'ordre réel des choses.

Pour illustrer ce pari réaliste, Cournot prend des exemples dans la vie économique, où s'instaure, à propos des biens de consommation, un «débat» «entre le vendeur et l'acheteur». Le passage de la qualité non mesurable à la qualité mesurable est des plus complexes. Cournot montre qu'il s'effectue en deux temps. Au départ, le comportement des agents économiques échappe à toute approche quantitative: «Il serait presque toujours impossible de soumettre à une mesure les agréments et les jouissances, ou les incommodités et les inconvénients attachés à la consommation de telle nature de denrée, à la possession de telle nature de propriété, à la possession d'une propriété d'une autre nature[4].» Et pourtant, cet état de confusion ne persiste pas: «Bientôt, lorsque les transactions sont nombreuses et fréquemment répétées, elles s'influencent mutuellement: un prix courant s'établit, et une grandeur très mesurable, à savoir, la valeur vénale d'un immeuble, d'une denrée, d'un service, se trouve dépendre de qualités non mesurables; mais cette

1. *Ibid.*, § 197, p. 243.
2. *Ibid.*, § 198, p. 244.
3. *Ibid.*, § 199, p. 244-245.
4. *Ibid.*, § 199, p. 245

dépendance tient au développement de l'organisation sociale, au besoin qu'éprouve l'homme, par la constitution de ses facultés, de soumettre aux nombres et à une mesure indirecte les choses qui, par leur nature, sont le moins susceptibles d'être directement mesurées»[1]. Ainsi, les mathématiques pénètrent même les régions de la réalité qui semblent lui être le plus rebelles. Est-ce, de la part de Cournot, un préjugé de mathématicien? Ce qui le fascine, ce sont les stratégies et les détours conçus par l'esprit pour transformer – au moins partiellement – les qualités incomparables et irrégulières en grandeurs commensurables et comme stabilisées. Lui-même s'est interrogé sur l'ascension du règne de la quantité qui lui paraît aller de pair avec l'extension de l'organisation sociale[2].

Cournot décrit un mouvement d'une grande ampleur qui tend à instaurer ou à accroître le règne des qualités mesurables, c'est-à-dire des quantités. «À quoi tient donc, se demande-t-il, cette singulière prérogative des idées de nombre et de quantité?»[3] Sa réponse est qu'elle permet de pallier la déficience des signes. En effet, note-t-il, «l'expression symbolique des nombres peut être systématisée de manière qu'avec un nombre limité de signes conventionnels (par exemple, dans notre numérotation écrite, avec dix caractères seulement) on ait la faculté d'exprimer tous les nombres possibles, et, par suite, toutes les grandeurs commensurables, avec celles qu'on aura prises pour unités»[4]. Sachant qu'on lui objectera le cas des grandeurs incommensurables, Cournot ajoute: «On a un procédé simple et régulier pour en donner une expression numérique aussi approchée que nos besoins le requièrent.» Ainsi, les instruments dont l'entendement humain s'est doté, et en particulier les instruments mathématiques, l'aident à vaincre le principal obstacle auquel il se trouve affronté dans la recherche de la vérité, quand il constate qu'il y a presque un abîme entre le «discontinu» auquel les limitations de ses instruments naturels ou construits le livrent, et le «continu» avec lequel la nature, en lui et hors de lui, le met en contact. Pour conduire une telle entreprise, et faire servir les artifices de l'esprit à la recherche de la vérité, il faut un plan de campagne.

1. *Ibid.*, § 199, p. 245.

2. Nombre des analyses de Cournot recoupent celles de Ian Hacking dans *The Taming of Chance*.

3. *Essai*, § 200, p. 246.

4. *Ibid.*, § 200, p. 246.

LES TROIS « GRANDES INNOVATIONS »

Cournot recense trois grands modes d'approche de la nature qui font appel à des instruments d'observation distincts. Il va en « déduire » que « les trois grandes innovations qui ont successivement étendu, pour les modernes, le domaine du calcul[1] » constituent les trois grandes stratégies qui ont été utilisées pour vaincre la discontinuité des signes :

1) Le système de la numération décimale ;

2) La théorie des courbes de Descartes ;

3) L'algorithme infinitésimal de Leibniz.

Il précise : ces « trois grandes innovations (...) ne sont, au fond, que trois pas faits dans l'art d'appliquer des signes conventionnels à l'expression des rapports mathématiques régis par la loi de continuité »[2]. Dans l'*Essai*, il évoque ce thème brièvement[3], avant de s'étendre plus longuement sur le langage[4]. Cournot, notons-le, a réfléchi sur le continu avant que Cantor ne fonde, dans les années 1874-1894, la théorie des ensembles. Il a eu l'intuition de l'importance du continu dans la constitution d'une philosophie réaliste de la nature, mais il ne disposait pas des instruments théoriques d'analyse qui ont entièrement renouvelé, au XXe siècle, le problème du continu en mathématique et en physique.

Cournot part « d'un problème sur lequel n'a cessé de travailler l'esprit humain ». Ce problème fondamental, auquel il attribue, dans les préoccupations cognitives de l'humanité, une constance profonde, se formule ainsi : « exprimer des qualités ou des rapports à variations continues, à l'aide de règles syntaxiques applicables à un système de signes individuels ou discontinus, et en nombre nécessairement limité, en vertu de la convention qui les institue »[5]. C'est de cette manière seulement que les qualités peuvent être rendues comparables et s'inscrivent dans un système.

Or, dans la section de l'*Essai* qui précède cette citation, Cournot explique en quoi a consisté, au XVIIe siècle, la *fondation* de la « *vraie*

1. *Ibid.*, § 200, p. 246.

2. *Ibid.*, § 200, p. 246.

3. *Ibid.*, p. 247-252.

4. Ce que Cournot dit de la numération est vrai ; mais il aurait été étonné et conforté dans ses idées en constatant à quel point les deux « pas » qu'il indiquait ont pris, dans les vingt ou trente dernières années, d'extension. On « numérise » la voix, les messages, toutes sortes de signes ; et, dans la conception assistée par ordinateur, on remet en honneur les artifices de Descartes qui, dit Cournot, « peignait par le tracé d'une courbe la loi idéale déjà définie dans la langue de l'algèbre » (*Essai*, § 201, p. 247).

5. *Essai*, § 200, p. 246.

physique»: on a erré, remarque-t-il, tant qu'on a voulu chercher «l'explication des grands phénomènes cosmiques dans des idées d'harmonie, mystérieusement rattachées à certaines propriétés des nombres considérés en eux-mêmes, et indépendamment de l'application qu'on en peut faire à la mesure des grandeurs continues»[1]. À ce culte des nombres, Cournot attribue un très long règne, allant «depuis Pythagore jusqu'à Kepler». En revanche, «la vraie physique a été fondée le jour où Galilée, rejetant des spéculations depuis si longtemps stériles, a conçu l'idée, non seulement d'interroger la nature par l'expérience (ce que Bacon proposait aussi de son côté), mais de préciser la forme générale à donner aux expériences, en leur assignant pour objet immédiat la mesure de tout ce qui peut être mesurable dans les phénomènes naturels»[2].

Cournot, dans les *Considérations*, reviendra sur cette même idée, qu'il formulera d'une façon plus précise encore: «Ce qui exigeait un génie vraiment supérieur, c'était de chercher et de découvrir dans les phénomènes les plus vulgaires, dans la chute d'une pierre, dans les balancements d'une lampe suspendue, ce que tant de philosophes, tant de docteurs, tant de raisonneurs sur les choses divines et humaines avaient eu sous les yeux depuis des milliers d'années sans songer qu'il y eût là quelque chose à chercher et à découvrir»[3]. Dans ces deux textes, et à vingt ans de distance, Cournot revient sur deux idées: l'errance de l'esprit a duré des millénaires; c'est le génie d'un seul homme qui a mis un terme à une erreur séculaire et collective.

En quoi consiste cette accession «contingente» à la vérité, due à la découverte d'un seul homme? C'est qu'il a eu une tout autre vision de l'expérience et de la théorie. En ce qui concerne l'expérience, l'apport décisif de Galilée fut, selon Cournot, le suivant: il conçut «l'expérience précise, numérique, quantitative, et surtout l'expérience indirecte qui utilise les relations mathématiques pour mesurer, à l'aide de grandeurs sur lesquelles nos sens et nos instruments ont prise, d'autres grandeurs insaisissables directement, à cause de leur extrême grandeur ou de leur extrême petitesse, voilà ce dont les plus doctes n'avaient pas l'idée»[4].

Galilée invente donc une *stratégie de la mesure* – et surtout de la mesure indirecte –, grâce à laquelle le quantitatif vient informer, modeler, et rendre comparables entre elles des qualités qui, sans un tel système, resteraient dans leur dispersion, leur isolement et leur

1. *Ibid.*, § 199, p. 246.
2. *Ibid.*, § 199, p. 246.
3. *Considérations*, p. 197.
4. *Ibid.*, p. 197.

subjectivité. Dans *Matérialisme, Vitalisme, Rationalisme*, en 1875, Cournot revient sur le même thème et précise encore mieux le rôle de Galilée, dans la stratégie de la mesure: «La physique a été renouvelée, ou plutôt la science de la physique a pris naissance [...] le jour où Galilée a imaginé de prendre pour sujet de l'expérimentation physique des grandeurs directement mesurables»[1].

La science physique constitue un défi: elle se propose d'approcher les phénomènes continus avec des signes discontinus. Une fois encore, Cournot insiste sur ce qui lui semble avoir été le défi imposé à nos facultés de connaître: rendre compte du continu au moyen d'instruments discontinus. Il observe: «Dans le champ des idées pures les grandeurs géométriques, telles que les longueurs, les surfaces, les volumes, offrent les images les plus nettes de la continuité: les nombres offrent le type de la discontinuité»[2].

La discontinuité a été propice à l'institution des signes («grâce à cette discontinuité même on a pu fixer avec précision un signe pour chaque nombre»[3]), mais elle doit être surmontée, dans la mesure où, dans la nature, et même si les raisons n'en sont pas évidentes, l'attribut de continuité se trouve joint à celui de grandeur[4].

Toutefois, pour que naisse la physique, une deuxième condition devait être réalisée. Il fallait «diriger systématiquement l'expérience, de manière à forcer la Nature à livrer son secret, à dévoiler la loi mathématique, simple et fondamentale, qui se dérobe à la faiblesse de nos sens ou que masque la complication des phénomènes»[5]. C'est là qu'éclate véritablement le génie de la physique mathématique. Comment faire en sorte qu'un petit nombre de qualités judicieusement choisies et traductibles en quantités servent de représentants légitimes à l'ensemble des qualités des êtres et des choses? Il se réalise en physique ce que l'on tente de trouver en politique: découvrir une méthode pour discerner et élire les représentants des attributs, des propriétés objectives et réelles des êtres et des choses.

La tentative serait vouée à l'échec si les mathématiques n'avaient pas une affinité, au moins formelle, avec les processus de la nature. C'est ce dernier problème qui requiert Cournot au premier chef, car il constitue l'âme de son réalisme: persuadé que les instruments à l'aide desquels nous observons le réel sont relatifs, il tente de découvrir comment,

1. *Matérialisme*, p. 170.
2. *Ibid.*, p. 169.
3. *Ibid.*, p. 169.
4. *Ibid.*, p. 169.
5. *Considérations*, p. 197.

tout en employant des instruments relatifs, nous atteignons le vrai, l'absolu.

Ces trois grandes innovations ont enrichi et structuré la science : elles ont permis de gagner à la *mesure* d'immenses territoires, constitués non par des phénomènes rares, mais par les phénomènes les plus familiers et les plus ordinaires, tout en instituant la *forme* à donner à l'expérience ; elles ont fait porter l'effort sur la recherche des lois.

Cournot, dans l'*Essai*, ne s'attache pas à l'arithmétique décimale, tant il lui semble évident que ce nouveau système de numération a permis, quand les grandeurs sont commensurables, de fixer avec toute la précision désirable leur rapport et, quand les grandeurs sont incommensurables, de fixer aussi leur rapport avec une précision aussi approchée qu'on voudra.

Abordant la théorie des courbes, il crédite Descartes d'avoir réalisé l'union de l'algèbre et de la géométrie : « Il ne se contentait pas d'appliquer, ainsi que l'a dit poétiquement un célèbre écrivain moderne, "l'algèbre à la géométrie comme la parole à la pensée" : il appliquait réciproquement et figurativement l'une à l'autre ces deux grandes *pensées* ou théories mathématiques ; et il tirait de l'une comme de l'autre des expressions symboliques, singulièrement propres, chacune à sa manière, à soutenir l'esprit humain dans l'enquête de vérités plus cachées, de rapports encore plus généraux et plus abstraits »[1].

FLUXIONS DE NEWTON ET CALCUL INFINITÉSIMAL DE LEIBNIZ

Le calcul infinitésimal constitue, pour Cournot, « la troisième découverte capitale ». Ce n'est pas une « innovation » ; ce n'est plus un « artifice » ; il s'agit d'une « découverte », c'est-à-dire d'un type de connaissance qui saisit fidèlement les relations entre les choses. Les deux « innovations » précédentes, l'arithmétique décimale et la théorie des courbes de Descartes, y trouvent leur achèvement : « L'invention de Descartes devait surtout préparer la troisième découverte capitale que nous signalons : celle du calcul infinitésimal, destiné à remplacer les méthodes compliquées et indirectes, fondées sur la réduction à l'absurde, ou sur la considération des *limites* »[2]. Dans l'*Essai*[3], Cournot explique le sens de cette découverte et l'oppose à l'ancienne méthode des *limites*, inventée par les Grecs : « La méthode dite des limites

1. *Essai*, § 201, p. 247.
2. *Ibid.*, § 201, p. 247.
3. *Ibid.*, p. 247-252.

consiste à supposer d'abord une discontinuité fictive dans les choses soumises réellement à la loi de continuité; à substituer, par exemple, un polygone à une courbe»[1]. Cournot note: «Ce passage du discontinu au continu n'est pas fondé sur la nature des choses, et ce n'est qu'un artifice logique, approprié à nos moyens de démonstration et de calcul»[2]. Il insiste et évoque «la complication de cet échafaudage artificiel»[3] que Newton et Leibniz ont eu le mérite de remplacer par une approche nouvelle, ce qui impliquait l'invention de notations convenables.

Dans la célèbre querelle qui opposa Newton et Leibniz, à propos de la naissance du calcul infinitésimal, Cournot, tout en rendant hommage au génie de Newton, trouve bien supérieur aux notations de Newton l'algorithme inventé par Leibniz. Dans le premier tiers du XIXe siècle, la querelle rebondit: John F. W. Herschel crée avec Charles Babbage (1792-1871) et George Peacock (1791-1858), l'*Analytical Society*, qui se voue à encourager la substitution, à la notation newtonienne des fluxions, de la notation de Leibniz. On a pu dire que cette révolution de la langue des mathématiques avait favorisé le développement en Grande-Bretagne d'une brillante école de mathématiciens (A. Cayley, G. Green, W. Hamilton, J.C. Maxwell, G.G. Stokes, etc.)[4].

Aux yeux de Cournot, l'apport du calcul infinitésimal est paradoxal: il reflète fidèlement les opérations de la nature mais bouscule les habitudes de l'esprit, ou, plus exactement, ses artifices: il est «accommodé à la nature des choses, mais non à la manière de procéder de l'esprit humain, pour qui il n'y a de sensibles et de directement saisissables que des variations finies»[5]. C'est bien une sorte de «révolution» qui se produit, une renonciation à l'imagination au profit de la pensée: pour découvrir la nature, notre esprit doit consentir à certains sacrifices, parce qu'il n'y a ni continuité ni homogénéité entre imaginer et concevoir.

L'anthropologie de Cournot n'est aucunement sensualiste: bien que les signes aient une origine sensible, l'esprit humain, pour s'approcher

1. *Ibid.*, § 201, p. 247.
2. *Ibid.*, § 201, p. 247.
3. *Ibid.*, § 201, p. 248.
4. J'emprunte ces informations à la préface de la nouvelle édition de *A Preliminary Discourse on the Study of Natural Philosophy* [1830] de John F. W. Herschel, par Arthur Fine, University of Chicago Press, 1987, p. vii-viii. Une étude d'Andrés Vásquez: "The Awareness of Cournot's *Recherches* among early British Economists", parue dans *Research in the History of Economic Thought and Methodology*, vol. 15, 1997, montre que les économistes anglais ont connu très tôt les travaux de Cournot, notamment par le canal de Dionysius Lardner que traduisit Cournot.
5. *Essai*, § 201, p. 248.

de la nature, doit, en quelque sorte, rompre avec les sens. Car les processus élémentaires de la nature échappent à leurs prises. «Si on a pu dire avec fondement que les infiniment petits existent dans la nature», ils se dérobent pourtant à notre vue. De ce fait, nous ne rejoignons la réalité qu'en remplaçant les représentations de l'imagination par les concepts de l'esprit. Une telle démarche est légitime, car «la notion abstraite et purement intelligible de l'élément infinitésimal, loin d'être une abstraction d'origine artificielle, accommodée à l'organisation de l'esprit humain, à notre manière de concevoir et d'imaginer les choses, y est plutôt opposée, tandis qu'elle s'adapte directement au mode de génération des phénomènes naturels et à l'expression de la loi de continuité qui les régit»[1]. Cournot souscrit à ce qu'écrit Denis Poisson, son maître: «Les infiniment petits ont une existence réelle, et ne sont pas seulement un moyen d'investigation imaginé par les géomètres»[2].

Le symbolisme de Leibniz, quoique d'institution humaine – et constituant par là une invention –, favorise la recherche de la vérité, c'est-à-dire la saisie des processus naturels. Comme l'écrit Cournot, «[...] c'est pour cela que l'algorithme de Leibniz, qui prête à la méthode infinitésimale le secours d'une notation régulière, est devenu un si puissant instrument, a changé la face des mathématiques pures et appliquées, et constitue à lui seul une invention capitale, dont l'honneur revient sans partage à ce grand philosophe»[3].

Dans son *Traité sur la théorie des fonctions et du calcul infinitésimal* [1841], Cournot est plus équitable à l'égard de Newton: il montre comment sa théorie des *fluentes* et des *fluxions*, avec la notation qui l'accompagne, décrit et permet d'analyser avec une exactitude extrême les variations des processus de la nature. Il note: «La conception de Newton, appliquée aux grandeurs qui varient effectivement avec le temps, a l'avantage de fixer la signification *réelle* des fonctions dérivées, et par là même de donner à l'avance la raison du rôle qu'elles jouent dans les applications de l'analyse à la discussion des phénomènes physiques. Newton [...] entendait exprimer directement la continuité dans la variation des grandeurs, au moyen du phénomène le plus familier où cette continuité tombe sous les sens»[4]. En d'autres termes,

1. *Ibid.*, § 201, p. 248.

2. S. D. Poisson, *Traité de Mécanique*, Paris, Bachelier, 2e édition, 1833, tome 1, p. 14, cité par Thierry Martin, *Probabilités et Critique philosophique selon Cournot*, Vrin, 1996, p. 201, note 2.

3. *Essai.*, § 201, p. 248-249.

4. A. A. Cournot, *Traité élémentaire de la théorie des fonctions et du calcul infinitésimal* [1841], reprint Vrin, 1984, I, 40-42 (p.69-72).

pour Cournot, Newton s'est affranchi de la « méthode des limites », connue depuis l'Antiquité, où, « étant donnée à traiter une question sur des grandeurs qui varient d'une manière continue, on suppose d'abord qu'elles passent subitement d'un état de grandeur à un autre ». Bref, on y simule le continu naturel à partir du discontinu artificiel, au lieu que la méthode infinitésimale « est l'expression naturelle du mode de génération des grandeurs physiques qui croissent par éléments plus petits que toute grandeur finie » [1].

Le calcul des fluxions possède, il est vrai, une grande extension : il ne s'applique pas seulement aux mouvements des corps mais aux variations des températures et « d'ailleurs à des grandeurs quelconques, en ce sens que l'on peut toujours définir et exprimer, au moyen des fluxions, les fonctions que nous avons qualifiées jusqu'ici de dérivées, et dont les relations avec les fonctions primitives sont l'objet essentiel de la théorie qui nous occupe » [2]. En outre, la notation des fluxions induit une attitude réaliste, car son principal mérite est « de fixer la signification *réelle* des fonctions dérivées, et par là même de donner à l'avance la raison du rôle qu'elles jouent dans l'application de l'analyse à la discussion des phénomènes physiques » [3]. Le calcul infinitésimal apporte un moyen « naturel » de saisir les changements continus dans la nature. Là comme ailleurs, l'esprit humain commence par forger des artifices, ici la méthode des limites, avant de découvrir la façon dont ses instruments peuvent épouser le cours et l'ordre des choses [4].

Cournot aurait souscrit à ce mot de H. Poincaré : « Newton était resté fidèle à la logique humaine, Leibniz s'est rapproché de la nature » [5]. « Il semble, poursuit Poincaré, qu'en s'arithmétisant, en s'idéalisant pour ainsi dire, la mathématique s'éloignait de la nature et le philosophe peut se demander si les procédés du calcul différentiel et intégral, aujourd'hui complètement justifiés au point de vue logique, peuvent être légitimement appliqués à la nature. Le continu que nous offre la nature et qui est en quelque sorte une unité est-il semblable au continu mathématique tel que l'ont défini les plus récents géomètres, et qui n'est plus qu'une multiplicité d'éléments, en nombre infini, mais extérieurs les uns aux autres et pour ainsi dire logiquement discrets ? » [6] À cette

1. *Traité élémentaire,* p. 86.
2. *Ibid.*, p. 70.
3. *Ibid.*, p. 72.
4. Poincaré, « Cournot et les principes du calcul infinitésimal », *Revue de Métaphysique et de Morale*, mai 1905. Le texte a été repris en 1913 dans *Dernières Pensées*. De même, dans *Études pour le centenaire de sa mort*, Economica 1977, p. 65-73, Pierre Dugac a analysé le calcul infinitésimal vu par Cournot.
5. Poincaré, *Revue de Métaphysique et de Morale*, mai 1905, p. 299.
6. Poincaré, *op. cit.*, p. 293-294.

interrogation, la réponse qu'apporte Cournot est complexe : il existe des régions du réel où les mathématiques imprègnent les fibres ultimes et les processus derniers de la nature ; il en est d'autres, comme le domaine de la vie, où leur action est indirecte. En un mot, la nature comporte des régions distinctes dont l'étude systématique ne relève pas d'un seul paradigme de l'ordre.

À travers le calcul infinitésimal, c'est un problème ontologique que pose Cournot : l'esprit humain peut-il trouver une voie qui lui permette de diminuer, dans la construction de ses instruments d'investigation, la part de l'artifice et d'y augmenter l'élément naturel ? Certaines de ses analyses sont proches de celles de Kant : il voit bien que l'homme, en raison de sa grandeur mais aussi de l'impatience qu'elle provoque en lui, est enclin à céder à « la prétention de construire d'emblée une philosophie de la nature, par la vertu de certains principes logiques, de soi-disant données immédiates de la raison, de manière à faire jaillir toute science suprême, appelée la philosophie, au lieu de s'élever patiemment à la philosophie d'après les inductions que fournissent les données de la science »[1]. Ce que Cournot dit de la philosophie de la nature vaut pour l'ensemble de la connaissance.

Le problème que s'attache à élucider la critique philosophique est le suivant : bien que les sciences, dans leurs débuts, enregistrent leurs premiers succès en inventant des artifices – qui sont d'ailleurs le reflet de la constitution de l'esprit humain –, elles s'emploient constamment, dans leur marche, à substituer à leurs artifices initiaux des méthodes qui, plus fidèles à l'esprit de leur objet, réduisent la part des constructions purement logiques. La substitution du calcul infinitésimal à la méthode des limites en est l'un des exemples les plus frappants. Poincaré interprète ainsi la démarche de Cournot : « L'esprit humain est obligé de remonter du donné, qui est complexe, aux principes, qui sont simples ; cela, c'est l'ordre logique, qui nous est imposé par l'infirmité de notre intelligence ; c'est l'ordre de la découverte ; mais nous ne posséderons la connaissance parfaite que quand nous serons redescendus des principes simples aux conséquences complexes, en suivant l'ordre rationnel, c'est-à-dire l'ordre adopté par la Nature elle-même »[2]. Le calcul infinitésimal restitue fidèlement les processus

1. *Considérations*, p. 18-19.

2. Poincaré, « Cournot et les principes du calcul infinitésimal », in *Revue de Métaphysique et de Morale*, 1905, p. 300-301.

continus de la Nature: il nous livre, dans sa vérité, l'infini actuel, «ces infiniment petits qui sont la véritable raison des choses [...]»[1].
D'une manière plus générale, la diversité des instruments et des méthodes, dans les sciences, tient aux différences d'organisation intrinsèque des régions de la réalité. Choisir un instrument ou en changer, c'est un pari ontologique: la nature, pour Cournot, n'est pas un réel irrémédiablement voilé ou caché; l'esprit n'est asservi à aucune architectonique interne; il se coule dans les choses, parce qu'il en fait partie.

LE LANGAGE ET LES LANGUES SCIENTIFIQUES

En passant en revue les instruments de la connaissance, nous avons vu que, selon Cournot, la distinction la plus fondamentale entre les phénomènes de la nature (en englobant les êtres intelligents dans la nature vivante) est celle qui touche la continuité et la discontinuité. Alors que dans la nature, à première vue, les gradations et les transitions continues prédominent, l'étude des actions des êtres vivants fournit un fil conducteur différent, par où les nombres, à travers la théorie des combinaisons et la théorie mathématique du hasard, pénètrent dans l'économie du Monde. Le discontinu, par là-même, apparaît plus important dans l'univers que les succès de la mécanique, attachée à l'analyse des phénomènes continus, ne le laisseraient supposer. Du même coup, une question cosmologique et ontologique se pose: l'importance du discontinu n'est-elle dans la nature qu'un accident lié à l'apparition de l'homme; ou tient-elle de très près à l'étoffe et à la structure du Monde? Or l'institution et l'emploi des signes témoignent d'une «discordance» fondamentale entre continu et discontinu. Nous avons évoqué les trois grandes innovations à l'aide desquelles l'esprit simule et, pour ainsi dire, reproduit les opérations continues de la nature. Il nous reste à réfléchir sur le langage, qui est le lieu originaire des signes.

Comme à son habitude, Cournot n'aborde pas directement le problème de l'essence du langage: il part de ce qui est observable et comparable, à savoir les langues. Dans l'*Essai*, qui est consacré au langage, il donne cette définition des langues: «Une langue est un système de signes, en nombre nécessairement limité, qui doivent s'associer ou se combiner d'après certaines règles, et qui sont destinés à fournir à l'homme les moyens d'exprimer ses sensations, ses sentiments et ses

1. *Ibid.*, p. 300.

passions»[1]. Par «langue», Cournot n'entend pas seulement les langues naturelles, comme l'anglais ou le français, mais aussi les langues scientifiques. Il observe que «chaque science se fraye sa voie, trouve ses procédés, se crée ses instruments, sa langue, sa méthode selon ses propres besoins, d'après la nature des choses sur lesquelles porte son investigation»[2]. Cette manière d'être de l'espèce humaine indique l'étroitesse du lien entre langage et raison: «Le langage s'est tellement incorporé avec les produits de notre intelligence, que les Grecs employaient le même mot pour désigner le langage et la raison»[3]. Le langage entre donc dans le registre des «instruments» de la pensée. Cournot, recourant à sa méthode des imaginaires, qui préfigure ce qu'on appellera plus tard la «variation eidétique», se demande: «Comment juger du développement que nos facultés intellectuelles auraient pris avec des instruments ou des signes d'une autre nature, dont nous ne nous formons aucune idée précise?»[4] Il fait quelques suppositions et s'arrête en disant: «Mais au lieu de bâtir des systèmes sur de vaines fictions, nous pouvons placer ici quelques remarques générales qui tiennent au fond du sujet»[5]. Méditant, dans une sorte d'évocation (comme en feront Lévi-Strauss et plus encore Foucault) sur la «discordance des idées et des signes», les premières faites pour comprendre le continu, les seconds construits sur des discontinuités, Cournot observe, avec une sorte de désenchantement cosmique, réel ou feint, qui le fait inscrire les productions de l'homme parmi les accidents de la nature: «La philosophie et les sciences humaines, ces produits éminents de la pensée, dont nous nous enorgueillissons à juste titre, ne sont après tout qu'un épisode dans l'histoire de la nature et même dans celle de l'humanité, le résultat du développement en quelque sorte exagéré de facultés qui semblent avoir été données à l'homme dans un but moins ambitieux»[6].

Ainsi, contemplée d'assez loin ou d'assez haut, l'histoire des signes n'est «après tout qu'un épisode dans l'histoire de la nature». Cet «épisode» comporte même une singularité et comme une bizarrerie: l'homme – ou la nature à travers les hommes – a créé «un système de signes discontinus» alors que les objets les plus importants de la pensée relèvent du continu. Il en est résulté, nous l'avons vu, l'«une des plus grandes entraves de l'intelligence». Comprendre, connaître est une

1. *Essai*, § 205, p. 253.
2. *Matérialisme*, IV, § 9, p. 210.
3. *Essai*, § 206, p. 254.
4. *Ibid.*, § 206, p. 254.
5. *Ibid.*, § 206, p. 254.
6. *Ibid.*, § 207, p. 255.

lutte, avec ses succès et ses revers. L'histoire des signes est une histoire *dramatique*.

De ce fait, la réflexion sur le langage, le travail d'exploration et d'invention, mais aussi de découverte, auquel l'esprit se livre sur les signes, fait partie du destin de l'intelligence, des victoires ou des défaites de la pensée. Cournot est l'un des philosophes qui ont été le plus attentifs aux questions touchant les langues scientifiques. Il voit en elles les laboratoires où l'alliage entre les opérations de la nature et les institutions du langage s'élabore, entre en fusion et trouve forme.

Sensible au rôle du milieu artisanal ou industriel, il observe: «Mais il faut encore remarquer que les sciences tirent bien moins de secours de la création de termes techniques, que de celle d'un monde technique»[1]. Cournot prend plusieurs exemples, en particulier dans la chimie et l'algèbre. Dans les *Considérations*, il analyse l'effet des découvertes de Lavoisier sur la langue de la chimie et sur ses transformations: «Par suite de cette révolution, la théorie, la langue, tout a changé soudainement; tout a été refait à neuf, dans le même esprit qui allait présider, bien peu d'années après, à un essai de reconstruction de la société»[2]. Il décèle une homologie entre révolution chimique et révolution politique. Le cas de la langue de la chimie est singulier, parce qu'on peut en attribuer l'invention à un homme, tout en constatant que celui-ci est l'expression de l'esprit du temps, même s'il «était destiné à tomber sous le couteau de la révolution politique»[3]. Toutefois, l'exemple de la langue de la chimie n'est pas, selon Cournot, le plus éclatant.

C'est en algèbre que les qualités intrinsèques des langues scientifiques se révèlent: «Une science qui n'existe à l'état de science que parce qu'elle existe à l'état de *langue bien faite*, quel triomphe pour toutes les philosophies nominalistes!» observe Cournot avec ironie. Et, prenant le contre-pied de la mode qui avait régné à la fin du XVIIIe siècle (et qu'on a vu refleurir des années 1930 aux années 1960), il poursuit: «Mais qu'on ne s'y trompe pas (...). Tout au contraire il n'y a rien de plus épineux pour l'algébriste que d'accepter, puis de comprendre, puis d'expliquer aux autres les conséquences auxquelles la langue de l'algèbre le conduit malgré lui et comme de surprise en surprise: cette langue qu'il ne façonne pas à son gré, qui s'organise et se développe par

1. *Ibid.*, § 210, p. 259.
2. *Considérations*, p. 280.
3. *Ibid.*, p. 280.

sa vertu propre, étant plus encore un champ de découvertes qu'un instrument de découvertes »[1].

L'état de perfection d'une langue scientifique est celui où « la revanche de l'idée » est « éclatante », c'est-à-dire où ce que le signe comporte d'artifice s'efface, dans la mesure où, d'instrument extérieur à l'objet, le signe se transforme en une forme intelligible de l'objet. Le lien entre la langue et le réel cesse alors d'être une relation d'extériorité, nécessairement mêlée d'arbitraire, pour tendre vers un état de fusion entre les signes et les objets qu'ils représentent. Bien sûr, dans l'histoire de l'intelligence, de telles réussites sont rares. De plus, il ne faudrait pas tomber dans une conception romantique et fusionnelle de la langue et de l'objet. Une distance, une hétérogénéité même sépare la langue comme instrument et système de signes d'un côté, la réalité de l'autre.

Dans la seconde moitié du XIXe siècle, Cournot en France, Dilthey en Allemagne montrent qu'il y a une hétérogénéité entre la langue et les choses. Dilthey reproche à l'Idéalisme allemand d'avoir feint d'abolir cette distance entre les signes et les choses, ou d'avoir imaginé que les mêmes lois régissaient les uns et les autres. Ce qu'il récuse, en effet, c'est « *Die Identität des logischen Zusammenhang mit der Natur der Dinge,* l'identité de l'ordre logique et de la nature des choses »[2]. L'échec de la « méthode métaphysique », selon lui, est lié à la redécouverte de l'hétérogénéité de la pensée logique et de l'être. Cournot, de son côté, pense que la nature varie ses procédés et ses structures selon l'échelle ou l'ordre des phénomènes. Sa conception des probabilités est directement liée à une telle conception de la nature et du Monde. Ainsi, la nature et l'artifice, l'arbitraire et la spontanéité s'associent intimement dans la langue et dans la pensée : « Le choix des signes, la figure des caractères sont arbitraires sans doute, mais ne constituent pas l'essence de la langue, pas plus que la forme des chiffres ne fait la vertu de l'arithmétique de position »[3].

Lorsque Cournot réfléchit à la nature des signes et au langage, il ne perd pas de vue ce qui constitue, à ses yeux, la condition de la connaissance, à savoir que penser, c'est toujours tenter de relier sensible et intelligible : « C'est la loi fondamentale de l'esprit humain qu'il ne puisse s'élever à la conception de l'intelligible qu'en s'appuyant sur des signes sensibles »[4]. Les signes rattachent nos représentations à

1. *Ibid.*, p. 97.
2. Wilhelm Dilthey, *Das Wesen der Philosophie*, Reclam, 1984, p. 48-49.
3. *Considérations*, p. 97.
4. *Essai*, § 211, p. 259.

l'univers. Inventés par l'homme, ils l'aident à s'arracher à sa subjectivité, au caractère relatif de ses expériences et de ses prises.

Quand on comprend le génie des langues naturelles et même des langues scientifiques, on ne peut qu'être critique, pense Cournot, devant l'idée de «caractéristique universelle». C'est un rêve qu'ont formé les plus grands esprits du XVIIe siècle, Bacon, Descartes, Pascal et surtout Leibniz. Pour Cournot, toutefois, la comparaison entre cette «langue philosophique universelle» et l'algèbre, faite explicitement par Leibniz, «devait mettre sur la trace de l'erreur capitale dont est entachée l'idée d'une caractéristique universelle» [1]. Pourquoi ?

C'est qu'une telle langue n'embrasserait pas la complexité du champ de l'expérience humaine. En outre, on a exagéré (Condillac et les logiciens de son école) «les imperfections des langues individuelles, telles que l'usage les a façonnées, en leur opposant sans cesse ce type idéal qu'ils appellent *une langue bien faite*» [2]. Cournot, quant à lui, met plus haut les langues naturelles que les langues artificielles, ce «type idéal», dit-il avant Max Weber, «qu'ils appellent *une langue bien faite*». La raison qu'il donne de sa préférence pour les langues naturelles, longuement façonnées par les hommes, c'est qu'elles «sont, de toutes les œuvres de l'homme, ce qui se rapproche le plus des œuvres de la nature» [3]. Or, autant les artifices et les automates peuvent l'emporter sur l'homme, quand il s'agit d'obtenir un effet mécanique, répétable, normalisé, autant l'homme, dans sa plus grande ingéniosité, reste au-dessous du génie de la nature. Il observe: «Certes, lorsqu'il s'agira, comme dans le travail manufacturier, de produire un effet déterminé, précis, mesurable, susceptible de division et de décomposition en un système d'opérations distinctes, le travail de la machine remplacera avec avantage le travail, non seulement des animaux, mais de l'homme lui-même» [4].

Il y a un lien évident entre cette conception des actes qui peuvent être réalisés par des machines et la caractéristique universelle, puisque c'est cette dernière qui servira de langue pour gouverner les machines. Par là, Cournot annonce en un sens, le problème que résoudra Alan Turing, en formant le concept de «machine universelle». Cournot ne croit pas non plus que les êtres vivants soient réductibles à des machines (à des automates). Il remarque: «Au contraire, jamais le plus ingénieux machiniste ne remplacera par un automate, par un système d'engins et

1. *Ibid.*, p. 261.
2. *Ibid.*, p. 262-263.
3. *Ibid.*, § 213, p. 263.
4. *Ibid.*, § 213, p. 263.

de rouages, le chien du chasseur; et en général, dès qu'il faut se prêter à des nuances, à des modifications continues, quelles combinaisons du génie humain pourraient soutenir le parallèle avec les créations de la nature?»[1] Aussi une réflexion sur les signes conduit-elle à mettre en relief la part de liberté, d'invention, de génie propre aux langues; et à voir que ce génie, comparé à celui de la nature, est limité. Les langues naturelles, en particulier, bien que leur extension n'ait pas de limites assignables, dans la mesure où elles échappent à certaines contraintes syntaxiques des langues scientifiques, reflètent la finitude de l'esprit humain.

Quand il médite sur le langage, Cournot n'emploie pas le ton de l'éloge: rien qui ressemble à la célébration du langage que fait Valéry. Tout au contraire, il insiste, nous le répétons avec lui, sur la distorsion entre les signes et les idées. Pourtant, Cournot est un authentique philosophe du langage: il tente de saisir l'union singulière de la pensée et des signes à travers les langues effectives, naturelles ou scientifiques. Mais étudier le génie des langues – et notamment des langues scientifiques –, c'est inscrire l'étude du langage dans la durée: en effet, l'espace spirituel de la pensée scientifique est traversé ou, plutôt, organisé par des crises, de lentes évolutions ou de plus soudaines mutations: Cournot, conformément à un usage déjà séculaire, les nomme «révolutions»; il est conscient du changement de sens de ce terme qui, en astronomie, désigne le retour du même et qui, en politique, finit par signifier l'avènement radical de l'autre. Ainsi, il faudra discerner, dans les langues utilisés par les physiciens (celle de la géométrie d'Euclide, celle de la statique d'Archimède ou de Stevin, celle de Viète, de Descartes, de Newton ou de Leibniz, ou celle, refondue, de Lagrange), des similarités et des différences.

Quelles sont les fonctions du langage que se donnent les sciences? Cournot en distingue trois:

1) le rêve de constituer une «langue bien faite», idéal «conforme à la philosophie française du XVIIIe siècle» qui anime Lavoisier, Guyton de Morveau ou Fourcroi. Il s'agit, de la part des initiateurs de cette entreprise, d'«approprier la nouvelle nomenclature à la nouvelle théorie, en opérant une réforme aussi radicale dans le langage que dans les idées»[2]. Cette entreprise semble utile à Cournot, mais sa portée lui paraît restreinte: «Il ne faudrait [...] pas croire que la nouvelle

1. *Ibid.*, § 213, p. 263.
2. *Considérations*, p. 279.

nomenclature chimique, qui n'est qu'une nomenclature parlée, [...] soit comme notre numérotation écrite, comme la langue de l'algèbre [...] un instrument de recherche, de combinaisons et de preuves». Il y a une différence radicale entre un système cohérent de désignation des choses et une langue proprement scientifique: le premier vient enrichir le vocabulaire de la langue parlée, la seconde forge un instrument original pour explorer le réel;

2) la vocation instrumentale des langues scientifiques: elle consiste à doter le langage d'un pouvoir de nomination qui ne se limite pas à la désignation, au coup par coup, et sans règle systématique, des êtres ou des processus qui ont été découverts, mais qui compose un tableau où se rangent à leur place les substances déjà découvertes, et laisse une place vacante pour celles qui le seront plus tard. Ces langues instrumentales sont des créations humaines; elles expriment l'ordre logique, non l'ordre rationnel des choses;

3) Cournot célèbre la langue de l'algèbre qu'il distingue «de ces notations chimiques qui ne rendent que ce qu'on y a mis avec préméditation». La vocation ultime des langues scientifiques est de consigner dans l'étoffe humaine et distordue des signes les opérations de la nature. Ici, ce n'est plus l'homme qui mène le jeu: «La langue [...] le conduit malgré lui et comme de surprise en surprise». Il se produit en science, quand une langue devient «naturelle» pour le savant qui l'utilise, ce qui se produit quand un homme parle sa langue maternelle: «Cette langue qu'il ne façonne pas à son gré, qui s'organise et se développe par sa vertu propre»; cette «vertu», c'est-à-dire cette «puissance» de la langue, en quoi consiste-t-elle?

Une langue scientifique arrivée à maturité consigne non seulement les découvertes déjà faites: devenue homogène à la nature et presque faite du même tissu qu'elle, elle opère non plus comme un «instrument» mais, du fait de sa quasi consubstantialité avec le réel, devient le terrain même où se font les découvertes. Cournot aurait-il été jusqu'à dire que le but ultime des langues scientifiques est de parler la langue de la nature? Que le génie qui les inspire n'est plus celui des hommes qui les parlent mais de la nature qui leur dicte ses messages? Ce serait aller vers trop de romantisme. Et pourtant, à plusieurs reprises, Cournot[1] a exprimé l'idée, nous l'avons vu, qu'il faut «substituer au chiffre que l'esprit se forge la clé que la nature nous offre».

1. «La découverte du code génétique aurait sans doute enchanté Cournot, me fait remarquer Anne Fagot-Largeault. Quel lien aurait-il fait entre "langue naturelle humaine" et "langue naturelle cellulaire"?»

Une telle opération de «naturalisation» de la langue est possible, parce que nous qui parlons sommes aussi des êtres de la nature, des fragments de celle-ci, dotés, presque par accident, de la capacité excessive de nous écarter, pour penser, de la sphère restreinte où la nature, en général, resserre ses créations.

CHAPITRE V

PROBABILITÉS

L'UNIVERS SELON COURNOT

Quoi qu'ils sentent, pensent ou fassent, les hommes ne peuvent appréhender la réalité qu'au travers d'artifices ou d'instruments. Par une hâte inhérente à leur nature, ils oublient les artifices et se figurent que les choses sont comme ils les voient. Or tous les instruments d'investigation ont quelque chose en commun : ils découpent le flux des choses, et figurent ce qu'ils perçoivent au moyen de signes. Le travail de l'esprit consiste donc à réduire la part de l'artifice pour approcher la nature ou le monde humain tels qu'ils sont. Car Cournot ne doute pas de l'existence d'une « logique supérieure » qui soit en mesure de faire la part de l'artifice et la part de l'essence des choses.

La réalité se compose d'ordres distincts, qui sont en contact et s'influencent. Mais, alors que dans l'étude du monde inorganique le savoir peut cristalliser en sciences positives, dans l'étude de la « Nature vivante », il n'en va pas de même. Cournot s'exprime ainsi à propos du contraste qui existe entre ces deux ordres : « Quand on fait de la physique, de l'astronomie, il est assez commode de mettre de côté toute question d'origine, toute question de finalité : mais comment éviter en histoire naturelle les questions d'origine, à propos de la subordination et de la distribution des types ? Comment éviter les questions de finalité dans les sciences naturelles où le principal fil conducteur est l'idée de l'harmonie des organes et des fonctions, et de la coordination des instruments en vue d'une fin ? Une philosophie de la Nature intervient donc inévitablement dans toute spéculation scientifique sur la Nature vivante »[1]. En d'autres termes, l'existence d'ordres distincts dans la

1. *Traité*, p. 207.

nature fait que l'unité de cette dernière est l'objet d'un pari plutôt que d'un savoir.

Se figurer la nature comme un ensemble de règnes partiellement disjoints, capables de rester indépendants puis de se heurter et d'interférer, est une conjecture qui, même si elle s'avère rationnelle, est difficile à traduire en concepts. L'idée de probabilité est inhérente à cette vision du monde. L'univers a une histoire réelle, il s'est fait par une suite d'événements dont aucun n'était la conséquence nécessaire des événements qui l'avaient précédé et dont aucun n'est porteur d'une série de conséquences nécessaires. Le Monde de Cournot, il l'a lui-même souligné, n'est ni celui de Newton ni non plus celui de Laplace. Il n'y a pas eu d'abord eu, comme chez Newton, une époque de création, où la *Natura naturans* était en effervescence, suivie d'une époque où la *Natura naturata* est devenue le théâtre des effets de la période de création. À chaque instant du temps, et selon les ordres, nous sommes dans une période soit « chaotique » soit « intermédiaire ou génétique » soit encore « finale ». Le hasard reflète l'historicité de la nature, empêche la dissolution du temps. Si les événements étaient comparables à une suite de coups dans un jeu de hasard, il n'y aurait pas d'histoire, car il n'y aurait aucun enchaînement des instants successifs; si, à l'inverse, les événements s'enchaînaient comme les théorèmes d'une théorie, il n'y aurait pas non plus d'histoire, car le temps se réduirait à une suite logique. C'est donc parce que la structure de la réalité rend possibles à la fois l'existence de séries causales indépendantes, c'est-à-dire d'ordres distincts, et l'existence de contacts ou de chocs entre ces mondes distincts, que l'histoire est effective, que la causalité comporte ses régularités et ses singularités que nous appelons fortuites. Le temps est lié de l'intérieur au hasard, qui est à la fois une idée et un « fait naturel ».

Si l'idée du hasard désigne un fait naturel, quel est ce fait ? Ni une puissance occulte ni une chose, mais une forme de relations – ou plutôt d'inexistence de relations – entre des séries de faits. Dans la mécanique classique, les forces de gravitation s'exercent entre tous les points matériels, jusqu'aux extrémités de l'univers, même si cette influence décroît en raison du carré de la distance. Cournot ne se situe pas dans un Monde où règnerait le démon de Laplace – esprit omniscient capable de tout prévoir à partir des lois de la nature et de la détermination de conditions initiales –, mais dans un univers où tout n'est pas d'un seul tenant. Il donne du hasard la définition suivante : « Le fait naturel ainsi établi ou constaté consiste dans l'*indépendance* mutuelle de plusieurs séries de causes et d'effets qui concourent *accidentellement* à produire tel phénomène, à amener telle rencontre, à déterminer tel événement, lequel pour cette raison est qualifié de *fortuit* [...] » [1].

Au début des *Considérations*, Cournot établit qu'un monde régi par des lois probabilistes n'est pas, à la différence de l'univers de Démocrite, oublié des dieux : « De ce que la Nature agite sans cesse et partout le cornet du hasard, de ce que le croisement continuel des chaînes de conditions et de causes secondes, indépendantes les unes des autres, donne perpétuellement lieu à ce que nous nommons des chances ou des combinaisons fortuites, il ne s'ensuit pas que Dieu ne tienne point dans sa main les unes et les autres, et qu'il n'ait pu les faire sortir toutes d'un même décret initial » [2]. Est-ce, de la part de Cournot, une sorte de prudence ? On est frappé, au niveau de l'image, de la symétrie entre le cornet qu'agite la nature et la main de Dieu qui, d'un même ou d'un autre cornet, fait sortir toutes les combinaisons fortuites d'un seul décret. Ces deux notations sont-elles contradictoires ? Ou bien Cournot veut-il, par la superposition du coup de dés et du décret, indiquer que Dieu lui-même a incorporé le hasard au réel ? Cette dernière hypothèse semble la bonne.

Or il n'est pas du tout identique de vivre dans un univers laplacien ou dans un monde dont l'histoire est en marche, et où l'imprévisible existe. Dans un univers à la Cournot, en effet, les événements sont de deux types : 1) la plupart d'entre eux sont le résultat de combinaisons, c'est-à-dire de rencontres entre des éléments qui, avant de confluer ou de se heurter, appartenaient à des lignées causales indépendantes ; 2) il peut aussi y en avoir qui sont issus d'une lignée causale pure. Toutefois, il existe, même entre des lignées « pratiquement » indépendantes, des influences « théoriquement » possibles. Mais ces interactions sont ou si infimes ou si peu probables qu'elles peuvent – et doivent – être négligées. De tels événements ressortissent au second type.

Cournot, comme après lui Émile Borel, estime que ce dont la probabilité est infiniment petite est physiquement impossible. Cette affirmation a suscité bien des critiques. Observons, toutefois, que l'idée d'interaction causale conduit en pratique au même résultat, puisqu'on ne peut appliquer le principe de causalité d'une manière utile que si l'on suppose que le réseau des interactions causales est comme fermé et que, par exemple, les ruades d'un cheval dans les îles de la Sonde ne perturbent pas le vol d'un papillon en Normandie ou la marche d'un train entre Paris et Dijon. Ce qui, notons-le, est dans l'esprit de la mécanique classique.

1. Cournot, *Considérations*, p. 9.
2. *Ibid.*

Si, en tant qu'individu, je m'applique à moi-même cette conception des choses, je me considère comme un être à qui il peut arriver des aléas ou qui peut manquer de certaines propriétés, sans que ce soit une injustice du sort. Je peux faire partie des automobilistes qui ont un grave accident, des malades souffrant d'une sérieuse infection, des soldats qui seront tués à la guerre ; ou, à l'inverse, gagner à la loterie, jouir d'une excellente santé, etc.

La causalité n'en règne pas moins sur les choses. Il est donc raisonnable, dans un Monde où l'existence a quelque analogie avec un lot qu'on gagne à une loterie, de se prémunir contre les accidents, d'agir pour rester en bonne santé, de tenter d'améliorer son sort et celui des autres. En revanche, il est illusoire de tenter de substituer au monde tel qu'il est un monde imaginaire d'où seraient absents tous les aléas.

Cournot, en effet, ne pense pas que les événements fortuits soient seulement la contrepartie de notre ignorance. Bien sûr, le savoir peut contribuer à rendre plus intelligible ou plus prévisible le déroulement d'un processus fortuit ou aléatoire ; mais cette réduction du hasard est marginale. L'interférence des actions individuelles, le choc historique des collectivités produisent du fortuit, génèrent de l'aléatoire ; et ce qui se passe dans les sociétés humaines a lieu également dans la nature vivante tout entière ; tout comme dans le monde inorganique, pourtant régi par la causalité classique.

Le problème que se pose Cournot est de décider si la théorie des probabilités « n'est qu'un jeu d'esprit, une spéculation curieuse, ou si elle a au contraire pour objet des lois très-importantes et très-générales, qui régissent le monde réel » [1]. Il confesse, dans la préface de l'*Exposition sur la théorie des chances et des probabilités*, l'attrait qu'exerce sur son esprit la question : « La partie de mon travail à laquelle, je l'avoue, j'attache le plus de prix, est celle qui a pour objet de faire bien comprendre la valeur philosophique des idées de chance, de hasard, de probabilité, et le vrai sens dans lequel il faut entendre les résultats des calculs auxquels on est conduit par le développement de ces notions fondamentales » [2].

S'il est relativement simple de concevoir abstraitement que notre monde recèle de la contingence, il est, en revanche, beaucoup plus difficile d'habiter un monde pétri de hasard. Cournot évite de substantialiser ce dernier ; il dit bien qu'il s'agit d'une « idée » ; mais la tâche

1. Cournot, *Exposition sur la théorie des chances et des probabilités* [1843], Vrin, § 38, p. 53, cité par Thierry Martin, *Probabilités et critique philosophique*, Vrin, 1996, p. 18.

2. *Exposition*, préface, p. 4.

n'est pas pour autant plus aisée : pour que j'accepte que le fortuit fasse partie de mon existence – et donc de mon destin –, il faut que je m'élève au-dessus d'une simple qualification des événements en termes de « chance » ou de « malchance » ; il faut donc que je cesse de m'identifier à celui dont la vie est comme tirée au sort et dont le destin est comme une boule prise au hasard dans l'urne, pour m'élever à l'intelligence des mécanismes qui président à de tels tirages au sort.

C'est pourquoi une réflexion scientifique sur le hasard a une portée non seulement intellectuelle mais métaphysique ou spirituelle. Cournot, pourtant si discret, doit en être persuadé, car il s'attache à montrer qu'un univers où le hasard a sa place n'est pas, nous l'avons vu, un Monde « oublié » de Dieu. Entrer dans le monde de Cournot demande donc une sorte d'ascèse. C'est un peu comme pénétrer dans le monde incertain et dangereux qu'était l'Europe à l'époque de son enfance.

Pour tirer de l'obscurité nos actions et en élucider la structure et le sens, ou, plus encore, pour analyser « les événements fortuits dont l'homme n'a pas déterminé lui-même les conditions »[1] –, deux voies s'ouvrent au chercheur : celle des mathématiques et celle de l'expérience. Pour démêler l'extrême complexité de situations, où « les causes qui donnent telle possibilité physique à tel événement sont presque toujours inconnues dans leur nature et dans leur mode d'action, ou tellement compliquées que nous ne pouvons en faire rigoureusement l'analyse, ni en soumettre les effets au calcul »[2], il est profitable de recourir à une méthode indirecte et de substituer à l'étude directe de la réalité celle, plus simple, des jeux. Comme le dit Cournot, « il fallait débuter par les futiles problèmes que suggèrent les jeux de hasard »[3]. Mais, même là, il y a de l'aléa dans le maniement délibéré des aléas : « Dans les jeux mêmes où tout est de convention et d'invention humaine, la construction des instruments aléatoires est sujette à des irrégularités qui impriment aux chances des modifications dont on ne saurait, *a priori*, évaluer l'influence »[4].

L'expérience a donc un rôle crucial : « La probabilité mathématique prise objectivement, ou conçue comme mesurant la possibilité des choses, ne peut en général être déterminée que par l'expérience »[5]. Or, dans les jeux, on contrôle les situations expérimentales, puisque tout y est « de convention et d'invention ». Ils ont aussi d'autres mérites : ils

1. *Essai*, § 38, p. 44.
2. *Ibid.*, § 38, p. 44.
3. *Considérations*, p. 182.
4. *Essai*, § 38, p. 44.
5. *Ibid.*, § 38, p. 44.

permettent de réaliser des dispositifs où l'indépendance des événements est assurée ; et où l'équiprobabilité des chances a lieu. On comprend, dès lors, que la réflexion de Cournot sur le hasard, même si, comme nous l'avons dit, elle repose sur un arrière-fond métaphysique et ontologique, suive une progression habituelle au XVIIIe et au XIXe siècles : partir des jeux et des sciences morales, avant d'appliquer les probabilités à la nature vivante et au monde inorganique. Le calcul des probabilités embrasse divers ordres de phénomènes et, en fin de compte, mieux que la mécanique rationnelle, nous aide à pénétrer dans « l'économie du monde », car « ses applications se retrouvent partout »[1].

Cournot[2] a pressenti que la théorie mathématique du hasard était destinée à acquérir une portée essentielle ; il a eu l'idée d'une théorie générale des combinaisons pour laquelle il a proposé le nom de « syntactique » ; il a aussi contribué, personnellement, à faire des probabilités une branche des mathématiques pures. En même temps, ses idées ont été critiquées, ses vues controversées, et il a vécu en un temps où l'approche statistique de la nature avait encore une portée restreinte. Il faut donc situer son œuvre et en exposer les éléments, avant de se demander comment elle a traversé la triple révolution de la théorie axiomatique des probabilités ; de la physique quantique ; de la biologie des populations et de la biologie moléculaire.

Entre 1851 et 1875, quand Cournot publie ses quatre grands ouvrages philosophiques, l'approche mécaniste de la nature domine. La mécanique de Newton étend son empire à la plupart des phénomènes ; et les théories qui n'apparaissent pas « mécaniques » présentent pourtant des configurations mathématiques analogues à celles de la mécanique classique. Ni la théorie analytique de la chaleur de Fourier (1822) ni la théorie électromagnétique de Maxwell (1861) ne rompent la belle ordonnance et l'exacte régularité des théorèmes de la mécanique. Pourquoi, dans ces conditions, Cournot a-t-il pressenti qu'une voie nouvelle, toute différente de la voie mécanique, allait s'ouvrir à l'exploration de la nature ?

On aperçoit trois raisons tout à fait distinctes :

1) Tout d'abord, nous le savons, Cournot imagine que l'histoire du Monde, telle que la cosmogonie physique tente de la reconstituer,

1. *Considérations*, p. 182.

2. Au XXe siècle, *L'Homme sans qualités* de Musil fournit l'une des expressions le mieux réussies de ce que Cournot a suggéré et pensé. Sur ces questions, on consultera avec profit le beau livre de Jacques Bouveresse, *L'Homme probable. Robert Musil, le hasard, la moyenne et l'escargot de l'histoire*, L'Éclat, 1993.

traverse trois grandes *phases*, chaotique, intermédiaire ou génétique, finale. Dans la phase chaotique, l'étoffe primordiale des choses est régie par les lois mécaniques du mouvement ; mais le désordre est si entier qu'aucune combinaison *singulière* ne se produit qui permette à des régularités de naître. Il y a donc une antériorité cosmogonique du désordre sur l'ordre ; et l'ordre lui-même est né du désordre, c'est-à-dire d'une sorte de brassage aléatoire des éléments ultimes de la matière par lequel s'est opérée fortuitement une sorte de coalescence qui a constitué la première cristallisation de l'ordre. Cournot ne fournit pas de précisions sur ce scénario cosmogonique, susceptible de se produire à des échelles variées : il suggère toutefois, nous le verrons plus loin, que des masses de matière, jetées au hasard dans l'espace, mais se trouvant placées, de façon fortuite, à des distances convenables, en viennent à former un système planétaire analogue au nôtre.

Sur ce point, il se rapproche de Kant et de Laplace ; il est pourtant plus précis et plus restrictif que Kant. Ce dernier, dans *Histoire générale de la nature et Théorie du ciel* [1755], dit que le jeu des lois newtoniennes du mouvement suffit pour que le chaos initial fasse place à l'ordre. Cournot, lui, ajoute une seconde condition, que seul le hasard est capable de réaliser : il faut, pour que ce passage du désordre à l'ordre s'effectue, que la configuration des éléments de la matière y soit propice ; sinon, les seules lois du mouvement et de l'attraction n'opèrent pas la coalescence de la matière et la naissance des corps[1]. Ce que Cournot, dans cette perspective, nomme une « singularité », c'est l'apparition de conditions qui, en ce qui concerne l'émergence de l'ordre au sein de la nature, font figure de « conditions initiales ». En effet, une fois qu'une telle configuration d'objets matériels est réalisée, il est possible, connaissant leurs positions et leurs vitesses, d'opérer des prédictions à l'aide des lois de la mécanique. En un mot, le système entre dans une phase de régularité et de stabilité.

2) Mais Cournot explique aussi d'une tout autre manière l'importance du hasard et des probabilités dans l'approche de la nature. Il pense que les modèles mis au point à l'occasion de l'étude des jeux de hasard, en particulier la théorie des combinaisons, se révèleront indispensables au fur et à mesure que l'on descendra dans l'échelle de l'infiniment petit. En effet, la statistique y sera aussi nécessaire pour percevoir des régularités qu'elle l'est déjà pour en discerner dans l'étude des phénomènes sociaux. Ici et là, on n'a plus à faire à des événements

1. Certains trouveraient peut-être aujourd'hui les conditions de Cournot bien restrictives !

individualisés, mais à des populations, à des collections d'éventualités répétables.

Le XIXe siècle a été, on s'en rend de mieux en mieux compte, celui des statistiques; et les plus grands géomètres se sont intéressés à la théorie des probabilités, qu'il s'agisse de Laplace ou du maître et protecteur de Cournot, Poisson. Or Cournot pense que, dans la suite des sciences, celle qui étudie les formes élémentaires des phénomènes physiques et celle qui étudie les phénomènes sociaux statistiques se répondent et peuvent avoir des configurations voisines. Il n'y a donc rien d'absurde ni d'arbitraire à ce que la même théorie des combinaisons puisse s'appliquer à l'étude d'un gaz ou à celle d'une ville.

3) Cournot ne croit pas, nous l'avons vu, que la nature soit d'un seul tenant. Il insiste sur le fait que, quand on parcourt l'échelle des grandeurs de l'infiniment petit à l'infiniment grand, on ne voit pas se reproduire les mêmes formes ni les mêmes structures. Les changements d'échelle ne sont pas des homothéties. D'ailleurs, depuis Galilée, on sait, répétons-le aussi, que les propriétés mécaniques des corps ne se conservent pas quand on modifie leur taille: quand la longueur est doublée, la surface est multipliée par quatre et le volume par huit. Ainsi, plus les machines sont grandes et plus elles sont fragiles. Il en va de même des êtres vivants. Comme l'observe Salviati: «Qui ne voit qu'un cheval se rompra les os, s'il tombe d'une hauteur de trois ou quatre coudées, mais qu'un chien, dans les mêmes conditions, ou un chat tombant d'une hauteur de huit ou dix coudées, ne se feront aucun mal, pas plus qu'un grillon lâché d'une tour ou une fourmi se précipitant depuis l'orbe lunaire?» De même, «un chêne haut de deux cents coudées serait incapable de porter ses branches [… et] la nature ne saurait faire un cheval grand comme vingt chevaux […]»[1].
En revanche, une même réalité, un être vivant ou un corps chimique peuvent appartenir à plusieurs règnes simultanément: ils sont régis par des systèmes distincts de lois, et sont le théâtre de processus matériels différents. Tantôt ces ordres de processus demeurent cloisonnés et tantôt ils entrent en contact et en interaction. Dans ce dernier cas, il se produit un événement dont les racines et les causes appartiennent à deux ou plusieurs ordres différents. La théorie des probabilités a donc pour fonction d'étudier les collisions entre les «mondes distincts» qui ont «leurs lois propres» et qui, alors qu'ils avaient jusque-là suivi un cours séparé, crèvent l'enveloppe qui les isolait et se mêlent. Ainsi, la prévalence des probabilités est due à des raisons cosmologiques ou

1. Galilée, *Discours concernant deux sciences nouvelles* [1638], intro., trad. et notes par Maurice Clavelin, 2e ed., PUF, 1995, p. 8.

ontologiques. Cournot illustre sa pensée en prenant des exemples que les recherches de Pasteur sur les fermentations ont mises à la mode. Entre la fermentation des « globules de levure de bière » et « la transformation du sucre en alcool », il n'y a aucune parenté, ce sont deux ordres de phénomènes hétérogènes. En même temps, « les deux ordres de phénomènes se touchent, s'influencent, sans cesser d'être distincts et même hétérogènes, autant que nous en pouvons scientifiquement juger » [1].

Mais, demandera-t-on, comment passe-t-on de la contingence à la probabilité, de la collision fortuite à l'étude mathématique des combinaisons ? Car, aux exemples près, ce que décrit Cournot ne diffère pas de ce qu'analyse Aristote, quand il traite de la contingence et du hasard. C'est donc l'étude de la naissance et du développement de la théorie mathématique du hasard qui fait la différence. C'est à elle que Cournot a consacré une partie importante de son œuvre. C'est elle qu'il faut donc examiner pour comprendre d'une façon plus rigoureuse comment s'est produit, selon lui, l'apprivoisement du hasard, ce *Taming of Chance* [2] si bien analysé récemment par Ian Hacking.

CONDITIONS D'UNE SCIENCE DU HASARD

1) L'institution d'une science du hasard dépend de conditions cosmologiques. Comment le Monde doit-il être pour que la causalité y règne et que le hasard y joue ? À quelles observations, à quelles expériences faut-il faire appel pour donner un sens à la notion de causalité ? En effet, la théorie des chances ne prend corps que dans une nature où la causalité opère. Or la causalité présente une double face : elle caractérise à la fois les opérations de la nature et les artifices humains. Les artifices – ou les techniques – peuvent, en effet, reproduire, dans certaines limites, les réalisations de la nature. Cournot, dans *Matérialisme, Vitalisme, Rationalisme*, se réfère, en particulier, à la chimie organique ; mais, dans les *Considérations*, il invoque également la physique et la mécanique.

En son fond, la causalité caractérise la deuxième grande période de la nature, où, des configurations propices étant réunies par hasard, les lois du mouvement et des forces contribuent à la naissance puis à l'extension de l'ordre. Pour que la causalité remplisse son office et discipline la

1. *Matérialisme*, p. 54.
2. Ian Hacking, *The Taming of Chance*, op. cit.

nature, la faisant ainsi sortir de l'époque chaotique, il faut en effet que deux séries indépendantes de conditions soient simultanément remplies:

– que des configurations particulières – propices à l'ordre – viennent à jouer le rôle de conditions initiales;

– que les lois du mouvement[1] opèrent sur ce terrain favorable. Ainsi, *ab initio*, hasard et causalité sont liés: c'est parce que, dans le chaos initial, des configurations aléatoires précipitent en cristaux ordonnés que la causalité peut régulariser le cours des choses et domestiquer le Monde. De la sorte, il prend corps en «Nature», c'est-à-dire en système régi par des lois.

Toutefois, la causalité ne se réduit pas à l'implication logique: la relation causale est un enchaînement temporel. On ne peut donner un contenu concret à l'idée de relation causale que si, en pratique, un ensemble d'éléments, à un instant donné, sont suffisamment isolables du reste du Monde pour constituer une situation initiale dans laquelle les relations d'interaction vont jouer. Si tout dépendait au même degré de tout; si rien, dans la nature, n'était isolable en pratique, de manière à former *hic et nunc* un système ou un ensemble pour ainsi dire clos, alors, un incident infime propagerait ses effets jusqu'à des distances stellaires. De ce fait, la science ne pourrait travailler sur des systèmes pratiquement clos.

Or, nous le constatons, il n'en est rien. Il y a donc, dans la nature, des «petits mondes» qu'on peut isoler les uns des autres. Ces derniers, même quand on les considère comme indépendants et distincts, continuent à s'influencer mutuellement, mais cette influence est si faible qu'elle peut en pratique être tenue pour inexistante. Cet état de choses est inscrit dans les lois de la dynamique, suivant lesquelles l'effet décroît proportionnellement au carré de la distance. C'est donc l'existence d'îlots ou de systèmes séparés qui rend à la fois possible l'application de l'idée de relation causale à l'intérieur de chaque monde-île; et l'application de l'idée de hasard d'un monde-île à un autre. Pour Cournot, l'idée de causalité et l'idée de hasard possèdent une égale objectivité: la première jouant à l'intérieur de systèmes qui font corps; la seconde, au premier chef, entre des systèmes jusque-là indépendants.

Les relations entre les choses ne se réduisent pas à une dichotomie entre une causalité opérant à l'intérieur des «petits mondes» et un

1. Cournot précise que «la croyance à l'immutabilité des lois de la Nature» n'est pas «un principe qui s'impose d'emblée à l'esprit humain» (*Matérialisme*, p. 47-48). C'est une «maxime» ou un «principe» (*Ibid.*, p. 48) que la pratique des sciences confirme. D'où l'effet qu'eurent les travaux des Herschel père et fils sur les étoiles doubles, qui confirmaient la validité des lois de Newton hors du système solaire. Schelling y fait allusion dans *Introduction à la Philosophie de la mythologie*, Gallimard 1998, (leçon XXI), p. 459-460.

hasard jouant entre ces «petits mondes». À l'intérieur de chacun des systèmes où s'applique la causalité, se produisent des événements fortuits. Comment cela est-il possible ? Pourquoi ne règne-t-il pas, dans les systèmes ordonnés, assez de causalité pour que tout ce qui s'y produit dépende nécessairement et strictement des conditions antérieures ou initiales ?

La nature, telle que la conçoit Cournot, répétons-le, ne produit pas la totalité de ce qui pourrait se réaliser conformément aux lois de la physique, de la chimie, de la mécanique. C'est une idée qu'expose, à la même époque, Marcelin Berthelot: la chimie, et en particulier la chimie organique, témoigne que les hommes savent fabriquer des corps composés que la nature ne semble pas avoir jugé bon de réaliser. Il y a donc de la place pour des productions artificielles. Mais ce «jeu» n'est pas seulement le fait de l'invention humaine: la nature vivante ne cesse de créer des formes ou de faire évoluer des types; ce qui veut dire que les lois qui la régissent, et qui nous restent énigmatiques, laissent place à l'invention, au changement, à la contingence.

En résumé, l'idée de hasard n'est pas elle-même une invention fortuite de l'esprit humain: elle s'inspire de la nature; elle en traduit la constitution; elle s'impose à l'entendement parce qu'elle est en acte dans la réalité. Elle a un substrat cosmologique.

2) Hasard et temps sont intrinsèquement liés. L'idée qu'on puisse «comprendre dans les mêmes expressions analytiques les états passés et futurs du Système du Monde», comme le dit Laplace, est aux yeux de Cournot une illusion. La cosmogonie (pour l'univers), l'histoire (pour la nature et pour l'humanité) sont des réalités. Quelques années après sa mort, les travaux de Boltzmann allaient mettre en évidence qu'il existe une distinction fondamentale entre les phénomènes réversibles et les phénomènes irréversibles. Cournot, l'un des premiers, perçoit nettement le problème que pose à la science le cours irréversible du temps. Alors que les lois de la mécanique sont symétriques par rapport au temps, il note qu'il n'y a pas de symétrie entre prédiction et reconstitution du passé à partir du présent (ou rétrodiction): «Ainsi, quelque bizarre que l'assertion puisse paraître au premier coup d'œil, la raison est plus apte à connaître scientifiquement l'avenir que le passé»[1].

L'explication que donne Cournot de cette asymétrie entre la prédiction et la rétrodiction jette une lumière sur la difficulté de l'analyse étiologique quand on essaie de reconstruire un scénario causal: «On ne pourra pas dire sans restriction que le présent est de même gros du passé, car il y a eu dans le passé des phases dont l'état actuel n'offre plus

1. *Essai*, p. 447.

de traces, et auxquelles l'intelligence la plus puissante ne saurait remonter, d'après la connaissance théorique des lois permanentes et l'observation de l'état actuel»[1]. Ainsi, la reconstitution du passé, son analyse étiologique, fait appel à la probabilité, mais cette reconstitution n'est pas toujours faisable.

3) Des conditions historiques ont favorisé la domestication[2] du hasard par la raison. Il y a une grande différence entre une réflexion philosophique sur le hasard et la formation d'une science du hasard. Cournot pense que la naissance tardive d'une science du hasard – au XVIIe siècle plutôt que dans la Grèce antique – est un fait lui-même contingent. Pour Cournot, «marier, en vertu de certaines conventions, l'idée de hasard à quelques notions très simples d'arithmétique ou de géométrie, de manière à offrir un amusement à l'esprit par la variété des combinaisons ou la singularité des rencontres»[3] n'est pas très difficile; l'apparition tardive d'une théorie mathématique des jeux de hasard ne tient donc pas à des difficultés conceptuelles intrinsèques: «Ce retard même est un pur effet du hasard, puisque rien ne s'opposait à ce qu'un Grec de Cos ou d'Alexandrie eût pour les spéculations sur les chances le même goût que pour les spéculations sur les sections du cône»[4]. C'est une position que les historiens actuels des sciences, Ian Hacking, dans *The Taming of Chance*, par exemple, contestent.

La question prosaïque que nous nous posons est différente: que fallait-il pour passer d'une conception philosophique du hasard déjà élaborée dans l'Antiquité, notamment par Aristote, à une théorie mathématique qui, s'appliquant d'abord aux jeux, pénètre, comme dit Cournot, le gouvernement du Monde? La réponse de Cournot, c'est qu'il a manqué à l'Antiquité de concevoir la théorie des combinaisons. Dans l'*Exposition de la théorie des chances*, il explicite «les principes les plus généraux de la théorie des combinaisons»[5] et précise que de la théorie des combinaisons, on peut déduire les «principes généraux [...] qui dérivent immédiatement de la notion de probabilité mathématique»[6]. Thierry Martin, dans son bel ouvrage déjà cité, en conclut: «L'analyse combinatoire constitue ainsi le socle sur lequel s'élabore la théorie mathématique des probabilités, le calcul des probabilités

1. *Ibid.*

2. Dans *Les Mathématiques de la décision*, 1973, PUF, p. 35, nous écrivions: «Quand on applique le calcul des probabilités aux jeux de hasard, on n'a pas affaire à des aléas sauvages, mais à une espèce domestiquée du hasard.»

3. *Matérialisme*, 4e section, § 4, p. 180.

4. *Ibid.*, p. 180.

5. *Exposition*, § 9, p. 16.

6. *Ibid.*, § 20, p. 30, in Martin, *op. cit.*, p. 77.

formant une "branche"[1] de la théorie des combinaisons. Or, dans la mesure où la combinatoire est définie comme une "science abstraite et purement rationnelle"[2], «Cournot assigne par là à la notion de probabilité, et plus largement au calcul des probabilités, un statut purement mathématique»[3].

Le monde de l'analyse combinatoire est séparé du monde de l'expérience: le calcul y porte sur des entités ou sur des relations abstraites. À l'opposé, les événements fortuits qui surviennent dans l'histoire individuelle ou collective ne se prêtent pas, le plus souvent, au calcul. Nous pourrions donc avoir uniquement une notion du hasard qualitative et subjective, qui resterait soustraite à la connaissance rationnelle. Comment lancer un pont entre théorie mathématique des probabilités et événements? C'est ce pont, selon Cournot, que les Anciens n'ont pas su construire. Sur ce point, il adopte une vision très classique et qui a été, depuis un siècle, notablement modifiée: il remarque que le calcul des probabilités a commencé avec la théorie des jeux de hasard; signale l'importance de la découverte de Pascal; mais observe qu'avec lui ou sans lui elle se serait faite de toute manière.

Quel est donc l'apport des jeux de hasard? Du point de vue mathématique, il est triple: ces jeux illustrent l'idée d'événements indépendants; celle d'événements équiprobables; et permettent, à l'aide d'expériences de pensée, de faire l'énumération complète des éventualités concevables dans une situation donnée. Cette vision des choses est d'ailleurs parfaitement classique à l'époque où Cournot publie l'*Exposition* (1843). Laplace, dans l'*Essai philosophique sur les probabilités*, avait écrit: «Si les événements sont indépendants les uns des autres, la probabilité de l'existence de leur ensemble est le produit de leurs probabilités particulières. Ainsi la probabilité d'amener un as avec un seul dé étant un sixième, celle d'amener deux as en projetant deux dés à la fois est un trente-sixième»[4]. Plus loin, Laplace écrit encore: «Si, par l'instabilité des circonstances, nous sommes ramenés sans cesse à une indécision absolue, si, par exemple, on change de pièce à chaque coup au jeu de *croix* ou *pile* (pour éviter d'avoir affaire à une pièce pipée), le passé ne peut répandre aucune lumière sur l'avenir, et il serait absurde d'en tenir compte»[5]. On voit bien que la situation ainsi décrite est strictement opposée à la situation dans laquelle «nous devons

1. *Ibid.*, § 15, p. 27.
2. *Ibid.*, § 1, p. 7.
3. Thierry Martin, *op. cit.*, p. 77.
4. Laplace, *Essai philosophique sur les probabilités*, 1819, p. 14; Gauthiers-Villars, 1921, tome I, p. 2.
5. *Ibid.*, p. 18; Gauthiers-Villars, 1921, tome I, p. 14, *in* Dubarle, *op. cit.*, p. 112.

[…] envisager l'état présent de l'univers, comme l'effet de son état antérieur, et comme la cause de ce qui va suivre »[1].

Bref, trois conditions – que les jeux réalisent à l'aide d'artifices humains – rendent possible l'application de la théorie des probabilités à des situations empiriques : qu'il y ait des événements indépendants ; qu'il y ait des événements qui aient la même chance de se produire (ou événements équiprobables) ; que les éventualités susceptibles de se produire soient complètement énumérables.

4) Mais, surtout, les jeux de hasard constituent le terrain le plus propice au tri entre les causes régulières et les causes fortuites. Les premières rendent raison de la stabilité que l'on observe dans les jeux de hasard (quand les dés, les roues de loterie, les dispositifs techniques présentent les propriétés géométriques et mécaniques qui favorisent cette stabilité) ; les secondes, sans annuler les premières, rendent raison de la singularité des événements, du fait, par exemple, qu'une pièce, lancée en l'air, tombera cette fois-ci sur « pile » et non sur « face ».

Le calcul des probabilités a un contenu concret parce que les causes perturbatrices exercent leur action dans un registre que les causes régulières ont déjà, pour ainsi dire, circonscrit, domestiqué et fixé : au jeu de pile ou face, elles se bornent à rendre imprévisible le résultat des coups singuliers, puisque, d'un jet de la pièce à un autre, l'impulsion communiquée diffère d'une manière qu'aucune mesure ne peut cerner ; mais ces impulsions variables ne peuvent rendre inégale la proportion de pile et de face qui sortiront ; si une telle disparité apparaissait, on l'imputerait à des causes « régulières », à un défaut de symétrie de la pièce, par exemple. Si, dans une longue série de lancers, nous constations « l'apparition sensiblement plus fréquente de l'une des deux faces, […] peut-être trouverions-nous la raison de cette apparition plus fréquente dans quelque irrégularité de structure de la pièce, dans quelque bavure de l'empreinte, dans le défaut d'homogénéité du métal. Mais toutes ces raisons, toutes liées au principe de l'inertie de la matière, ne sont point des forces, ni des causes à proprement parler »[2]. Elle sont plutôt des conditions dormantes ou structurelles, des états de choses qui confèrent ses caractéristiques à une action déterminée comme la série de lancers de la pièce.

5) Des conditions, inscrites dans l'ordre des choses, favorisent-elles l'application des probabilités aux événements concrets ? Y a-t-il, dans la nature, des situations assez semblables à celles des jeux, pour qu'on puisse leur appliquer les théorèmes et les résultats de la théorie mathé-

1. Laplace, *op. cit.*, 4e éd., p. 3-4 ; éd. de 1921, p. 3.
2. *Matérialisme*, p. 173.

matique du hasard ? Ce qu'établit Ian Hacking dans *The Taming of Chance*, et que les exemples analysés par Cournot confirment, c'est que, si la contingence fait partie de l'essence des choses, le calcul des probabilités est loin de s'appliquer aisément aux phénomènes de la nature.

L'œuvre de Cournot, de ce point de vue, est particulièrement instructive : il élabore sa conception du hasard à un moment où la théorie des probabilités n'a que bien peu d'applications en physique ; il croit que les mathématiques du hasard sont appelées à jouer un rôle de plus en plus important dans les sciences de la nature ; mais il n'a pas beaucoup d'illustrations à proposer, car celles qui nous frappent le plus aujourd'hui sont inconnues à son époque : les premières publications de Mendel sur l'hérédité et de Maxwell sur la théorie cinétique des gaz datent du milieu des années 1860 ; la mécanique quantique n'existe pas et la mécanique statistique de Boltzmann et de Gibbs se développe dans les années qui suivent sa mort. Or Cournot ne croit pas que des vues philosophiques puissent par elles-mêmes provoquer une révolution scientifique. La révolution probabiliste, en physique et en biologie, est postérieure à Cournot : on peut seulement dire que sa conception du monde (son *Weltbild*) s'ajuste admirablement à l'avènement d'une vision probabiliste de la nature. Il n'a cessé, en effet, de s'opposer à la philosophie laplacienne du monde ; il n'adhérait aucunement à la formule du grand mathématicien, déclarant, à propos de l'esprit humain : « Ses découvertes en Mécanique et en Géométrie, l'ont mis à portée de comprendre dans les mêmes expressions analytiques les états passés et futurs du Système du Monde »[1].

Sur quelles données d'expérience l'idée de hasard objectif repose-t-elle ? Sur quelle base empirique, selon Cournot, la « théorie des chances et des probabilités » est-elle fondée ? Il s'agit, nous l'avons vu, du fait qu'il existe dans la nature des séries causales indépendantes susceptibles de se rencontrer pour produire un événement fortuit ou imprévisible. Dans l'*Exposition de la théorie des chances*[2], Cournot indique qu'il y a des événements *fortuits* ou *résultats du hasard* qui sont amenés « par la combinaison ou la rencontre de phénomènes qui appartiennent à des séries indépendantes, dans l'ordre de la causalité »[3]. Dans l'*Essai*, il revient sur la même idée : « Une infinité de séries pareilles peuvent coexister dans le temps : elles peuvent se croiser, de

1. Laplace, *Essai philosophique sur les probabilités*, 4e éd., p. 3-4 ; Gauthiers-Villars, 1921, tome I, p. 3, *in* Dubarle, *op. cit.*, p. 107.

2. *Exposition*, § 40.

3. Dominique Dubarle, « De Laplace à Cournot », in *A. Cournot. Études pour le centenaire de sa mort (1877-1977), Actes de la table ronde (Dijon-Gray, 21-23 avril 1977)*, Economica, 1978, p. 111.

manière qu'un même événement, à la production duquel plusieurs événements ont concouru, tienne en qualité d'effet à plusieurs séries distinctes de causes génératrices »[1].

Cournot se borne à énoncer un fait d'observation, essentiel pour une théorie de la causalité, à savoir qu'en général la production d'un événement implique le concours de causes distinctes. Le cas particulier que posent les événements contingents ou fortuits, c'est qu'ils résultent de causes distinctes, mais de causes distinctes qui, *en général*, ne se mêlent pas pour produire des événements. Cournot prend des exemples pour illustrer l'existence de séries causales indépendantes : « Personne ne pensera sérieusement qu'en frappant la terre du pied il dérange le navigateur qui voyage aux antipodes, ou qu'il ébranle le système des satellites de Jupiter ; mais, en tout cas, le dérangement serait d'un tel ordre de petitesse, qu'il ne pourrait se manifester par aucun effet sensible pour nous, et que nous sommes parfaitement autorisés à n'en point tenir compte »[2].

Ainsi, même dans un univers que régissent des interactions causales, tout n'est pas lié à tout, et tout, en pratique, n'influence pas tout : « Il n'est pas impossible qu'un événement arrivé à la Chine ou au Japon ait une certaine influence sur des faits qui doivent se passer à Paris ou à Londres ; mais, en général, il est bien certain que la manière dont un bourgeois de Paris arrange sa journée n'est nullement influencée par ce qui se passe actuellement dans telle ville de Chine où jamais les Européens n'ont pénétré »[3]. C'est par de tels exemples que Cournot illustre son idée que le Monde est formé de « petits mondes, dans chacun desquels on peut observer un enchaînement de causes et d'effets qui se développent simultanément, sans avoir entre eux de connexion et sans exercer les uns sur les autres d'influence appréciable »[4].

L'idée de hasard traduit le « fait naturel » que de petits mondes distincts sont susceptibles d'entrer en contact : « Les événements amenés par la combinaison ou la rencontre d'autres événements qui appartiennent à des séries indépendantes les unes des autres, sont ce qu'on nomme des événements *fortuits*, ou des résultats du *hasard* »[5]. Dans l'ordre de l'interaction causale, il y a des connexions si lâches qu'on peut pratiquement les négliger ; de la même manière, nous l'avons vu, les événements dont la probabilité est extrêmement faible peuvent être considérés comme « physiquement impossibles ». Cournot écrit : « À

1. *Essai*, § 26, p. 33.
2. *Ibid.*, § 30, p. 34.
3. *Ibid.*, § 30, p. 34.
4. *Ibid.*, § 30, p. 34.
5. *Ibid.*, § 30, p. 34.

cette notion du hasard s'en rattache une autre qui est de grande conséquence en théorie comme en pratique : nous voulons parler de la notion d'*impossibilité physique* »[1]. Il explique que « toutes ces impossibilités physiques sont de même nature, et s'expliquent à l'aide de la notion qu'on a dû se faire des rencontres fortuites et de l'indépendance des causes »[2]. Il ramène à un type, à une seule espèce de situations, les diverses impossibilités physiques dont il a donné des exemples : « Ainsi qu'on vient de l'expliquer, l'événement physiquement impossible (celui qui de fait n'arrive pas, et sur l'apparition duquel il serait déraisonnable de compter...) est l'événement qu'on peut assimiler à l'extraction d'une boule blanche par un agent aveugle, quand l'urne renferme une seule boule blanche pour une infinité de boules noires ; en d'autres termes, c'est l'événement qui n'a qu'une *chance* favorable pour une infinité de chances contraires »[3]. De cette manière, et par une gradation continue, on arrive à former l'idée de probabilité zéro. La fiction des singes dactylographes de Borel[4] est conçue dans le même esprit, mais ici la probabilité n'est pas de un sur l'infini mais de 1 sur 10^n, où n est très grand.

Comme le montre Cournot, Poisson avait anticipé le mythe des singes dactylographes de Borel : « M. Poisson s'est proposé[5] d'assigner la probabilité qu'un événement *remarquable* est dû à une cause spéciale, régulière, et non aux combinaisons du hasard. "Lorsqu'il s'agira, dit-il, de trente boules extraites d'une urne qui contient des nombres égaux de boules blanches et de boules noires, les événements *remarquables* seront l'arrivée de 30 boules de la même couleur, celle de 30 boules alternativement blanches et noires, celle de 15 boules d'une couleur, suivies de 15 boules de l'autre couleur, etc. Dans le cas d'une trentaine de caractères d'imprimerie rangés à la suite l'un de l'autre, les événements *remarquables* seront ceux où ces lettres se trouveront disposées, soit dans l'ordre alphabétique, soit dans l'ordre inverse, ou bien ceux où elles formeront une phrase de la langue française, ou d'une autre langue..." En partant de là, et en admettant qu'on connaît le nombre des événements *remarquables*, et celui des événements *non remarquables*, M. Poisson assigne, d'après les règles communément admises dans la théorie des probabilités *a posteriori*, la probabilité que l'apparition d'un événement remarquable n'est point l'effet du

1. *Ibid.*, § 33, p. 38.
2. *Ibid.*, § 33, p. 38.
3. *Ibid.*, § 34, p. 39-40.
4. Émile Borel, *Le Hasard* [1914], nouvelle édition revue et augmentée, 1948, PUF, § 63, p. 124-125.
5. Denis Poisson, *Recherches sur la probabilité des jugements*, p. 114 sq.

hasard »[1]. Pour Cournot, la conception de Poisson n'est pas sans défaut : elle suppose, en effet, « d'une part, qu'on peut tracer une ligne de démarcation entre les événements remarquables et les événements non remarquables ; d'autre part, que les événements réputés remarquables sont remarquables au même degré, et doivent être placés sur la même ligne »[2].

6) « L'idée du hasard, telle que nous la concevons et que nous entreprenons de la définir, montre en résumé Cournot, n'est point un produit artificiel de la faculté d'abstraire ; [elle] est l'expression d'un fait dont les conséquences, prévues par la théorie, sont à chaque instant constatées par l'observation des phénomènes »[3]. « La construction de la définition du hasard, note Thierry Martin, repose d'abord sur l'affirmation de la validité universelle du principe de causalité »[4]. Cournot, dans l'*Essai*, montre que chacun emploie le mot de hasard pour désigner l'irrégularité, l'imprévisibilité de ce qui arrive. Le problème est de comprendre comment peut naître une théorie du hasard : « Tout le monde emploie à chaque instant le mot de *hasard*, à propos d'événements qui ont quelque chose d'irrégulier, de fatal, d'extraordinaire ou d'imprévu ; et la conversation familière, le dialogue du drame, les récits mêmes de l'histoire, telle qu'on la conçoit d'ordinaire, revêtant des formes animées et pittoresques, peuvent s'accommoder de tout ce qu'il y a d'obscur et de vague dans toutes ces idées accessoires, groupées de manière à donner prise à l'imagination poétique plutôt qu'à l'austère raison ; mais comment fonder sur la notion du hasard une théorie scientifique, si la notion n'a pas été fixée dans ce qu'elle a de fondamental ? »[5]

En tant que théoricien des probabilités, Cournot s'inscrit dans l'histoire de cette discipline mathématique. Mais, à la différence de Laplace et d'un grand nombre de ses contemporains ou des penseurs qui l'ont suivi, il attribue à l'idée de hasard une réalité objective, tout en explorant la face subjective des probabilités : la structure du Monde est telle que, bien qu'y règne la causalité, il se produit en lui des événements fortuits. Il distingue, en effet, dans une science, les lois de la nature qu'elle énonce et les circonstances – ou données de fait – initiales qu'elle requiert pour que ses lois s'appliquent. À propos de la

1. *Exposition*, p. 285-286.
2. *Ibid.*, § 237, p. 286.
3. *Essai*, § 232, p. 283, *in* Martin, *op. cit.*, p. 122.
4. Thierry Martin, *op. cit.*, p. 110. L'auteur cite Cournot : « Aucun phénomène ou événement n'est produit sans cause : c'est là le principe souverain et régulateur de la raison humaine, dans l'investigation des faits réels » (*Exposition*, § 39, p. 53).
5. *Essai*, § 232, p. 283.

mécanique, il écrit: «Toute explication mécanique des phénomènes exige que l'on distingue et que l'on rapporte à des chefs distincts d'explication, d'une part la loi des forces auxquelles les corps sont nécessairement soumis, d'autre part les *données* ou les *circonstances initiales* du mouvement»[1].

S'est-on ainsi donné les moyens d'édifier une théorie mathématique des probabilités? A-t-on conféré à l'idée de hasard une réalité objective? Dans *Matérialisme, Vitalisme, Rationalisme*, Cournot, une fois de plus, réaffirme ce qu'il nomme lui-même sa «profession de foi»: «Non, le mot de hasard n'est pas sans relation avec la réalité extérieure; il exprime une idée qui a sa manifestation dans des phénomènes observables et une efficacité dont il est tenu compte dans le gouvernement du Monde; une idée fondée en raison, même pour des intelligences fort supérieures à l'intelligence humaine et qui pénétreraient dans une multitude de causes que nous ignorons»[2]. C'est l'*eidos* ou la structure du Monde qui confère au hasard sa réalité: il n'est pas le reflet de notre ignorance; il ne se dissoudrait pas, comme chez Laplace, aux yeux d'une intelligence supérieure à l'intelligence humaine; il est fondé dans la raison des choses.

Comme Dominique Dubarle l'a justement noté, Cournot tente de conceptualiser rigoureusement la notion d'indépendance des causes. Or, à son époque, une telle entreprise constitue un pari audacieux: «À nous-mêmes, il serait besoin, pour cela, ajoute Dominique Dubarle, de pouvoir disposer d'une façon de théorie cosmologique de ce que nous avons appris à dire l'*information*, et nous n'avons pas encore grand-chose qui y ressemble»[3]. C'est dans une telle perspective, cosmologique, que Cournot situe l'idée de hasard.

CONCEPTS FONDAMENTAUX

Quelle idée guidait donc Cournot, quand il méditait sur le hasard? Quand nous lisons, en effet, les nombreuses pages qu'il lui a consacrées, nous sommes frappés par le contraste entre les questions qu'il juge essentielles et qu'on ne mentionne plus aujourd'hui et les questions qu'il a posées et qui restent, aujourd'hui encore, les nôtres. La différence la plus frappante, c'est qu'à l'époque de Cournot les statistiques concernent principalement ce qu'on nomme alors les sciences morales

1. *Traité*, § 80, p. 79.
2. *Matérialisme*, 4e section, § 3, p. 175.
3. Dominique Dubarle, *op. cit.*, p. 112.

et politiques alors que, de nos jours, la théorie des probabilités est l'instrument privilégié des sciences de la nature. Passons donc en revue les concepts qui balisent sa réflexion sur le hasard.

1) *Le principe de raison* est une notion fondamentale. Dans chaque ordre de la réalité règne la causalité, selon des enchaînements et des modalités qui sont propres à chacun d'eux. Ainsi, alors que la mécanique d'une part et les règles de vote de l'autre se mathématisent bien, il y a une obscurité foncière des processus organiques, même si, « dans l'ordre des phénomènes vitaux, nous sommes frappés de l'accord entre la structure organique et les fonctions de l'organe, entre la fin et les moyens »[1]. De ce fait, bien que les relations causales y forment une trame encore plus serrée que dans l'ordre mécanique, le détail des causes intermédiaires (ou secondes) et même des causes premières nous échappe très largement. Toutefois, même dans ce cas, nous ne doutons pas qu'il y a une raison des choses.

La science, redisons-le, est plus à l'aise pour prévoir l'avenir que pour reconstituer le passé : quand, en effet, nous connaissons les lois qui régissent un domaine et que nous pouvons déterminer les paramètres d'une situation initiale, nous parvenons à faire des prédictions causales. À l'égard du passé, en revanche, nous sommes dans une situation tout autre : « La science n'a aucun moyen d'atteindre, ni la cause première et la soudaineté de son action créatrice, ni les causes secondes et leur lente action formatrice »[2]. Dès lors, « le principe de causalité ne peut plus fournir le fil conducteur de l'investigation scientifique : le principe de la raison des choses s'offre pour y suppléer. » Bref, quand on ne peut ni voir directement ni encore moins reproduire expérimentalement les phénomènes auxquels on s'intéresse, il faut découvrir un fil conducteur qui ne soit plus la causalité mais un substitut de cette dernière.

C'est ce substitut, fondé sur l'analogie et la comparaison, que Cournot appelle le principe de raison. « Si un animal a des dents propres à déchirer une proie, c'est qu'il vit de proie ; et conséquemment il faut que tous ses organes, viscéraux et extérieurs, soient appropriés à ce genre de vie, ou y aient été jadis appropriés, au cas qu'il s'agisse d'une espèce éteinte »[3]. Si je suppose donc que rien dans la nature n'existe sans cause, je peux, à défaut de reconstituer effectivement un processus causal, utiliser le « principe de raison » pour explorer ou peut-être découvrir des aspects des choses dont l'expérience directe m'est impossible : « Le paléontologiste pourra avec quelques fragments

1. *Matérialisme*, p. 173.
2. *Ibid.*, p. 174.
3. *Ibid.*, p. 174.

reconstruire à peu près l'espèce perdue, en attendant de plus amples découvertes. Quant à restituer, même par forme d'approximation grossière, la trame des causes qui ont amené la formation ou la destruction du type, il faut dans la plupart des cas qu'il y renonce absolument »[1].

2) *Le hasard*, tout d'abord, appartient à la structure du Monde. Il est l'indice qu'une pluralité de suites causales, antérieurement indépendantes, peuvent se rencontrer pour concourir à la production des événements. La réalité du hasard dans la nature et dans la vie sociale se traduit par un double phénomène : l'asymétrie entre le passé et l'avenir – d'où résulte l'asymétrie entre rétrodiction et prédiction – ; l'omniprésence du règne de la causalité. C'est toujours par le biais des probabilités que nous pouvons reconstituer par conjectures le passé ; c'est parce que des lignées causales indépendantes peuvent interférer que se produisent des phénomènes fortuits.

Cournot fait de l'idée de hasard un instrument destiné non à affaiblir la portée de la causalité, mais un moyen d'en étendre l'usage au-delà du champ des phénomènes mécaniques et stables. Son hypothèse, c'est que l'idée de hasard nous aide à faire le tri entre les causes régulières et les causes fortuites, entre l'ordre de fond des phénomènes et les rides qui en perturbent la surface. Dans *Matérialisme, Vitalisme, Rationalisme*, Cournot lie étroitement l'idée de cause et celle de hasard : « Nous jouons à *croix ou pile*, et à chaque coup interviennent certainement des causes physiques, des causes au vrai sens du mot, telles que la force avec laquelle la pièce a été projetée (force dont l'intensité et plus encore la direction varient très irrégulièrement d'un coup à l'autre), les remous et les frottements de l'air ambiant, pareillement variables, et enfin la pesanteur dont la direction aussi bien que l'intensité restent constantes. Ce sont ces forces qui, en se combinant diversement, causent l'apparition, tantôt d'une face, tantôt de l'autre, sans que nous soyons en mesure de soumettre le résultat à nos calculs, nous qui savons y soumettre les mouvements des corps célestes »[2].

Quand on explore les sens et les usages de l'idée de hasard, il faut donc garder à l'esprit les éléments suivants : 1) la nature est composée de régions distinctes liées les unes aux autres ; 2) à l'intérieur de chaque ordre, mais aussi d'un ordre ou d'une région à l'autre, des actions causales ont lieu, et il se fait un mélange de connexions causales régulières et d'interactions fortuites ; 3) ce mélange de relations causales et d'interactions fortuites donne au temps sa consistance et à la nature son caractère historique ; 4) comme la catégorie de causalité ne peut pas

1. *Ibid.*
2. *Ibid.*, p. 173.

être utilisée scientifiquement pour remonter le temps, on ne peut reconstituer le cours des événements passés qu'à l'aide des probabilités ; d'où, nous allons le voir, l'importance de la règle de Bayes.

3) *L'idée de probabilité* recouvre plusieurs notions. Pour saisir les analyses de Cournot, il convient de garder en tête deux oppositions : la distinction entre probabilité *a priori* et probabilité *a posteriori*, d'une part ; la distinction entre probabilité objective et probabilité subjective, de l'autre. La seconde distinction éclaire la première : il faut avoir « présente à l'esprit la distinction fondamentale entre les probabilités qui ont une existence objective, qui donnent la mesure de la possibilité des choses, et les probabilités subjectives, relatives en partie à nos connaissances, en partie à notre ignorance, variables d'une intelligence à une autre, selon leurs capacités et les données qui leur sont fournies »[1].

Par « probabilités objectives », Cournot entend celles qui, notamment dans l'ordre des phénomènes répétables, caractérisent les rapports stables entre une éventualité et l'ensemble des éventualités auquel elle appartient. Ainsi entendue, la probabilité objective, surtout dans les jeux où l'on peut produire par artifice des événements indépendants et équiprobables, apparaît comme l'illustration la plus simple de la probabilité mathématique ou *a priori*. L'objectif du théoricien des probabilités est d'étendre la portée empirique des modèles combinatoires qui relèvent des mathématiques. Ainsi, la probabilité objective a pour champ d'application les situations où l'on juge que les modèles mathématiques de la théorie des probabilités sont valides. Un tel jugement ne peut être fondé que sur l'expérience et sur la science : si, par exemple, je vois que la pièce de monnaie que je jette en l'air est homogène, symétrique, etc., j'en tire la conclusion qu'elle constitue un modèle fiable des théorèmes du calcul *a priori* des probabilités.

Les probabilités subjectives demandent un examen particulier. Je suppose que la répétition de tel phénomène fasse apparaître des symétries, sans que je connaisse pour autant sa probabilité objective, telle que le calcul mathématique des probabilités me permettrait de la modéliser. Dans ce cas, je conjecture que des causes régulières exercent sur le phénomène une action et j'utilise des épreuves empiriques (par exemple des lancers de dé, quand je veux savoir si le dé que j'utilise n'est pas pipé) pour découvrir quelle est la probabilité *a posteriori* du phénomène : en multipliant les informations, j'espère de la sorte réduire la marge de flottement dans mon jugement, dans mon évaluation.

1. *Exposition*, § 86, p. 106.

Quand, en revanche, j'estime que mes informations sont insuffisantes, je me vois contraint, faute d'avoir l'idée de la probabilité objective d'un événement, d'attribuer au jugement sur la chance que cet événement se produise une probabilité, que l'on appelle « subjective ». Comme le note Thierry Martin, « ce jugement ne porte pas sur l'objet lui-même, mais seulement sur les hypothèses que l'on forme à son sujet [...] »[1]. Cette probabilité n'est pas arbitraire, puisqu'elle m'est inspirée par les observations statistiques (c'est-à-dire fréquentielles) disponibles. Toutefois, il y a toujours une part d'arbitraire dans la conversion d'une fréquence quelque peu incertaine en un degré de vraisemblance attribué à l'occurrence d'un événement. En voyant, par exemple, les examens qu'un malade a déjà subis, je me dis : dans des cas analogues, on a observé que trois quarts des malades souffraient de la maladie M_1 et un quart de la maladie M_2. J'en tire – mais ce n'est pas en toute rigueur une déduction : il y a 3/4 chances qu'il souffre que la maladie M_1 et 1/4 chance qu'il souffre de la maladie M_2. Je pose donc, sur la base des informations dont je dispose, un premier diagnostic D_1. Dans la théorie des probabilités subjectives, cet acte initial est capital : je dois attribuer une mesure à mes jugements ; un degré de vraisemblance (compris entre 0 et 1) à mes croyances. En un mot, il faut que j'associe un nombre (une probabilité chiffrée) à mon premier jugement pour voir comment évoluera la probabilité de ce jugement sous l'effet d'informations ultérieures (par exemple, d'examens complémentaires).

La règle de Bayes a pour objet de m'indiquer comment faire varier la probabilité attribuée initialement au diagnostic de M_1 et au diagnostic de M_2, en introduisant dans le système de mes jugements des informations nouvelles, obtenues au moyen d'examens, de tests, de recours à un autre expert : « Nous pourrions, dès lors, en nous appuyant sur les théorèmes de Jacques Bernoulli, dont l'inventeur avait déjà parfaitement saisi le sens et la portée, passer immédiatement aux applications que ces théorèmes reçoivent dans les sciences de faits et d'observations ; mais une règle dont le premier énoncé appartient à l'Anglais Bayes, et sur laquelle Condorcet, Laplace et leurs successeurs ont voulu édifier la doctrine des probabilités *a posteriori*, est devenue la source de nombreuses équivoques »[2].

Si la règle de Bayes est si importante, c'est que le scénario causal qui a produit une maladie ou provoqué un accident est malaisé à reconstruire ; la théorie des probabilités fournit ici une méthode pour intégrer au jugement probabiliste des informations et modifier ainsi, de

1. Thierry Martin, *op. cit.*, p. 240.
2. *Exposition*, § 86, p. 106

façon différentielle et pas à pas, la probabilité que l'on attribuait à chacune des éventualités (ici, l'existence de la maladie M_1 ou de la maladie M_2). La démarche bayesienne consiste à partir de l'attribution d'un degré de vraisemblance aux différentes hypothèses, en adossant cette estimation subjective sur les fréquences observées objectivement dans la population générale. On affine ensuite l'estimation en cernant de mieux en mieux le cas particulier au moyen de tests ou d'examens complémentaires. De la sorte, le cas étudié se trouve placé dans un ensemble de référence de plus en plus restreint[1].

Déterminer la probabilité *a posteriori* d'un événement est une tâche à la fois nécessaire et malaisée. Elle est nécessaire, même si l'insertion du cas nouveau dans un ensemble de cas dûment enregistrés (dans un système expert, par exemple) est délicate. Quant aux cas uniques, ils posent des problèmes plus difficiles encore. Une solution approximative consiste à rattacher ces cas singuliers à des cas analogues mieux connus, et, au moyen du principe de raison, à opérer des rapprochements.

Comme on le voit, les quatre modes de la probabilité (objective et subjective, *a priori* et *a posteriori*) sont à la fois distincts et imbriqués. On les distingue en idée et ils interfèrent en fait. Cournot a expliqué comment s'effectuait ce repli de la probabilité objective ou « possibilité physique » sur l'évaluation subjective de la vraisemblance, ou possibilité rationnelle, d'une éventualité : « En général, si, dans l'état d'imperfection de nos connaissances, nous n'avons aucune raison de supposer qu'une combinaison arrive plus facilement qu'une autre, quoique, en réalité, ces combinaisons soient autant d'événements dont les possibilités physiques ont pour mesure des fractions inégales ; et si nous entendons par probabilité d'un événement le rapport entre le nombre des combinaisons qui lui sont favorables et le nombre total des combinaisons que l'imperfection de nos connaissances nous fait ranger sur la même ligne, cette probabilité cessera d'exprimer un rapport subsistant réellement et objectivement entre les choses ; elle prendra un caractère purement subjectif, et sera susceptible de varier d'un individu à un autre, selon le degré de ses connaissances »[2].

La « probabilité subjective », bien qu'elle ne nous instruise pas exactement sur les rapports de probabilités existant dans les choses, est

1. *In* Anne Fagot-Largeault, *Les Causes de la mort. Histoire naturelle et facteurs de risques*, 1989, Vrin, on trouve une étude approfondie de la théorie de Bayes. Consulter aussi, du même auteur, « Analyse d'une procédure bayesienne, essai sur la 'logique' du raisonnement médical », in *Médecine et Probabilités*, Actes de la journée d'études du 15 décembre 1979, Université de Paris-Val de Marne, diffusé par Didier, 1982.

2. *Essai*, § 37, p. 43.

indispensable à l'action, chaque fois que celle-ci implique des conjectures et un pari : « Elle aura encore une valeur mathématique, en ce sens qu'elle pourra, et même elle devra servir à fixer numériquement les conditions d'un pari ou de tout marché aléatoire. Elle aura de plus cette valeur pratique d'offrir une règle de conduite propre à nous déterminer (en l'absence de toute autre raison déterminante), dans les cas où il faut nécessairement prendre parti »[1].

Ainsi, l'étude des phénomènes aléatoires, dans l'histoire humaine ou dans la nature, est balisée par quelques concepts : la division de la réalité en « petits mondes » ou en ordres, l'opposition entre causes régulières et causes fortuites, la distinction entre les différentes formes de probabilité. Le point le plus original et le plus difficile, dans la doctrine du hasard de Cournot, c'est de comprendre comment il est possible à la fois de dire que la nature est une et que ses ordres sont multiples. Dans l'univers tel qu'il le conçoit, ni la causalité ni le hasard ne sont unidimensionnels ou linéaires. Ils possèdent une complexité intrinsèque, puisqu'ils aident à penser des interactions qui se produisent simultanément sur des plans distincts.

PROMENADES DANS LE FORTUIT

Le monde, tel que le conçoit Cournot, n'est pas celui de Newton ou de Laplace. La contingence fait partie de ses structures. Habiter la Terre, accepter de n'être que le fragile « concessionnaire d'une planète », demande une sorte d'ascèse spirituelle. Ici, l'idée de hasard sert à la pratique du détachement. Bien que Cournot voue à Leibniz une admiration entière, il n'en professe pas l'optimisme : entre les individus, comme entre les grands ordres de la nature, il y a bien des relations et des liens, mais pas d'harmonie préétablie. La nature, comme l'humanité, a une histoire ; son devenir, quoique intelligible, demeure imprévisible ; et l'on ne peut pas feindre que cette imprévisibilité soit le fruit de notre ignorance. Dieu a voulu que le temps fût réel, que sa création continuât. La contingence fait donc partie de l'étoffe de la nature comme du destin de l'homme. L'idée de hasard recouvre un fait naturel. Pour nous accoutumer à l'univers tel qu'il est, nous devons nous promener dans le fortuit, nous souvenant que le mot anglais « *randomness* », qui le désigne, vient du français « randonnée ». Pensons de même au « randon » des hirondelles.

1. *Ibid.*, § 37, p. 43.

1) L'astronomie est l'une des premières applications de la théorie des chances. « S'il est une branche de la philosophie naturelle à laquelle ce genre de recherches puisse s'approprier avec chance de succès, c'est assurément l'astronomie. » On pourrait croire que l'affinité de la théorie des probabilités avec cette science vient de la place qu'y tient le calcul des erreurs. Ce n'est pas inexact, mais la raison profonde est tout autre : « Cette science éminente entre toutes les autres, à cause de la simplicité et de la grandeur des phénomènes dont elle s'occupe, doit, par cela même, offrir les exemples les plus remarquables du prompt dégagement des causes régulières, à travers les anomalies du hasard » [1]. Ce jugement s'entend en deux sens : dans l'ordre des sciences constituées, l'astronomie est la plus parfaite ; dans l'histoire de l'univers, elle témoigne du passage de la période chaotique à la période intermédiaire ou génétique, au cours de laquelle de l'ordre apparaît dans la nature. Que l'astronomie soit, du point de vue épistémologique, la science la plus achevée, ne fait, pour Cournot, aucun doute : « De même que l'astronomie observatrice est le modèle des sciences d'observation ; l'astronomie théorique, le modèle des théories scientifiques ; ainsi la statistique des astres (s'il est permis de recourir à cette association de mots) doit servir un jour de modèle à toutes les autres statistiques » [2]. De fait, dans la première moitié du XIXe siècle, les principaux statisticiens – Quételet, par exemple – viennent souvent de l'astronomie. Mais, au-delà de ces motifs tenant à la méthode des sciences, Cournot voit une raison cosmologique à l'utilisation d'une clé probabiliste pour l'étude de l'astronomie.

L'astronomie, à ses yeux, est un terrain privilégié pour comprendre comment, après une période chaotique d'une durée infinie *ex ante*, ont pu surgir, localement et en raison de circonstances fortuites, des configurations ordonnées : « L'immensité des distances qui séparent les corps célestes et la petitesse relative de leurs dimensions, [...] ont dû rendre plus indépendantes les unes des autres, plus libres de se disposer suivant les lois mathématiques des combinaisons, les causes qui ont influé sur les circonstances initiales de ces mouvements » [3]. En d'autres termes, l'inspection du ciel nous donne non seulement le spectacle de l'ordre le plus parfait mais aussi l'idée des « conditions initiales », c'est-à-dire des configurations fortuites qui ont permis le passage du chaos à l'ordre, sous le double effet des lois de la gravitation d'une part, d'un arrangement accidentel favorable de la matière de l'autre.

1. *Exposition*, p. 173.
2. *Ibid.*, p. 173.
3. *Ibid.*, p. 173.

Il s'agit, dans cette perspective, d'examiner si les modèles des jeux de hasard n'ont pas une portée cosmogonique : l'ordre que nous observons dans le ciel n'est-il pas né de la configuration singulière qu'auraient pris *par hasard* des fragments de matière ou d'atomes jetés aléatoirement dans l'espace ? « L'hypothèse d'un globe que l'on projette au hasard, [...] hypothèse à laquelle nous avons eu plusieurs fois recours comme à un exemple des plus simples [71 et 81], n'est au fond qu'une manière de se représenter, par une image sensible, une question qui doit se reproduire fréquemment en astronomie »[1]. Cournot multiplie ensuite les emplois de ce modèle, avec une intention unique : percer comment, les anomalies se compensant, la projection répétée d'un globe au hasard dans l'espace fait apparaître des structures ordonnées. Comme il ne veut pas laisser cette question indéterminée, il s'interroge « sur le problème de la distribution des orbites cométaires, parce qu'il nous a semblé, dit-il, offrir un type remarquable d'analyse et de discussion en fait de statistique »[2]. Or il résulte de l'examen des catalogues de comètes que leur distribution et leur inclinaison sur l'écliptique ne peut être imputée au seul hasard. D'une manière plus générale, l'étude des planètes à la lumière de la théorie des chances permet de démêler ce qui, dans le système solaire, peut être imputé à des causes fortuites ou à des causes régulières.

Cournot ne tient pas à séparer ce qui relève de la mécanique céleste et ce qui touche « aux phénomènes que produisent les divers agents physiques à la surface de notre globe, et dans les fluides qui le recouvrent »[3]. C'est pourquoi, dans le chapitre XII de la l'*Exposition de la théorie des chances et des probabilités*, consacré à l'astronomie, il aborde le problème de la météorologie et celui des marées : « La théorie des marées, si importante en soi, et à cause de ses liaisons avec les grands phénomènes astronomiques, offre encore une belle application du problème qui consiste à isoler les effets dus à des causes régulières, de ceux qui proviennent des forces perturbatrices »[4]. Sur le cas des marées, on discerne comment se mêlent « l'action des vents, des tempêtes, des courants, et d'une foule de circonstances accidentelles » à « l'action régulière par laquelle la lune et le soleil tendent à élever et à déprimer périodiquement les eaux de l'Océan »[5]. La théorie des chances, une fois que la probabilité des événements a été lestée d'un sens et d'un poids concrets à l'aide de l'observation et de la mesure, aide à

1. *Ibid.*, p. 173-174.
2. *Ibid.*, p. 190.
3. *Ibid.*, p. 190-191.
4. *Ibid.*, p. 192.
5. *Ibid.*, p. 192.

reconstituer les schèmes de causalité des phénomènes dont la structure est pluridimensionnelle, comme c'est le cas des marées. Le miracle, c'est qu'ainsi, on parvient à jauger l'importance respective des causes régulières et des éléments fortuits, à tel point, par exemple, que la théorie des marées, quand on a séparé les événements fortuits des causes régulières, permet d'évaluer la masse de la lune.

Dans ce texte, Cournot n'évoque pas la mesure de la longitude, si importante pour la navigation, et dont traite John Herschel[1], dans le *Preliminary Discourse on the Study of Natural Philosophy.*

2) La critique de «l'homme moyen» d'Adolphe Quételet (1796-1874) par Cournot mérite qu'on s'y arrête, car elle indique dans quelle perspective celui-ci conçoit le rôle des statistiques dans l'étude des phénomènes biologiques, anthropologiques et sociaux. «Lorsqu'on ap-

1. John Herschel raconte une aventure de mer qui lui a été communiquée par un officier de la Royal Navy, le commandant Basil Hall: «Il fit voile de San Blas sur la côte Pacifique du Mexique, et, après un voyage de 8 000 milles qui dura 89 jours, il arriva au large de Rio de Janeiro, en ayant parcouru, entre-temps, l'Océan Pacifique, doublé le Cap Horn et traversé l'Atlantique Sud, sans apercevoir aucune terre ni même aucune voile, si ce n'est un baleinier américain au large du Cap Horn. Arrivé à une semaine de mer de Rio, il s'attacha à déterminer, par observation lunaire, la direction précise de son navire et sa position à un instant donné. L'ayant fixée à cinq ou dix milles près, il fit le reste de la traversée en recourant aux méthodes de navigation plus simples et plus rapides, bien connues des marins, et qui peuvent être employées sans risque pour des trajets courts d'un point connu à un autre, mais auxquelles on ne peut se fier pour de longs voyages, où la Lune est le seul guide sûr» *A Preliminary Discourse,* § 20, p. 28.

Dans le *Cours de Philosophie positive,* A. Comte évoque aussi le problème de la longitude, pour montrer – idée qu'il partage avec Herschel – que des spéculations, longtemps sans applications, peuvent se révéler très utiles, «car les applications les plus importantes dérivent constamment des théories formées dans une simple intention scientifique, et qui souvent ont été cultivées pendant plusieurs siècles sans produire aucun résultat pratique. On en peut citer un exemple bien remarquable dans les belles spéculations des géomètres grecs sur les sections coniques, qui, après une longue suite de générations, ont servi, en déterminant la rénovation de l'astronomie, à conduire finalement l'art de la navigation au degré de perfectionnement qu'il a atteint dans ces derniers temps [...]». Comte cite ces mots de Condorcet relatifs au problème de la longitude: «Le matelot, qu'une exacte observation de la longitude préserve du naufrage, doit la vie à une théorie conçue, deux mille ans auparavant, par des hommes de génie qui avaient en vue de simples spéculations géométriques», *Cours de philosophie positive,* Deuxième leçon, *in* Auguste Comte, *Philosophie des sciences,* Gallimard, coll. Tel, 1996, p. 91.

On trouverait peu de marins, aujourd'hui, qui soient capables d'effectuer les longs et difficiles calculs qu'exigeait le point lunaire, alors que, grâce aux satellites, on peut connaître sa situation sur terre ou sur mer à dix mètres près.

À la suite d'un désastre maritime au large des îles Scilly, en 1707, où une partie de la flotte anglaise, par suite d'une erreur de navigation, se brisa sur des rochers, le gouvernement de Sa Majesté mit au concours la fabrication d'un chronomètre marin. *Longitude,* de Dana Sobel, Cambridge University Press, 1996, décrit de façon passionnante cette quête, et raconte l'aventure de John "Longitude" Harrisson (1693-1776), qui parvint à résoudre ce problème.

plique, remarque-t-il, la détermination des moyennes aux diverses parties d'un système compliqué, il faut bien prendre garde que ces valeurs moyennes peuvent ne pas se convenir: en sorte que l'état du système, dans lequel tous ces éléments prendraient à la fois les valeurs moyennes déterminées séparément pour chacun d'eux, serait un état impossible»[1]. Pour illustrer ce jugement, Cournot prend un exemple géométrique: «Si [...] un triangle est assujetti à rester rectangle pendant que ses côtés varient, il y aura une valeur moyenne pour chacun des trois côtés; mais ces trois moyennes, prises ensemble, ne conviendront pas à un triangle rectangle [...].»[2]

Dans l'ordre biologique, la discordance entre les moyennes prises sur une population et les caractères de chaque individu s'explique aisément: comme Cuvier l'a montré, il existe, entre les parties d'un être vivant, des corrélations étroites: «Les parties d'un être devant toutes avoir une convenance mutuelle, il est tels traits de conformation qui en excluent d'autres; il en est qui, au contraire, en nécessitent; quand on connaît donc tels ou tels traits dans un être, on peut calculer ceux qui coexistent avec ceux-là ou ceux qui leur sont incompatibles»; en effet, «tout être organisé forme un ensemble, un système unique et clos, dont les parties se correspondent mutuellement et concourent à la même action définitive par une réaction réciproque»[3]. Si la méthode de Quételet est ici fautive, c'est qu'elle néglige le fait que chaque être est «un système unique et clos», et qu'ainsi il est vain de reconstituer un type organique en calculant pièce après pièce, de façon séparée, la valeur moyenne de ses parties: «L'homme moyen ainsi défini, bien loin d'être en quelque sorte le type de l'espèce, serait tout simplement un homme impossible [...]»[4].

Les statistiques ne servent donc pas à déterminer à l'aveugle des grandeurs cachées; elles affinent la vision, augmentent la pénétration du regard, étayent les conjectures, en triant entre le fortuit et l'essentiel. Cournot a le génie de la stochastique: c'est-à-dire de l'art de juger comment la théorie mathématique des probabilités s'applique à des situations concrètes. Στοχασμα, on le sait, désigne le javelot. Dans *Gorgias*, Socrate évoque l'homme «doué d'une âme pénétrante comme le javelot et de courage»[5], «στοχαστικῆς καὶ ἀνδρείας». De son côté,

1. Cournot, *Exposition*, p. 143.
2. *Ibid.*, p. 143.
3. Georges Cuvier, «Mémoire sur la classification du Règne animal», in *Annales du Muséum d'Histoire naturelle* [1812], cité par Théophile Cahn, *La Vie et l'œuvre d'Étienne Geoffroy Saint-Hilaire*, 1962, PUF, p. 74.
4. *Exposition*, p. 144.
5. Platon, *Gorgias*, 463 a.

Aristote, dans l'*Éthique à Nicomaque*, peint le décideur idéal (ο δ'᾽απλως ενβολος), comme un homme «soucieux d'atteindre le meilleur des biens réalisables par l'homme», en «faisant servir le raisonnement à la pénétration intuitive, στοχαστικος κατα τον λογισμον» [1].

Cournot a un sens aigu de la singularité des situations et des êtres. L'analyse du fortuit est à ses yeux une manière de découvrir le jeu complexe des causes hétérogènes qui, en général, concourent à la production des événements ou qui interviennent dans la destinée des êtres. La théorie des chances est d'une application universelle, parce que l'univers où nous vivons est fait de strates et de régions distinctes, entre lesquelles les interactions, selon les temps et les ordres, varient. Toutefois, la recherche des causes gagnerait en précision et en méthode s'il était possible, comme Goethe l'avait cru faisable en histoire naturelle, de viser par la pensée des *types*, dont la réalité empirique différerait sous l'action de facteurs divers dont on jaugerait la nature et le poids. Ainsi conçus, les types idéaux, quoique fictifs, sont nécessaires à l'étude des situations concrètes, comme le savent les mathématiciens ou comme Rousseau l'avait noté, dans le *Discours sur l'origine de l'inégalité parmi les hommes*, à propos de l'état de nature.

3) Les lois de la mortalité illustrent bien cet état de choses: «Si l'on pouvait soustraire un être animé à toutes les causes accidentelles de destruction, soit qu'elles occasionnent une mort soudaine et violente, soit qu'elles déterminent des maladies dont la mort est la suite au bout d'un temps plus ou moins long, on observerait la durée naturelle de sa vie, c'est-à-dire celle qui est déterminée par les conditions intrinsèques de son organisation» [2]. Comme John Herschel l'avait noté dans le *Preliminary Discourse*, si nous vivions dans un monde dont tous les éléments seraient reliés par des relations fixes, nous ne formerions pas l'idée de cause. Très vite, dans l'enfance, nous remarquons que la connexion entre les événements peut être ou fixe ou contingente. «C'est principalement, et peut-être exclusivement de la seconde classe, celle des événements contingents, que nous tirons nos idées de cause et d'effet. Ce sont les événements contingents et eux seuls qui nous font comprendre qu'il y a quelque chose comme des lois de la nature. L'idée de loi implique celle de contingence» [3].

1. Aristote, *Éthique à Nicomaque*, VII, 6, 7, 1141 b 13.
2. Cournot, *Exposition*, p. 204-205.
3. John F. W. Herschel, dans *Preliminary Discourse on the Study of Natural Philosophy*, §. 26, p. 35-36, écrit: «If every thing were equally regular and periodical, and the succession of events liable to no change depending on our own will, it may be doubted whether we should ever think of looking for causes. [...] It is chiefly, perhaps

Ce que Cournot apporte de neuf par rapport à la «*natural philosophy*» de Herschel, c'est la conscience aiguë que les séries causales ne se situent ni dans un même plan ni sur des strates parallèles de la réalité; elles appartiennent à des registres distincts et opèrent selon des modalités différentes. Cet état de choses atteint en histoire un haut degré de complexité puisque les séries causales y sont hétérogènes. C'est pourquoi l'histoire, en raison de sa pluridimensionalité, ne peut pas atteindre le statut de science. Elle compose, en effet, des séries causales hétérogènes, dont le poids relatif est difficile à évaluer; et des rencontres fortuites entre événements appartenant à des séries distinctes, dont l'occurrence est impossible à anticiper. La théorie des chances aide, toutefois, à mettre en perspective les différentes séries causales qui participent à la production de tels événements. Cournot esquisse la démarche, mais ne la mène pas à son terme[1]. Dans le *Mémorial de Sainte-Hélène*, Las Cases cite ces mots de Napoléon sur rôle de la nature dans l'histoire: «Et, chose bien remarquable, les obstacles qui m'ont fait échouer ne sont point venus des hommes; ils sont venus des éléments: dans le Midi, c'est la mer qui m'a perdu; et c'est l'incendie de Moscou, les glaces de l'hiver, qui m'ont perdu dans le Nord; ainsi, l'eau, l'air et le feu, toute la nature, et rien que la nature, voilà quels ont été les ennemis d'une régénération universelle, commandée par la nature même! Les problèmes de la Providence sont insolubles!»[2]

4) La probabilité des jugements se rencontre dans toutes les occurrences de la vie: en médecine, dans le domaine judiciaire, mais, plus généralement, dans l'action. Cournot classe les situations en deux types: celles dans lesquelles «la vérité ou l'erreur du jugement de chaque observateur peuvent être soumises à un *criterium* infaillible»; celles où

entirely, from the other or contingent class of events that we gain our notions of cause and effect».

1. Anne Fagot-Largeault, dans *Les Causes de la mort. Histoire naturelle et facteurs de risque*, montre quelles sont les étapes méthodiques d'une recherche des causes de mort menée à son terme. Comme chez Cournot, on commence par la «certification des décès et de leurs causes». La recherche se poursuit, par cercles concentriques, qui cernent de mieux en mieux, en allant de l'extérieur vers l'intérieur, du descriptif au causal, le fait de la mort et les facteurs de risque: classification des maladies, statistique démographique, approche anatomo-clinique, approche probabiliste. Il apparaît à l'auteur, en effet, que l'on ne peut reconstituer l'histoire causale des maladies sans le calcul des probabilités, sans une démarche bayésienne. En un mot, Anne Fagot-Largeault propose une solution au problème que se pose Cournot: dans le domaine biologique – et médical –, comment effectuer un parcours méthodique et complet du système des causes qui interfèrent dans la production des événements?

2. Las Cases, *Mémorial de Sainte-Hélène*, 3 mars 1816.

« un semblable *criterium* n'existe pas »[1]. C'est le cas dans les prévisions météorologiques ; c'est aussi le cas quand les tribunaux rendent la justice. Les mathématiques sont, bien sûr, sans prise sur « la probabilité du bien jugé », en tant qu'elle dépend de la personne du juge. En revanche, elles nous instruisent sur la relation qui existe entre la composition du tribunal et la probabilité des jugements, quand la manière de juger des membres du tribunal est supposée constante, c'est-à-dire « en admettant toujours l'hypothèse que la probabilité ν de la bonté du jugement individuel ne change pas d'un tribunal à l'autre »[2].

Cournot veut préciser l'incidence de la composition des tribunaux sur la qualité des décisions judiciaires : « Il est manifeste, écrit-il, que les conditions de majorité, de pluralité imposées aux décisions d'un corps judiciaire ou d'une assemblée délibérante, doivent avoir des relations avec la théorie mathématique des chances »[3]. Il entend donc marier la théorie mathématique des chances et la théorie mathématique du vote : « Il y a [...] une question purement arithmétique au fond de toute loi régulatrice des votes d'un tribunal : [...] mais aussi le calcul doit nécessairement emprunter certaines données à l'observation, c'est-à-dire à la statistique judiciaire qui résume et coordonne des faits assez nombreux pour que les anomalies du hasard soient sans influence sensible sur les résultats moyens »[4]. L'art de Cournot est de combiner, dans une même approche, les aspects purement mathématiques des théories des chances et du vote avec les résultats obtenus par la somme des observations accumulées.

C'est de cette manière que l'homme d'action – nous dirions aujourd'hui, comme jadis, le décideur – parvient à séparer les informations objectives, même si elles comportent une marge d'aléas, et l'état de ses croyances sur l'état du monde et sur l'effet de ses actes. « Cette probabilité subjective, variable, qui parfois exclut le doute, et d'autres fois n'est plus qu'une lueur vacillante »[5] mérite un examen particulier : « Doit-elle être réputée au fond la même que la probabilité [...] qui tient à la notion des chances », c'est-à-dire, précise Cournot, à « l'indépendance des causes concourantes ? »[6] Ou bien a-t-elle une originalité intrinsèque ? C'est la seconde solution qui s'impose : « Indépendamment de la probabilité mathématique, [...] il y a des probabilités non réductibles à une énumération de chances, qui motivent pour nous

1. Cournot, *Exposition*, p. 233.
2. *Ibid.*, p. 241.
3. *Ibid.*, p. 231.
4. *Ibid.*, p. 231.
5. *Ibid.*, p. 281.
6. *Ibid.*, p. 281-282.

une foule de jugements, et même les jugements les plus importants ; qui tiennent principalement à l'idée que nous avons de la simplicité des lois de la nature, de l'ordre et de l'enchaînement rationnel des phénomènes, et qu'on pourrait à ce titre qualifier de probabilités *philosophiques* »[1].

Dans cette définition de la probabilité philosophique, Cournot souligne un point essentiel : elle traite des jugements que nous posons quand nous esquissons une philosophie de la nature, quand nous nous interrogeons sur la simplicité des lois, sur la discrimination entre l'ordre logique et l'ordre rationnel. Mais elle intervient aussi dans la conduite de la vie et en histoire. Ainsi Cournot s'attache-t-il à lancer un pont, à l'aide d'une réflexion sur la théorie des chances et des probabilités, entre la philosophie de la nature et l'action.

Par leur action, en effet, les hommes forcent des éléments de la nature qui, sans eux, resteraient indépendants, à se rencontrer : ainsi, ils hybrident des espèces séparées ; interviennent sur la reproduction, créent des variétés, et même, aujourd'hui, des chimères, des êtres transgéniques ; ils réalisent des alliages, des substances nouvelles, etc. C'est possible, parce que la nature n'est ni faite d'ordres clos sur eux-mêmes ni non plus taillée dans une étoffe homogène. Cet état de choses confère aux probabilités leur caractère cosmique : la rencontre de séries causales antérieurement indépendantes pouvant se produire soit à l'intérieur de la même région de la nature soit à la jonction de deux régions.

La nature, par ses opérations, et l'humanité, par ses actions, brassent des ordres distincts de la réalité, et, les faisant s'associer de façon concertée, mettent en œuvre des processus complexes, nécessaires à la réalisation de leurs fins, que celles-ci soient spontanées ou délibérées. Toutefois, le fait que la nature, quand elle change d'échelle ou de région, change aussi de structures et de lois, donne à ses opérations, comme aux entreprises des hommes qui utilisent ses mécanismes, une forme pluridimensionnelle, analogue, pourait-on dire, à l'action politique. Il est rare que les processus de la nature ou que les actions humaines se passent entièrement dans un même ordre, sur un théâtre uniforme : la plupart du temps, les opérations ont plusieurs faces, ressortissent à plusieurs registres. Comme il existe, entre les ordres, des discontinuités et des interférences imprévisibles, il en résulte que la contingence n'est pas le simple reflet de notre ignorance mais l'effet de la constitution de l'univers.

1. *Ibid.*, p. 288-289.

CHAPITRE VI

L'ACTION

INTRODUCTION

Cournot est connu, dans l'histoire des sciences, comme l'un des fondateurs de l'économétrie. Les modèles qu'il a conçus sont encore enseignés et, plus d'un siècle et demi après la publication de ses *Recherches sur les principes mathématiques de la théorie des richesses* [1838], il apparaît comme l'un des esprits les plus audacieux et les plus pénétrants dans le domaine de l'économie mathématique. Mais Cournot est aussi un historien et un témoin : il a passé son enfance à Gray, entouré d'un oncle prêtre qui avait refusé de préter serment à la constitution civile du clergé et de tantes qui professaient des idées opposées sur la Révolution. C'est sans doute l'une des raisons pour lesquelles il encadre ses *Souvenirs* des dates 1760-1860. De plus, comme inspecteur général des études et comme recteur, il a été lui-même un haut fonctionnaire d'autorité. Il porte donc d'emblée sur l'action un double regard : celui du théoricien, mathématicien de goût et de formation, qui tente de capter l'essence rationnelle de l'action ; celui du psychologue, du témoin et de l'acteur, qui essaie de saisir et d'interpréter les manières d'agir.

Or, entre les principes mathématiques et les principes psychologiques de l'action, il y a, plus qu'une distance, presque un abîme. Certes, nul n'est disposé à nier que l'intelligence pratique, celle de l'homme d'action, ressemble à un calcul et met en œuvre une sorte de logique naturelle. Mais le calcul machiavélien du praticien et le calcul mathématique du théoricien s'accordent-ils ? Ne constituent-ils pas, tout au contraire, deux modes distincts de la pensée, que tout sépare et que rien n'unit ? De fait, Cournot, si imprégné de ses entretiens avec le maréchal Gouvion Saint-Cyr, note, à propos de celui-ci : «C'est une chose digne de remarque que le général qui peut-être a fait la guerre avec le plus de calcul, n'avait aucune teinture des sciences exactes, dont on suppose communément que l'étude doit être une partie intégrante de l'éducation militaire»[1].

L'étude de l'action ne relève pas seulement de la psychologie et des mathématiques: elle s'inscrit dans une vision globale de la nature et de l'histoire, dans une cosmologie. De même que la philosophie de la nature de Cournot rompt avec celle de Laplace ou celle de Herschel, dans la mesure où il existe à ses yeux, au sein de la nature, une pluralité d'ordres qui ne s'emboîtent pas rigoureusement, ainsi sa philosophie de l'action rompt avec les doctrines du progrès, ou avec l'idée cartésienne de l'homme, maître et possesseur de la nature.

Sans minimiser «la révolution économique du XIXe siècle» ou la place que prennent dans l'industrie les «machines-outils», Cournot tranche avec l'optimisme des Saint-Simoniens ou des positivistes. Il écrit: «De roi de la Création qu'il était ou croyait être, l'homme est monté ou descendu (comme il plaira de l'entendre) au rôle de concessionnaire d'une planète. [...] Il avait à faire valoir un domaine, il a une mine à exploiter: et ces quelques mots suffisent pour indiquer sous quelle face nouvelle vont désormais se présenter les plus graves problèmes de l'économie sociale, ainsi que les conditions de la vie historique des peuples»[2]. Commentant ce texte et le comparant aux conceptions de Littré, disciple d'Auguste Comte, Georges Canguilhem observe: «Cournot entrevoit les limites de cette concession [...] Où Littré voit une exploitation régulière, Cournot voit une exploitation autodestructrice»[3]. À ce titre, Cournot, là aussi, apparaît comme un précurseur: ses analyses anticipent les réflexions actuelles sur l'épuisement de certaines ressources minérales ou sur la trace – parfois même la blessure maléfique – que l'industrie ou les conflits des hommes inscrivent sur le visage de la Terre.

Pour Cournot, le développement du commerce international unifie la planète, mais rend la vie de chaque communauté tributaire de l'état de nombreuses autres: «On avait autrefois des pestes, des famines, dont la science, l'industrie, l'administration modernes combattent et atténuent les causes et les effets. Mais, d'un autre côté, l'excitation de l'activité industrielle fait que la vie de milliers ou de millions d'hommes dépend de la récolte ou des arrivages d'une denrée exotique comme le coton;

1. Cournot, in *Mémoires du Maréchal Gouvion Saint-Cyr*, Notice, p. 96.

2. Cournot, *Considérations*, p. 422.

3. Georges Canguilhem, «Émile Littré, philosophe de la biologie et de la médecine», Colloque du Centenaire de la mort de Littré, *Revue de Synthèse*, III, n° 106-108, avril-décembre 1982, p. 282.

d'une guerre, d'une panique, d'une mode qui ferment un débouché ou arrêtent les commandes; de l'invention d'une machine qui change les conditions de la production; enfin de ces crises commerciales qui reviennent de temps en temps sans autre cause qu'une concurrence aveugle, un entraînement général d'où résultent une production surabondante, puis un encombrement des produits, un avilissement des prix, jusqu'à ce que le trop-plein soit écoulé»[1].

Herschel célébrait le lien entre l'industrialisation et la démocratie, Cournot, quant à lui, souligne que «le règne de l'industrie aide au nivellement démocratique»[2]. Son jugement est plus circonspect, car il doute que, dans l'ordre économique et social, les régulations se fassent spontanément. De plus, alors que l'industrie produit l'égalisation des conditions, elle n'est pas aussi favorable à l'augmentation de la liberté. Prenant l'exemple du transport, Cournot note: «C'en est fait de l'indépendance romantique du voyage pédestre, comme de l'indépendance toute prosaïque du voyage en berline de poste. Il faut se soumettre à l'administration du chemin de fer, à ses heures, à ses tarifs, ne s'arrêter que quand il lui convient de s'arrêter»[3].

Non que Cournot soit passéiste. Il estime même que la Révolution et les guerres de l'Empire ont freiné la «grande transformation économique qui dorénavant signalera le XIXe siècle»[4]. Entre la fin de l'Ancien Régime et la Restauration, observe-t-il, en économiste attentif à la vie provinciale, «fortunes, gages, salaires, valeurs des biens et des denrées n'avaient éprouvé que des variations insignifiantes, si on les compare aux changements opérés sous nos yeux, qui accusent des conditions toutes nouvelles dans la distribution de la propriété, dans les rapports des diverses classes entre elles, dans tout ce qui tient à la structure économique et à la composition intime du corps social»[5]. Ses analyses recoupent celles de Tocqueville dans *L'Ancien Régime et la Révolution*.

Quand il étudie l'action, il se situe simultanément sur plusieurs registres pour mettre en relief l'ensemble complexe de causes indépendantes que l'action, si mince qu'en soit l'objet, met en œuvre.

En effet, pour aboutir, l'action implique le maniement de forces de la nature et l'art de jauger les êtres et les choses. De ce fait, les conclusions auxquelles nous avons abouti à propos des relations entre vérité et réalité dans l'ordre de la nature s'appliquent à l'action. Celle-ci doit,

1. *Considérations*, p. 424-425.
2. *Ibid.*, p. 425.
3. *Ibid.*, p. 425-426.
4. *Ibid.*, p. 426.
5. *Ibid.*, p. 427.

pour se réaliser, satisfaire aux lois de la nature. Mais elle tire sa spécificité de l'incomplétude de la nature. Si elle produisait tout ce qui est réalisable selon ses lois, la nature serait comme saturée, et il ne resterait aucun champ pour l'action humaine.

Cette dernière n'aurait pas non plus de domaine propre si les comportements humains relevaient entièrement de la nature, de ses habitudes et de ses lois. Bien que l'action ait une base organique, elle institue, selon Cournot, un ordre de réalités différent, dont il a conduit l'exploration selon deux voies distinctes, celle de l'histoire et du droit d'une part, celle des mathématiques de l'autre.

ADMINISTRATION ET POLITIQUE

À première vue, il semble que, la vie sociale se pacifiant et s'organisant, elle se conforme graduellement à des règles explicites et égales qui sont l'objet possible d'une science. Mais, à y regarder de plus près, on perçoit que, pour Cournot, l'action est à chaque instant menacée d'opacités et de turbulences. En effet, «c'est le sort de la raison humaine de montrer son insuffisance précisément dans les choses auxquelles la destinée de l'homme est le plus intéressée; et la souveraineté est l'une de celles auxquelles la raison ne peut toucher sans affronter des contradictions insolubles»[1]. En d'autres termes, «le pouvoir politique ne pouvant être ni fondé ni construit théoriquement ou rationnellement, il faut qu'il s'appuie, ou sur une autorité religieuse (le droit divin), ou sur une tradition historique (le droit national) ou sur la force actuelle»[2]. Cournot précise que «par là il ne faut pas entendre uniquement la force des armes, mais tous les genres de force: l'ascendant du génie, l'éclat des services ou seulement l'adresse à tirer parti d'une conjoncture difficile».

Du même coup, les institutions d'une société humaine ne présentent pas une rationalité intrinsèque: même quand elles se prêtent, comme Cournot le pense, à la mathématisation, cet habillage ne pénètre pas toutes leurs fibres. «Il est bien curieux, note-t-il, que le développement progressif des sociétés humaines aboutisse à les replacer, en grande partie du moins, sous l'empire de lois mathématiques ou physiques, fort semblables à celles qui gouvernent les phénomènes les plus généraux et à certains égards les plus grossiers du monde physique, de sorte que l'on peut dire que, dans cette circonstance encore, les extrêmes se

1. *Traité,* p. 424.
2. *Ibid.*, p. 425.

rejoignent»[1]. Il peut bien exister une «physique sociale», mais elle n'embrasse pas toutes les dimensions de l'action.

Le processus d'application des mathématiques à la vie sociale ne doit pas se comprendre comme une extension progressive et irréversible de l'empire des règles administratives. En effet, la vie sociale est régie par deux types d'actions et d'institutions qui interfèrent et s'opposent: les unes «administratives», les autres «de gouvernement». Cournot précise: «Autre chose est une institution de gouvernement, autre chose est une institution administrative. Nous vivons dans un temps où l'administration, prise dans son sens le plus général, va en se perfectionnant sans cesse, comme les sciences, comme l'industrie: car ce n'est qu'une science appliquée au mécanisme social, un agencement industrieux de toutes les pièces, de tous les rouages de ce mécanisme»[2]. On pourrait croire qu'ainsi le domaine des règles explicites, communes, égales pour tous, va s'étendre, s'approfondir, englober peu à peu la vie sociale entière. Il n'en est rien: car une institution administrative, dès qu'elle exerce sur la vie sociale une action durable, est vue, par les politiques, comme une «institution de gouvernement». Prenant le cas de l'Instruction publique, Cournot observe: «Une institution telle que la nôtre peut être considérée, tantôt, dans le sens le plus modeste, comme le mode d'organisation d'un service public, et à ce titre comme une simple institution administrative, tantôt comme un moyen d'agir sur les mœurs, sur les idées des générations successives, ce qui évidemment est le caractère des institutions de gouvernement»[3].

Le caractère mi-politique, mi-administratif des institutions ne relève pas d'un état historique transitoire: «C'est une grande erreur de croire qu'une société puisse se passer de Gouvernement...»[4]. Même si une société «a perdu la foi» dans l'origine religieuse ou traditionnelle du pouvoir politique, celui-ci n'en disparaîtra pas pour autant et «n'en aura pas moins le degré de consistance et la mesure de longévité qu'exigent les besoins de l'ordre social»[5]. La politique est une nécessité, et le pouvoir politique ne peut se réduire à l'autorité administrative.

En revanche, la frontière entre l'action administrative et l'action de gouvernement fluctue selon les circonstances. Un problème qui, par temps calme, se règle par voie administrative, devient, par gros temps,

1. *Traité*, p. 441.
2. Cournot, *Des Institutions d'instruction publique en France* [1864], Vrin, 1977, p. 334.
3. *Ibid.*, p. 335.
4. *Traité*, p. 425.
5. *Ibid.*, p. 425.

politique. À propos des filatures, il note : « Ainsi l'on pourra bien livrer aux études des économistes et des administrateurs la question de savoir s'il faut, dans l'intérêt du travail national et de la richesse du pays, prohiber ou permettre l'entrée des fils de tel numéro. » Passant à un autre exemple, il insiste : « [...] Dans un moment de cherté des subsistances, toutes les questions relatives au commerce des grains deviendront des questions politiques, et des mesures que la science ne conseillerait pas pourront être politiquement nécessaires [...] »[1].

Ainsi, la rationalité de l'administrateur ou de l'économiste est partielle, car elle ne tient pas compte, du moins en principe, des passions et de l'opinion populaires. Poursuivant son analyse, Cournot ajoute : « Car la souffrance momentanée que causerait telle mesure destinée à avoir plus tard des fruits salutaires est peut-être de celles auxquelles une population ne se résigne pas et auxquelles la sagesse des hommes d'État ne doit pas demander qu'elle se résigne »[2]. L'action sur la société, du fait qu'elle est à la fois administrative et politique, exige non seulement du calcul mais du doigté. En effet, Bossuet l'avait observé, l'art de gouverner nécessite la science des temps, de leur concordance comme de leurs discordances : « Si toutes choses dépendent du temps, la science des temps est donc la vraie science des affaires, et le vrai ouvrage du sage »[3].

Alors que les règles administratives rabotent la singularité des situations et des cas, l'action politique est tout entière appliquée aux choses singulières. Il faut donc au politique, comme le disait Madame de Staël à propos de Napoléon, « le tact des circonstances ». Cournot partage cette vue : « Le tact de l'homme d'État qui apprécie les circonstances, qui sent quand il faut gagner les esprits par la douceur, et quand il faut leur imposer par autorité ; qui se rend compte de ce qu'on peut obtenir de la multitude par la force matérielle et par la force morale, par la prudence et par l'audace, ce tact est tout autre chose que la science de l'économiste, de l'administrateur et du juge »[4]. Fidèle en cela à une très ancienne tradition, il fait de la politique l'art majeur, puisqu'elle met en jeu tous les ressorts qui font agir les hommes. « La politique ne se distingue donc pas seulement de l'Administration et de l'économie sociale par la nature des choses auxquelles elle s'applique et des besoins auxquels elle pourvoit : elle s'en distingue aussi par la

1. *Ibid.*, p. 426.
2. *Ibid.*, p. 426.
3. *Politique tirée des propres paroles de l'Écriture sainte* in Bossuet, *Extraits des Œuvres diverses* par G. Lanson, Ch. Delagrave, 1897, p. 252.
4. *Traité*, p. 426-427.

nature des facultés qu'elle met en œuvre et parmi lesquelles brille au premier rang l'art du commandement»[1].

Toutefois, en raison même de sa complexité et de sa grandeur, l'art politique est exposé à de nombreuses malfaçons. D'abord, les hommes politiques ou, comme dit Cournot, les «meneurs» ne sont pas enclins à se tenir dans le cadre d'institutions raisonnables. Au cas improbable où une sorte d'équilibre social serait atteint, «s'abstiendront-ils de toucher au régime de la société? Il n'est guère permis de l'espérer: car quelle prise auraient-ils alors sur les masses populaires»[2]?

À la fin de sa vie, sous l'effet de la défaite de 1870 et de la Commune, Cournot se montre pessimiste: «On doit plutôt craindre que les futures convulsions de la politique, en remuant les sociétés à de plus grandes profondeurs, ne provoquent de plus violents et de plus aveugles appétits, n'aboutissent à de plus terribles désastres. Aux orages de nos zones tempérées succéderaient les typhons des tropiques; au lieu de nos chétifs volcans nous aurions des Cordillières: ce qui n'empêcherait pas les philosophes de deviser dans les intervalles de calme sur la cause des ouragans, ni le voluptueux de s'ébattre sur la lave refroidie, ni même les sciences, l'industrie, le luxe d'aller leur train là où les sociétés seraient moins troublées, mais ce qui porterait un rude coup au mysticisme humanitaire»[3]. Cournot se montre ironique à l'égard de ceux qui prennent un répit pour le calme, philosophant à l'abri, dans l'illusion et la lâcheté. Par là, il rejoint une idée de Simone Weil qui, écrivant à Bernanos à propos de la Guerre d'Espagne, distinguait entre ceux qui restent à l'arrière et ceux qui se tiennent aux avant-postes. Même si l'existence de Cournot a été, en un sens, tranquille ou, du moins, dépourvue d'orages visibles, il s'est porté, dans le domaine qu'il avait élu, celui de la philosophie, aux avant-postes. C'est ainsi que, sur la question de l'action, il est l'un des premiers penseurs à avoir saisi pourquoi elle se prête à la modélisation mathématique et en quoi elle est pénétrée d'une ombre irréductible. Ainsi, les relations de la raison et de la politique sont destinées à rester agitées.

La seule espérance que nous puissions former, c'est que le mal, lui aussi, «a ses bornes comme le bien, que l'excès du mal suggère souvent le remède.» Cournot ne plaide pas en faveur d'une rationalisation de la politique, qui se ferait aux dépens de la sagesse et du tact: car nous savons «que tout expédient est bon quand il s'agit du salut de la société, et qu'il faut peu écouter ces docteurs qui mettent toujours en avant la

1. *Ibid.*, p. 427.
2. *Matérialisme*, p. 132.
3. *Ibid.*, p. 132.

logique et la théorie, quand on ne devrait parler que d'expérience et d'expédient »[1].

TYPES ET NIVEAUX DE L'ACTION

Tel est le contexte philosophique dans lequel se pose le problème de la modélisation de l'action. On peut, selon Cournot, espérer que la pratique et le temps, notamment par le biais de l'information statistique, donneront « au système des règles administratives et judiciaires un caractère scientifique et positif, [...] en sorte qu'il doit venir un jour où, dans les choses de cette nature, tout se décidera scientifiquement, par la lumière des hommes compétents, sans appel aux passions et sans éloquence déclamatoire »[2].

En même temps, une telle espérance ne constitue qu'une probabilité qui varie selon les régimes et les circonstances, car les hommes ne peuvent se passer de gouvernement, et l'action politique est exposée à l'irrationalité et aux ouragans. Il s'ensuit que, là où l'action rationnelle serait la plus nécessaire – dans les questions touchant à la souveraineté ou à la sécurité de la société –, elle est aussi la plus improbable. Sinon que, pour Cournot, il y a dans le mal une sorte de limitation qui autorise au philosophe une espérance modérée.

Cournot se forme de l'action un concept cosmologique : il tente d'embrasser, dans l'économie de la nature, « les conditions d'une logique supérieure » qui s'impose « à la création organique comme aux œuvres de l'homme ». Il tente d'établir une liaison entre philosophie de la nature et anthropologie. Il pense, nous l'avons vu, que la nature se réalise pas la totalité des productions possibles selon ses lois. De ce fait, l'action, par ses artifices, complète la nature.

Il a exploré toutes les formes de l'action, guerrière, politique, scientifique, technique, économique, etc. Il a montré que les mathématiques nous aident à recenser les types d'action et à comprendre la logique des comportements. Il est enfin, nous l'avons vu, l'un des grands fondateurs de l'économétrie ; il éclaire, avec plus d'un siècle d'avance, la structure des jeux non-coopératifs étudiés par Nash en 1951.

En même temps, il a une idée rigoureuse et fine des modalités si diverses de l'action : il note l'importance de l'attention sensible aux cas singuliers chez l'homme d'État, voit que les institutions sont pour les agents des sortes de règles du jeu ; discerne ce qu'il y a de modélisable

1. *Ibid.*, p. 132.
2. *Traité*, p. 426.

dans les comportements; jauge l'apport du savoir empirique; démêle le rôle du hasard et en fait un instrument de la raison; mesure la place des langues dans la description et dans l'évaluation des choses; cerne la part cachée des opérations de la nature comme des actions humaines.

Ainsi, les travaux de l'économètre ou de l'historien, du théoricien des sciences et des «révolutions» sociales ou scientifiques se réfèrent à une philosophie de la nature, même si, nous l'avons vu, sa conscience de la diversité des ordres de phénomènes est aiguë. Le fil conducteur de l'action aide à parcourir l'ensemble de l'œuvre et à en comprendre l'esprit. En effet, Cournot n'a jamais cessé de regarder d'un œil stellaire «la marche des idées et des événements», comme s'il y avait une fausse séparation entre le monde de nos conceptions et celui de l'histoire, c'est-à-dire, de près ou de loin, entre les faits naturels et les actions.

Toute action, en effet, dès lors qu'elle déborde le cercle restreint des conventions et des jeux, emploie des moyens dont les assises sont les processus de la nature. L'agent humain, dans ses entreprises, met en branle des forces naturelles. Mais les actions humaines n'atteignent à une réelle complétude que si, en elles, la part d'artifice se trouve minimisée: nous ne recourons à celui-ci que dans la mesure où nous échouons à retrouver le mode d'action de la nature. Il y a donc, dans nos idées et dans nos actions, il faut le dire, un élément d'artifice. Tout se passe pourtant comme si l'action, en fin de compte, empruntait l'essentiel de son pouvoir novateur à la nature: comme cette dernière, nous l'avons vu, ne réalise pas l'ensemble de ce qu'elle aurait pu faire selon ses lois, l'homme peut poursuivre son œuvre. C'est là que l'action prend son sens entier, qui ainsi est cosmologique. À cet égard, Cournot n'est pas très loin de Boutroux et de Bergson.

Le niveau fondamental de l'action est donc organique: ce ne sont pas les mathématiques, nous dit le mathématicien, qui nous livrent l'ultime raison des choses; mais plutôt la nature vivante, car tant les idées que les manières de faire et d'être ne prennent leurs contours réels et leur essence que si elles ont une spontanéité organique, fonctionnelle. Cournot a été frappé, nous l'avons dit, par l'attention que portait le maréchal Gouvion Saint-Cyr aux ruses guerrières des animaux. Car l'homme de guerre n'accède à la perfection dans l'action qu'à l'instant où sa spontanéité animale et sa raison calculatrice se rejoignent et se confondent. Quand une telle fusion de l'animalité et de l'esprit s'accomplit, le chef de guerre atteint du premier coup la maîtrise de son art.

Étudier l'action consiste à approcher, par degrés, de ce lieu central et caché où nos actes trouvent, dans les opérations de la nature, la clé qui livre leur structure et leur sens. Mettre la nature vivante au cœur de l'action, ce n'est pas réduire l'homme à la bête ni amoindrir l'importance de l'histoire et du temps. Ce n'est pas un hasard si l'étude de la vie occupe la place centrale dans le dernier des ouvrages philosophiques de Cournot. À la fin de la deuxième partie, intitulée « Vitalisme », il observe, à propos des origines de l'homme : « [...] Une genèse n'est pas une généalogie, le lien de parenté est rompu là où une refonte extraordinaire du type est nécessaire. Pourquoi d'ailleurs tenir tant à être pétri du limon de la terre *omisso medio*, quoique ce limon entre effectivement pour si peu dans la composition du corps humain ? Et en quoi notre dignité souffrira-t-elle, si l'on reconnaît que le souffle divin n'a pas été moins nécessaire pour tirer l'homme d'une étoffe ancienne et déjà vivante, déjà bien des fois remaniée dans le long cours des âges, que pour le faire apparaître miraculeusement, contrairement aux lois qui gouvernent le monde physique et l'ensemble de la Création organique ? »[1]

Ce texte contient une réhabilitation des causes intermédiaires, qui produisent les changements graduels, et en permettent la sommation. Ce qui est vrai des opérations de la nature l'est aussi de l'action humaine : il est illusoire d'attribuer à l'homme une sorte de puissance poétique et absolue qui, à partir du limon des circonstances et des individus, changerait les êtres et les choses. Les révolutionnaires ont « perturbé » le cours des choses, plus qu'ils n'ont créé de nouveauté. Ce n'est pas que Cournot soit conservateur en politique ; mais il ne croit au miracle ni dans la nature ni en histoire. Les changements n'ont presque jamais l'aspect d'une refondation radicale, d'une « refonte extraordinaire du type », selon son expression.

L'action, à première vue, résiste aux prises de la science. Bien que nous cherchions à édifier une théorie causale de l'action, nos modèles restent, le plus souvent, descriptifs ou cinématiques : ils aident à mettre au jour des structures, à saisir des mouvements ; ils ont plus de mal à dégager les causes, les forces et la logique de l'action. De plus, la science ne mord que partiellement sur cette dernière : il est plus facile de discerner des régularités quand les problèmes n'intéressent pas les individus de trop près ; en revanche, là où les membres d'une collectivité se sentent concernés ou menacés par une décision, la science

1. *Matérialisme*, p. 104.

de l'économiste doit le céder devant le sens des circonstances de l'homme d'État.

Toutefois, Cournot est, parmi les philosophes, celui qui a le mieux compris – parce qu'il était en la matière un créateur – l'importance de la modélisation : la perception concrète ne permet pas, à elle seule, de voir les structures de l'action ; de discerner à quelles conditions elle est cohérente ; d'apprécier les facteurs de déséquilibre ou les possibilités d'équilibre qu'elle recèle ; d'approcher d'un optimum. Cournot ne croyait cependant pas que modéliser l'action en faisait disparaître l'opacité et la contingence. Sans doute parce qu'il était bon mathématicien, il ne s'illusionnait pas sur les possibilités de sa discipline.

Mais il ne croyait pas non plus que les structures abstraites dégagées par les mathématiques de l'action fussent de purs artifices. Une analogie nous le fera comprendre. Évoquant, dans les *Considérations*, la classification des objets naturels, il note : « Les classifications artificielles et naturelles correspondent au *nominalisme* et au *réalisme* des scolastiques. » On attendrait donc qu'il attribue aux notions de genre, de famille, ou d'ordre un statut nominal. Or il n'en est rien : « De tels universaux ne sont ni des mots, ni de pures conceptions de l'esprit : ils tiennent à l'essence des choses ou à ce qu'il y a de plus secret dans leurs premières origines, et en ce sens, le réalisme a pleinement gain de cause »[1]. Dans une perspective évolutionniste, en effet, ce que nous appelons un genre est apparu d'abord comme une espèce qui s'est à son tour diversifiée. Le genre n'est donc pas nominal mais réel à l'origine. En va-t-il de même des modèles mathématiques de l'action ? Ces « universaux » ne sont-ils que des « mots », de « pures conceptions de l'esprit » ? Ou bien tiennent-ils à l'essence de l'action ? Pour Cournot, les « principes mathématiques de la théorie des richesses » ne constituent pas des fictions : ils nous font pénétrer dans la logique supérieure de l'interaction humaine et de l'échange. Ils ont une objectivité, une réalité et une vérité comparables à celles des lois de la mécanique, même si leur cohérence, leurs maximes et leur sens ne s'imposent complètement qu'à des agents qui choisissent librement de les prendre à leur compte.

De même que la physique théorique nous révèle un ordre mathématique inhérent aux mécanismes de la nature, ainsi l'économétrie met en évidence les structures inhérentes aux échanges. Ici et là, les modèles mathématiques ne surplombent ni n'habillent du dehors des réalités qui leur seraient étrangères ; ils pénètrent la substance à la fois humaine et

1. *Considérations*, p. 287.

naturelle de l'action. Non que Cournot ait rêvé d'une mathématique de l'action qui absorberait complètement cette dernière. Il n'a pas cette naïveté : il professe seulement que les mathématiques sont aussi capables de nous instruire sur les décisions de l'homme que sur les opérations de la nature.

Un tel programme n'est pas seulement ambitieux : il est inachevable. Il l'était il y a un siècle et demi ; il le demeure aujourd'hui. Cournot, pourtant, avec une audace et un génie dont il ne semble pas avoir eu conscience, a ouvert la route. Il n'a pas cru faire œuvre d'inventeur, justement parce qu'il n'assignait pas à la raison une fonction d'invention, mais de découverte : il ne voulait pas innover, il voulait voir et comprendre : il était imaginatif et simple dans ses conjectures, tenace et logique dans ses déductions et ses suggestions, attentif et déterminé dans la confrontation de ses modèles à la réalité.

Il a mis l'accent, en économie, non seulement sur les conditions d'approche de l'équilibre, mais surtout sur le fait que, quand des déséquilibres croissants se produisent, les agents ne peuvent les réduire qu'en contractant entre eux un « lien formel ». Là encore, le premier, il a su penser le chaos et la façon contractuelle de conjurer le désordre.

L'ACTION ET SES MODÈLES

Cournot fait figure de pionnier. Au début du siècle, Irving Fisher écrit de lui, dans l'*Encyclopaedia Britannica* : « Cournot fut le premier économiste qui, avec une égale maîtrise des deux domaines, s'attacha à appliquer les mathématiques à la résolution des problèmes économiques. [...] Les fondements qu'il a posés pour traiter mathématiquement les problèmes économiques ont constitué la base essentielle du travail des économistes ultérieurs »[1]. Les traités récents de théorie des jeux mentionnent le « modèle de Cournot » : « Les premières études des jeux dans la littérature économique furent celles de Cournot [1838], de Bertrand [1883] et de Edgeworth [1925] sur la fixation des prix et des productions en situation d'oligopole [...] »[2]. Dans l'histoire de la

1. « Cournot was the first economist who, with a competent knowledge of both subjects, endeavoured to apply mathematics to the treatment of economic questions. [...] The foundation of the mathematical treatment of economic questions laid by Cournot provided the essential basis of much of the work of later economists ».

L'article de l'*Encyclopaedia Britannica* mentionne une étude d'Irving Fisher sur Cournot : "Cournot and Mathematical Economics", *The Quarterly Journal of Economics*, vol. xii, p. 119-138 (january 1898).

2. Drew Fudenberg and Jean Tirole, *Game Theory*, MIT Press, Cambridge, Mass, London, 1991, introduction, p. xviii. Joseph Bertrand, « Théorie mathématique de la

modélisation sous la forme de jeux des situations économiques, on peut distinguer les étapes suivantes : 1) l'étude de la fixation de la production et des prix en situation d'oligopole par Cournot [1838], Bertrand [1883] et Edgeworth [1925] ; 2) la démonstration par J. von Neumann en 1928 de l'existence d'un équilibre dans les jeux où deux joueurs ont les intérêts strictement opposés (duel); puis l'introduction de l'idée d'une théorie générale des jeux par von Neumann et Morgenstern [1944] ; 3) Nash [1951] propose un moyen d'étendre la théorie du duel aux jeux à somme non-nulle et définit un type d'équilibre qui porte son nom. On réalise alors que Cournot et Bertrand ont eu une idée précise de ces « équilibres de Nash » ; 4) après 1951, la théorie des jeux a connu des développements spectaculaires, et le nom de Cournot se trouve associé à certains d'entre eux : par exemple, l'idée qu'on arrive à un équilibre de Nash par tâtonnements ; idée qui a été appliquée par Maynard Smith, dans *Evolution and the Theory of Games*, 1982, et par Maynard Smith et G.R. Price[1] à l'analyse de l'évolution des espèces. Ces développements n'auraient pas surpris Cournot, qui voyait dans l'économie de la nature de grandes similitudes avec celle de l'homme.

Dans cette histoire, la place de Cournot est éminente. Pour donner une idée de ses travaux mathématiques sur l'économie, nous résumerons les étapes des *Recherches sur les principes mathématiques de la théorie des richesses*. L'objet du livre, comme, plus tard, celui de l'*Essai sur le don* de Marcel Mauss, des *Structures élémentaires de la parenté* de Claude Lévi-Strauss, ou, pour prendre un livre de la même inspiration que celui de Cournot, de *Theory of Games and Economic Behavior* de J. von Neumann et O. Morgenstern, c'est l'*échange* ; « [...] Si nous voulons nous entendre en théorie, il convient d'identifier absolument le sens du mot de *richesses* avec celui que présentent ces autres mots *valeurs échangeables* »[2].

Cournot ne croit pas qu'on puisse constituer sous une « forme purement littéraire » la théorie des richesses. Il ne pense pas non plus que les mathématiques aient pour objet de mettre en évidence des relations numériques. Son projet est autre : « Je me propose d'établir dans cet essai que la solution des questions générales auxquelles donne lieu la théorie des richesses, dépend essentiellement, non pas de l'algèbre élémentaire, mais de cette branche de l'analyse qui a pour

richesse sociale », *Journal des savants*, 1883, p. 499-508.

1. Maynard Smith et G. R. Price, « The logic of animal conflicts », *Nature*, 1973, 246 : p. 15-18.

2. Cournot, *Recherches sur les principes mathématiques de la théorie des richesses* [1838], Vrin, 1980, p. 8.

objet des fonctions arbitraires, assujetties seulement à satisfaire certaines conditions»[1]. Il ne s'agit pas de couler des processus sociaux dans des équations ou des fonctions déjà connues, mais de formuler, à l'aide de fonctions «inconnues», les conditions auxquelles satisfont ces processus. En effet, «des fonctions inconnues peuvent cependant jouir de propriétés ou de caractères généraux qui sont connus, par exemple d'être indéfiniment croissantes ou décroissantes, ou d'être périodiques, ou de n'être réelles qu'entre certaines limites»[2]. On ne sait pas d'avance quelles formes mathématiques émergeront.

Ce principe de recherche une fois posé, la difficulté était de trouver un point de départ, de formuler une question plus originaire que toutes les autres que l'on pourrait doter, par des ajouts progressifs et réglés, d'une valeur représentative croissante. Telle est la démarche de Cournot. Du même coup, il se libère de toute préoccupation historique. Non sans quelque ironie, il note: «Pour asseoir les fondements de la théorie des valeurs échangeables, nous ne remonterons pas avec la plupart des écrivains spéculatifs jusqu'au berceau de l'espèce humaine [...]»[3]: «Nous n'invoquerons qu'un seul axiome, ou, si l'on veut, nous n'employerons qu'une seule hypothèse, savoir que chacun cherche à tirer de sa chose ou de son travail la plus grande valeur possible»[4]. C'est donc un principe d'optimisation qui sert d'hypothèse de base.

Cet essai se présente comme une montée graduelle, à partir de cas imaginaires et élémentaires, vers des situations de plus en plus complexes et proches de la réalité. Le monopole sert de point de départ. Pour l'illustrer, il écrit: «Supposons [...] qu'un homme se trouve propriétaire d'une source minérale, à laquelle on vient de reconnaître des propriétés salutaires qu'aucune autre ne possède.»

Après avoir étudié «l'influence de l'impôt sur les denrées dont la production est en monopole», Cournot étudie le cas de la concurrence des producteurs. Là encore, au lieu de décrire une situation complexe, il imagine «deux propriétaires et deux sources, dont les qualités sont identiques, et qui, en raison de la similitude de leur position, alimentent concurremment le même marché»[5].

La notion de concurrence est alors étendue en faisant l'hypothèse que «chacune des productions partielles D_k est *insensible*» à la production totale et à ses variations. Jusqu'ici, on supposait que chaque producteur apportait sur le marché un bien final. En réalité, «très peu de matières

1. *Ibid.*, p. 5.
2. *Ibid.*, p. 37.
3. *Ibid.*, p. 35.
4. *Ibid.*
5. *Ibid.*, p. 59.

se consomment telles qu'elles sont sorties des mains du premier producteur: ordinairement une même matière première entre dans la confection de plusieurs produits différents; et réciproquement plusieurs matières premières concourent à la formation de chacun de ces produits»[1].

Alors que l'on supposait jusqu'à présent l'existence d'un seul marché, «le perfectionnement du commerce et des moyens de transport, l'abolition des lois prohibitives ou des taxes restrictives peuvent mettre en communication des marchés qui étaient auparavant isolés l'un de l'autre [...]»[2]. Enfin, au lieu d'isoler le marché, on doit considérer qu'«en réalité, le système économique est un ensemble dont toutes les parties se tiennent et réagissent les unes sur les autres»[3]. On cerne ainsi la notion de «revenu social»[4], dont il convient, en fin d'enquête, d'apprécier les variations qui résultent de la communication des marchés[5]. On peut noter le parallélisme entre la «communication des marchés», jusque-là isolés, en économie, et la rencontre de séries causales indépendantes dans la théorie du hasard.

De la sorte, la réalité sociale est peu à peu cernée, conceptualisée, analysée, sans que jamais le caractère inépuisable de la réalité concrète soit oublié ou masqué. L'attitude réaliste consiste ici dans un parcours, où, à chaque étape, les propriétés mathématiques des modèles sont analysées et les limites de leur usage empirique déterminées.

Pour mieux apprécier le génie de Cournot, il faut entrer dans l'économie de ses démonstrations et, plus encore, des notions qu'il a perçues et sorties de l'ombre. Comme il le dit, en matière de conclusion, à la fin de son essai: «Il y aurait toujours de l'avantage à éclaircir en quelques lignes, à la faveur des signes précis, et d'une méthode d'argumentation plus rigoureuse, les difficultés soulevées par des volumes de controverses»[6]. Il conçoit sa tâche comme celle du grammairien et observe: «Les langues se forment sans le concours des grammairiens et se corrompent malgré eux; mais leurs travaux jettent du jour sur les lois de la formation et de la décadence des langues: leurs règles hâtent

1. *Ibid.*, p. 77.
2. *Ibid.*, p. 93.
3. *Ibid.*, p. 99.
4. Cournot précise ainsi la notion de «revenu social»: «À la dénomination de revenu social on peut substituer alors celle de revenu national, ce qui ne signifiera pas le revenu que le gouvernement d'une nation perçoit par l'impôt, et qui sert à payer les dépenses publiques, mais la somme des revenus particuliers, des fermages, des profits, des salaires de toute nature, dans l'étendue du territoire national» (*Recherches*, § 87, p. 113).
5. *Ibid.*, p. 113 sq.
6. *Ibid.*, p. 114.

l'époque où une langue atteint sa perfection, et retardent un peu l'invasion de la barbarie et du mauvais goût qui la corrompent» [1].

Si les modèles d'interaction humaine qu'il a conçus n'ont qu'une portée limitée, ils ont une signification philosophique majeure: ils constituent, en effet, l'une des premières figures de l'intersubjectivité transcendantale. Que les hommes agissent les uns sur les autres est une constatation aussi vieille que l'histoire; mais que leurs interactions aient la même structure et la même nature que les jeux de stratégie, c'est une découverte d'une tout autre portée. Cela veut dire, en effet, que l'intersubjectivité est constitutive non seulement de l'expérience vécue, mais de l'expérience possible.

Pour mieux saisir la fonction métaphysique des situations de jeux ou de relations intersubjectives qu'il a conçues, examinons, à titre d'exemple, l'un des modèles qui l'ont rendu célèbre. Cournot a conçu des jeux non-coopératifs où apparaissent des formes particulièrement importantes d'équilibre qui portent, nous l'avons vu, le nom de Nash. Qu'est-ce qu'un «équilibre de Nash»? «C'est une configuration de stratégies [a profile of strategies] telle que la stratégie de chacun des joueurs soit une réponse optimale aux stratégies des autres joueurs» [2].

Cette définition a pour corollaire que «les équilibres de Nash sont des prédictions "cohérentes" de la manière dont le jeu sera conduit, en ce sens que si tous les joueurs prédisent qu'un équilibre particulier de Nash s'établira, aucun des joueurs n'a de raison de jouer autrement. De ce fait, un équilibre de Nash, et un équilibre de Nash seulement, peut avoir la propriété que les joueurs peuvent le prédire, prédire que leurs adversaires le prédisent, et ainsi de suite. Par contre, prédire qu'une configuration [de stratégies] qui n'est pas un équilibre de Nash émergera veut dire qu'un des joueurs au moins a commis une "erreur" soit en prédisant le jeu de ses adversaires soit (cette prédiction étant donnée) en optimisant son gain» [3].

Pour préciser la notion de stratégies pures en équilibre au sens de Nash, Fudenberg et Tirole prennent le cas de la compétition des producteurs dans le duopole de Cournot, c'est-à-dire l'exemple de deux producteurs d'un bien homogène sur un marché où le nombre des acheteurs potentiels est très grand. Mais, pour lester d'un sens concret et informel l'idée d'équilibre de Nash, nos auteurs citent quelques lignes du *Discours sur l'origine de l'inégalité parmi les hommes*, que Rousseau composa entre octobre 1749 et le début de 1750, en réponse

1. *Ibid.*, p. 125.
2. Drew Fudenberg and Jean Tirole, *Game Theory*, 1.2, p. 11.
3. *Game Theorie*, p. 13.

à une question mise au concours par l'Académie des Arts, Lettres et Sciences de Dijon sur le sujet suivant: « Si le rétablissement des sciences et des arts a contribué à épurer les mœurs ».

Rousseau vient de montrer « comment les hommes purent insensiblement acquérir quelque idée grossière des engagements mutuels, et de l'avantage de les remplir ». Il prend alors un exemple qui souligne l'intérêt mais aussi la précarité de ce lien mutuel: « S'agissait-il de prendre un cerf, chacun sentait bien qu'il devait pour cela garder fidèlement son poste; mais si un lièvre venait à passer à la portée de l'un d'eux, il ne faut pas douter qu'il ne le poursuivît sans scrupule, et qu'ayant atteint sa proie il ne se souciât fort peu de faire manquer la leur à ses compagnons »[1]. Fudenberg et Tirole retravaillent ainsi l'exemple de Rousseau: ils réduisent d'abord à deux le nombre des chasseurs et les comparent à des joueurs qui disposent chacun de deux stratégies (chasser le cerf, chasser le lièvre). Le paiement du jeu, c'est le gibier. Si l'on estime à 4 unités de valeur la prise d'un cerf, et à 1 unité celle d'un lièvre, on peut dire que si les deux joueurs chassent le cerf, ils ont chacun un gain de 2. Si un joueur chasse le lièvre, il gagne 1; et si un joueur chasse le cerf tout seul, il gagne 0. Quelles prédictions faire sur le comportement des joueurs? La coopération des deux joueurs pour chasser ensemble le cerf est un équilibre, et même, plus précisément, un « équilibre de Nash », en ce sens qu'aucun des joueurs n'a intérêt à changer unilatéralement de stratégie. Chasser le cerf est donc une solution possible de ce jeu. Toutefois, observe Rousseau, si un lièvre passait à portée de l'un des chasseurs, il décidait de le poursuivre. La coopération ne va donc pas de soi. Si donc chacun des joueurs suspecte de la part de son compagnon un comportement de ce genre, il a intérêt à chasser lui aussi le lièvre. Ainsi, la solution de non-coopération entre les joueurs – chacun chassant de son côté le lièvre – constitue aussi un équilibre de Nash. Si donc on ne dispose pas d'informations supplémentaires sur les espérances des joueurs, il est difficile, dans un cas de ce genre, de faire des prédictions sur le comportement qu'adopteront les joueurs.

Il a étudié aussi les « jeux coopératifs », la manière dont, par exemple, des producteurs contribuant à la production d'un même bien fini, doivent se partager les profits résultant de la fabrication des biens intermédiaires qui entrent dans sa production. Chaque producteur « doit lutter pour tirer le plus grand parti de sa chose: et dès lors on doit

1. Rousseau, *Discours sur l'origine de l'inégalité parmi les hommes* [1751], seconde partie, début.

se demander d'après quelles lois se répartissent, entre les divers producteurs, les bénéfices que tous ensemble peuvent faire, en vertu de la loi de consommation des derniers produits»[1].

Il a touché là à des questions qui sont devenues centrales en théorie des jeux: comment stabiliser la coopération, de manière à éviter que l'adversaire ne vienne débaucher un allié? Et comment répartir équitablement entre les membres d'une alliance les fruits de leur coopération? De von Neumann et Morgenstern à Arrow, ce problème a préoccupé économistes et mathématiciens, stratèges et politiques. Cournot a vu, le premier, que les mathématiques apportaient en ce domaine une clarté jusque-là inconnue.

Surtout, il a perçu que l'action est, comme le dit Simone Weil, une «composition sur plans multiples». L'homme d'action, en effet, doit opérer simultanément sur plusieurs registres, et l'ordre dans lequel il procède conditionne les résultats de ses entreprises. Cournot a affiné ce constat en scrutant de près les institutions de l'Instruction publique en France. Or le temps des institutions scolaires est régi par deux cycles distincts: un cycle périodique, qui scande les jours, les semaines et les années; et un cours linéaire, qui rythme la scolarité des élèves au fil des ans. Les actions, dans ces deux domaines, relèvent de procédures si rigoureuses et d'un calendrier si précis que manquer le moment opportun fait perdre de longs mois, et parfois l'occasion même d'agir.

Outre leurs exigences ou leur inertie internes, les institutions sont exposées à des influences extérieures. Cournot a eu, comme un peu après lui Conrad, la claire vision que son siècle était celui de la rencontre violente de mondes longtemps séparés. Les aventuriers, les découvreurs de pays ou de continents, les réformateurs politiques ou religieux quittent le monde où ils sont nés. Par là, ils relient des collectivités humaines que rien ne destinait à se rencontrer: l'homme est donc la principale source de la contingence historique.

MODÈLES ET EXISTENCE

Pour brosser le portrait de l'homme d'action, convient-il de s'appuyer sur l'observation, la psychologie et l'histoire ou de se référer aux mathématiques? Le génie de Cournot a été de refuser l'alternative: il a réussi à satisfaire les deux demandes, celle de la transparence logique et celle de la véracité concrète.

1. *Recherches*, p. 77.

Comment s'y est-il pris ? Pour le dire d'un mot, il a révolutionné la question de la modélisation de l'action, tout en restant fidèle à la longue lignée des moralistes et des juristes mathématiciens français. Il se réfère à Pascal, Fermat et La Rochefoucauld, comme à Turgot, Borda ou Condorcet ; il cite Poisson, et plusieurs autres savants de la première moitié du XIXe siècle, qui se préoccupèrent des lois judiciaires ou de la démographie.

Relier les mathématiques et l'action paraît, à première vue, une entreprise presque impraticable. Si l'on met à part les considérations assez simples de partage liées à la justice distributive, abordées dans l'Antiquité, il a fallu aux mathématiciens plus de deux millénaires pour domestiquer le hasard par le calcul [Pascal, 1654] et modéliser l'interaction entre des agents intelligents [Montmort et Waldegrave, 1712]. Cette réussite se serait probablement révélée impossible si les jeux de société n'avaient constitué, entre les mathématiques et l'histoire, une interface privilégiée, ouverte à la fois à la réflexion du théoricien et à l'observation du praticien. Cournot a perçu ce rôle charnière des jeux. Comme il le dit lui-même, sans doute fallait-il commencer par l'analyse de jeux futiles, avant d'aborder l'étude des questions sérieuses d'économie, de politique ou de philosophie naturelle.

Ce type de questions a pris, au cours des trente dernières années, un regain d'actualité, avec le développement des sciences cognitives, dont l'un des buts est de confronter la consistance logique des modèles au comportement concret des agents, tel que la psychologie ou la neurophysiologie le révèlent. À l'époque de Cournot, dans une France où la tradition aristocratique et l'élan révolutionnaire se conjuguaient pour faire du courage une norme commune, il n'était pas séant d'ausculter les faiblesses de l'homme.

On se conformait plutôt à ce que j'appellerai le « principe de Turenne », en me référant au mot qu'on lui prête : « Tu trembles carcasse, mais tu tremblerais bien plus si tu savais où je vais te mener ». Principe de l'action qui s'accorde aux analyses de Descartes dans le traité des *Passions de l'âme* et aux réflexions de La Rochefoucauld[1] dans ses *Maximes*. Celui-ci note que le vrai courage consiste à faire, quand on n'est vu de personne, ce que l'amour-propre ou la fierté conduirait à accomplir sous le regard des autres. Descartes enfin, se fondant sur l'observation des chiens de chasse, affirme « qu'il n'y a point d'âme si faible qu'elle ne puisse, étant bien conduite, acquérir un

1. La Rochefoucauld perdit deux fils dans les batailles qui marquèrent la campagne du Palatinat sous le commandement de Turenne, et reprit les armes à l'âge de cinquante-sept ans.

pouvoir absolu sur ses passions»[1]. Dans cette perspective, on postule que l'agent ne sera pas empêché d'agir par la peur, qu'il saura construire en lui-même un habitacle qui, même au cœur du danger, le prémunisse contre l'altération de sa détermination et de son jugement.

Cournot a entendu le maréchal Gouvion Saint-Cyr raconter comment, pendant les campagnes du Rhin, entre 1792 et 1797, et surtout de 1792 à 1794, les déficiences du commandement étaient sanctionnées: «À cette époque, écrit Gouvion, les Commissaires extraordinaires de la Convention, Saint-Just et Lebas, établirent au quartier général un Tribunal révolutionnaire: “Le dénonciateur n'était ni connu, ni confronté; on n'y souffrait point de défenseurs, point d'écritures [...] mais un simple interrogatoire dont on ne prenait point note; le prévenu arrêté à huit heures était jugé à neuf et fusillé à dix”[2].»[3]. De ce fait, il n'y avait pas grand empressement pour accepter un commandement.

L'encadrement étant insuffisant, au début de la Première Coalition, les officiers étaient élus par les hommes. À la fin de sa vie, Gouvion Saint-Cyr confia à Cournot que ce système, quoique inapplicable dans les armées modernes, lui semblait le meilleur. Cournot a rapproché cette remarque d'une autre réflexion du vieux maréchal d'Empire. Songeant aux diverses batailles qu'il avait livrées, il n'avait constaté, au cours du temps, aucun progrès: «[...] Et généralement il pensait que les hommes se montraient au début de leur carrière militaire, tels qu'ils devaient toujours rester»[4].

Considérer que l'élection des officiers par les soldats est un bon système implique une conception particulière de l'autorité et des groupes. Comment une collection d'individus affrontée à une situation périlleuse, se demande Sartre dans *Critique de la raison dialectique*, se mue-t-elle en un «groupe en fusion», où la coalescence des vouloirs se réalise et où un chef émerge? Cournot a dû évoquer cette question avec Gouvion Saint-Cyr, car ce phénomène énigmatique et commun détermine la nature du commandement et de l'obéissance. Comme le dit Simone Weil, «l'obéissance est un besoin vital de l'âme humaine. Elle est de deux espèces: obéissance à des règles établies et obéissance à des

1. Descartes, *Les Passions de l'âme*, art. 50.

2. Maréchal Gouvion Saint-Cyr, *Mémoires pour servir à l'histoire du Consulat et de l'Empire*, t. I, p. 137.

3. Christiane d'Ainval, *Gouvion Saint-Cyr. Soldat de l'An II, Maréchal d'Empire, Réorganisateur de l'Armée*, Copernic, 1981, p. 41.

4. Cournot, «Notice biographique du Maréchal Gouvion Saint-Cyr», *in* Maréchal Gouvion Saint-Cyr, *Mémoires*, p. 9.

êtres humains regardés comme des chefs»[1]. Exposant les besoins de l'âme humaine par couples d'opposés, elle poursuit: «L'initiative et la responsabilité, le sentiment d'être utile et même indispensable, sont des besoins vitaux de l'âme humaine»[2]. Cette source commune du commandement et de l'obéissance dans l'être humain se dérobe à l'investigation ordinaire. Elle est pourtant nécessaire à la compréhension de l'action qui, dès qu'elle implique une pluralité d'agents, met en jeu entre les êtres des relations asymétriques de pouvoir et de soumission, d'autorité et d'obéissance, de force et de peur, d'amour et de haine.

Quelques années après la mort de Cournot, Maurice Blondel observera: «L'action est cette méthode de précision, cette épreuve de laboratoire, où, sans jamais comprendre le détail des opérations, je reçois la réponse certaine à laquelle aucun artifice de dialectique ne supplée»[3]. Un peu plus tard, Bergson notera: «C'est de l'âme entière, en effet, que la décision libre émane; et l'acte sera d'autant plus libre que la série dynamique à laquelle il se rattache tendra davantage à s'identifier avec le moi fondamental»[4]. Dans une multitude de circonstances, «je suis [...] un automate conscient [...]»[5]. Il y a donc une sorte de rareté de l'action libre.

1. Simone Weil, *L'Enracinement*, Gallimard, 1949, p. 23.

2. *Ibid.*, p. 25.

3. Maurice Blondel, *L'Action* [1893], PUF, 1995, *Œuvres complères*, t. 1, p. 21. Cournot aurait sans doute souscrit à cette remarque du philosophe bourguignon qui composa en partie *L'Action* à Saint-Seine sur Vingeanne, à quinze kilomètres de Gray, et il a sans doute rencontré son père, notaire connu de Dijon, quand il y était recteur.

4. Henri Bergson, *Essai sur les données immédiates de la conscience*, p. 125.

5. *Ibid.*, p. 126.

CHAPITRE VII

LE RÉALISME

DEFENSE ET ILLUSTRATION DU REALISME PAR COURNOT

Quand, au début des années 1930, Raymond Ruyer discerne qu'un idéalisme – explicite ou masqué – s'installe en philosophie des sciences, il prend, pour illustrer ce qu'est une philosophie réaliste, l'exemple de Cournot. Il cite, en particulier, un texte des *Considérations sur la marche des idées et des événements dans les temps modernes*, où l'auteur, étudiant la découverte par Harvey de la circulation du sang, explique que la nature, quand elle fait de la chimie, de la mécanique ou de la physique, recourt aux mêmes instruments que nous. Professer une foi réaliste, c'est donc, dans cette perspective, faire le pari que les opérations qu'effectue la nature pour assurer le fonctionnement des organismes et celles que nous accomplissons quand nous faisons de la mécanique ou de la chimie sont identiques. Cournot, nous l'avons vu, en tire la conséquence suivante: «Cette rencontre de la Nature et de l'homme dans la construction des mêmes engins [...] est [...] l'une des meilleures preuves que le système de nos sciences (mécanique, physique, chimie, etc.) est bien fondé sur des raisons naturelles, indépendantes des conceptions et des artifices de l'esprit humain» [1]. Ainsi, le réalisme est une conjecture philosophique – une croyance –, mais cette conjecture peut être sinon prouvée, du moins étayée par de solides arguments.

Si les opérations mécaniques, physiques et chimiques qui se font dans la nature peuvent être reproduites par l'art et les sciences, c'est qu'il y a une parité entre les productions humaines et celles de la nature, entre les sciences et le réel. Cette affinité, Cournot l'appelle l'« ordre ration-

1. *Considérations*, p. 195.

nel». La raison a pour mission de trier, entre nos conceptions, celles qui ont une valeur représentative, qui restituent fidèlement les structures et les processus d'une partie de la nature. Les sciences constituent des preuves indirectes du bien-fondé de ce travail de la raison.

Cournot achève les *Considérations* vers 1869, juste après la célébration par Marcelin Berthelot, nous l'avons vu, des réussites de la chimie organique: celle-ci était capable non seulement de reproduire les substances qui se trouvent dans la nature mais aussi d'en produire «une infinité d'autres» que la nature n'a pas spontanément réalisées. Ainsi entendu, le réalisme n'est donc pas un simple empirisme: il ne se contente pas d'observer ou de constater; il est l'expression d'un art et d'une science qui ont pour objet la transformation et la création des substances. Berthelot précise: «[La Chimie] transforme ses conceptions générales en réalités, parce qu'elle peut former de toutes pièces et métamorphoser les uns dans les autres les êtres dont elle s'occupe»[1]. Il y a ici «réalisme» en ce sens que les idées ou «conceptions générales» se transforment en «réalités». Ce réalisme n'est pas ennemi des idées. Tout au contraire, le propre de la chimie est, nous venons de le voir, d'ajouter à la nature des «êtres» qu'elle «peut former de toutes pièces» et «métamorphoser les uns dans les autres». La science imite la nature, mais aussi l'enrichit. D'ailleurs, nous le savons depuis les Grecs: la géométrie construit des objets dont on ne trouve pas nécessairement d'illustrations dans la nature. Cournot et Berthelot, pourtant, vont plus loin: les lois de la mécanique, de la physique et de la chimie rendent possible une sorte d'extension de la réalité naturelle: «La Chimie, dit en 1860 Berthelot, crée son objet. Cette faculté créatrice semblable à l'art lui-même, la distingue, essentiellement, des sciences naturelles et historiques»[2].

Les lois scientifiques sont donc bien des «lois de la nature», en ce sens qu'elles permettent d'explorer et de recenser fidèlement ce qui est réalisable par l'art (science et technique) en vertu des lois de la nature: voler, aller sur la Lune, fabriquer de nouvelles substances, produire par synthèse des molécules qui sont produites par les êtres vivants, etc. Le réalisme, c'est l'étude du réel sur lequel l'homme ne peut pas agir directement, mais aussi l'étude des réalisations artificielles produites conformément aux lois de la nature. Cournot pense que cette capacité de réalisation – de reproduction – par l'art et la science des opérations de la nature confère aux *idées* une véracité ontologique, qui demande à être explicitée. Si les idées scientifiques (concepts, hypothèses, mon-

1. Marcelin Berthelot, *in* Jean-Marie Lehn, *Leçon inaugurale*, p. 8.
2. *Ibid.*, p. 42.

tages expérimentaux, mise à l'épreuve des conjectures, etc.) étaient de purs artifices, leur efficacité resterait inexplicable.

Comme la science moderne est à la fois expérimentale et mathématique, une philosophie réaliste doit aborder de front le problème que pose à l'esprit le statut des idées mathématiques : sont-elles de pures fictions ou bien représentent-elles des « objets » ou des « êtres » ? Si les idées mathématiques approchent et décrivent des objets ou des êtres – ainsi que les relations qui les lient entre eux –, ces objets, ces êtres et ces relations font-ils partie de la nature ou sont-ils, à tout le moins, ajustés à elle ?

Le grand mérite de Cournot est d'avoir pris, sur ces questions élémentaires et difficiles, une attitude subtile mais claire. La preuve directe du bien-fondé du réalisme, son illustration la plus convaincante est fournie selon lui par les sciences de la nature (physique, mécanique, chimie, etc.), comme nous l'avons vu. Or ces sciences – et en particulier la mécanique et la physique – sont de part en part mathématiques : elles parviennent à restituer l'ordre des choses parce que les idées mathématiques qui en forment le cœur (géométrie, algèbre, calcul infinitésimal) ne sont pas étrangères à la nature. Si c'était le cas, on ne comprendrait pas qu'une science ne reposant que sur des artifices soit la source inspiratrice d'arts et de techniques qui reproduisent ou étendent les opérations de la nature. Reste donc à établir, non plus indirectement, à partir de la physique, mais directement, sur les mathématiques elles-mêmes, ce qu'est, dans ce domaine-là, une philosophie réaliste. Cournot est un praticien trop averti pour ne pas mesurer la part de l'invention, de l'histoire, de la contingence, du progrès, des disputes en mathématiques. Il ne sous-estime aucunement la part de l'art, ni, par conséquent, la réalité de l'artifice.

Il distingue deux aspects dans les mathématiques : ce qui y relève des méthodes d'exploration, où invention et artifice ont leur place ; ce qui relève de la découverte, c'est-à-dire des opérations qui ne servent pas à la fabrication des instruments et des méthodes, mais à la contemplation partielle, fugitive, graduelle d'une réalité qui, elle, n'est produite par aucun art.

Certes, l'artifice et les conventions imprègnent le travail des mathématiciens et, d'une certaine façon, l'allègent. Cournot, pourtant, s'inscrit en faux contre la conception des Idéologues suivant laquelle la science ne serait qu'une « langue bien faite ». Bien sûr, les langues scientifiques doivent posséder certaines propriétés « logiques », mais il serait fallacieux de réduire, par exemple, l'algèbre à une langue : « L'Algèbre n'est-elle qu'une langue conventionnelle, demande-t-il, ou bien est-ce une science dont les développements, liés sans doute à l'emploi d'une notation primitivement arbitraire et conventionnelle, embrassent pourtant un ensemble de faits généraux [...]?» Pour Cournot, la réponse n'est pas douteuse: l'objet de la science mathématique est réel. Il est constitué d'un «ensemble de faits généraux et de relations abstraites ou purement intelligibles, que l'esprit humain découvre, démêle avec plus ou moins d'adresse et de bonheur, mais qu'il crée si peu, qu'il lui faut beaucoup de tâtonnements et de vérifications avant qu'il ait pris, pour ainsi dire, confiance[1] en ses découvertes»[2]. Et Cournot illustre sa thèse par des exemples que Penrose[3] reprendra: les nombres négatifs, les imaginaires, le calcul infinitésimal.

Être réaliste, pour Cournot, c'est refuser deux thèses: que les rapports ou les entités mathématiques soient inventés au gré de notre fantaisie; qu'ils dérivent des nécessités – ou de la constitution biologique – de notre nature. Tout au contraire, les idées mathématiques ne sont ni des produits de l'imagination ni des produits du cerveau. Le réalisme mathématique s'oppose à l'empirisme et au naturalisme. Ce dernier point mérite d'être noté: Cournot fonde son réalisme en physique et en chimie sur l'identité entre les techniques humaines et les opérations de la nature; mais il refuse de réduire les idées mathématiques à des productions du cerveau, à des événements psychiques ou biologiques. Il n'est ni matérialiste ni naturaliste en mathématiques. On voit bien pourquoi: ce qui est en question, à ses yeux, ce n'est pas de savoir à quels processus mentaux et organiques la production des idées mathématiques se trouve associée, mais de déterminer si ces idées reflètent bien la nature des choses: «Tout le

1. Cet élément de familiarité, d'apprivoisement, de confiance fut aussi noté par Cantor qui écrivit, à propos d'une démonstration qu'il venait de faire sur les propriétés des ensembles ayant la puissance du continu: «Je le vois, mais je ne le crois pas.»

2. *Essai,* p. 195-196.

3. Roger Penrose, *The Emperor's New Mind. Concerning Computers, Minds, and the Laws of Physics*, Oxford University Press, trad. par Françoise Balibar et Claudine Tiercelin, *L'Esprit, l'Ordinateur et les Lois de la physique*, InterÉditions, 1992, p. 101 sq. Il écrit, par exemple: «La mathématique est-elle invention ou découverte? Quand les mathématiciens trouvent leurs résultats, ne font-ils que produire des constructions mentales compliquées qui n'ont pas de réalité effective, mais dont le pouvoir et l'élégance suffisent à tromper leurs inventeurs au point de leur faire croire que ces constructions mentales sont «réelles»? Ou les mathématiciens sont-ils en train de découvrir des vérités qui sont en fait «déjà là» – des vérités dont l'existence est tout à fait indépendante des activités des mathématiciens? Je pense qu'à présent le lecteur voit parfaitement que j'adhère à la seconde plutôt qu'à la première conception, tout au moins quand il s'agit de structures telles que les nombres complexes et l'ensemble de Mandelbrot».

calcul des valeurs négatives, imaginaires, infinitésimales, se demande-t-il, n'est-il que le résultat de règles admises par conventions arbritraires ?» Ou bien, selon un formule déjà citée, l'esprit saisit-il des réalités «telles que la nature des choses les lui offre», réalités – ou rapports – «qu'il n'invente pas au gré de son caprice, ou par la seule nécessité de sa propre nature»[1] ?

Il s'agit là d'un problème controversé, sur lequel les oscillations et les divergences n'ont pas cessé jusqu'à aujourd'hui. Pour Cournot, c'est un problème majeur: «Voilà ce qui partage les géomètres en sectes; voilà le fond de la philosophie des mathématiques comme de toute philosophie»[2].

On voit bien qu'une attitude réaliste, même quand elle bénéficie d'arguments favorables, garde toujours un caractère programmatique. Cournot le constate: c'est une question qui divise les mathématiciens. Et lui-même, dans les années 1860-1870, observe que notre esprit est mal armé pour étudier les êtres vivants. Autrement dit, on peut avoir des principes et des visées «réalistes» tout en reconnaissant qu'une partie du réel reste opaque: parce que les affinités entre nos idées et les opérations de la nature sont plus réduites en matière d'organismes que de mécanismes. «Le propre de l'esprit humain, dit Cournot, est d'avoir ce qu'il faut pour saisir nettement ce qui est du ressort de la mécanique, et de manquer de ce qu'il faudrait pour saisir de même la nature et le mode d'action de ce principe supérieur qui met en branle les fonctions de la vie, et qui se sert de tous les moyens, mécaniques, physiques, chimiques, pour arriver à ses fins»[3]. Sur ce sujet, sa position rappelle celle de Kant: «Mais une *perfection naturelle interne*, du type de celle que possèdent les choses qui ne sont possibles que comme *fins de la nature* et qui s'appellent, pour cette raison, des êtres organisés, ne se peut penser ni expliquer par aucune analogie avec un quelconque pouvoir physique, c'est-à-dire naturel, qui soit connu de nous»[4]. Cela n'exclut pas, aux yeux de Kant (comme à ceux de Cournot), la validité d'explications mécaniques partielles: «Il est toujours possible que, par exemple, dans un corps animal, maintes parties puissent être comprises comme des concrétions d'après de simples lois mécaniques [...]»

1. *Essai*, p. 196.
2. *Ibid.*
3. *Considérations*, p. 195.
4. Kant, *Critique de la faculté de juger*, §. 65, trad. fr. par Alain Renaut, Aubier, 1995, p. 367.

Ce qui oppose un obstacle presque infranchissable à l'esprit, c'est la *Natura naturans*, la vie dans son pouvoir d'autoproduction, d'évolution, de création. Dans une formule célèbre, Kant illustre ainsi cette difficulté, irréductible à son sens: «Il est absurde … d'espérer que puisse un jour surgir encore un Newton qui rende compréhensible ne serait-ce qu'un brin d'herbe d'après des lois naturelles que nulle intention n'a ordonnées; bien au contraire faut-il absolument refuser ce savoir aux hommes»[1].

Au cours des deux derniers siècles, ou, plus précisément, au cours du dernier demi-siècle, cette situation s'est profondément modifiée et l'attitude réaliste a étendu son autorité sur une nouvelle province. En ce sens, aujourd'hui, la venue d'un «Newton du brin d'herbe» ne semble plus impensable.

LES CINQ ÉTAPES DU RÉALISME

Pour mieux comprendre le réalisme de Cournot, il convient de le situer dans ce qu'il nommait la «marche des idées». Restituer celle-ci dans sa complexité dépassant le cadre de cette étude, nous nous bornerons à en présenter schématiquement les moments principaux.

1) Le «programme» du *Timée* constitue la première exposition scientifique d'une cosmologie réaliste. En 1929, dans *Procès et réalité*, Alfred North Whitehead en donne l'appréciation suivante: «Le *Timée* de Platon et le *Scholium* de Newton […] énoncent tous deux la théorie cosmologique qui a eu la plus grande influence sur la pensée occidentale»[2]. Ajoutant que si, pour le lecteur moderne, le premier peut sembler «une pure absurdité», il est pourtant plus profond, philosophiquement, que le *Scholium*. Celui-ci, en effet, «ne suggère nullement l'aspect d'autoproduction, de génération, de φυσις ou de *natura naturans* si évident dans la nature»[3].

On voit par là les traits principaux que la connaissance de la nature prend, dans une attitude – ou un «programme» – réaliste:

– une théorie géométrique des structures de l'univers, qui embrasse, du même regard, au moyen des mêmes théorèmes, une conception des éléments ultimes et de l'univers pris comme un tout;

1. *Ibid.*, § 66, p. 369.
2. Whitehead, *Process and Reality* (1929), trad. fr. *Procès et réalité*, Gallimard, 1995, p. 174.
3. *Ibid.*, p. 174.

– une conjecture géométrique sur la transformation des éléments (Popper[1] la découvre dans l'utilisation des polyèdres réguliers convexes et dans le rôle du triangle comme pièce géométrique de base) ;

– une méthode pour articuler le temps et l'éternité ;

– un principe de causalité ;

– une distinction entre cause intelligente et cause errante, qui laisse une place au désordre (et au mal).

Un tel « programme », de facture et d'inspiration, est scientifique, mais il constitue une simple promesse, dont nul ne savait, il y aura bientôt deux mille quatre cents ans, si elle serait tenue. Cosmologie et anthropologie se trouvent réunies dans ce même *Timée*.

2) Alors que le « programme » du *Timée* vise l'édification d'une science de la φυσις, de la *natura naturans*, ce qui voit le jour, d'abord dans la Grèce antique, puis, à la Renaissance, en Italie et en Europe du nord, c'est une science de la *natura naturata*, d'abord une astronomie, ensuite une statique, enfin une dynamique. Quel est l'esprit de cette science de la *natura naturata ?* Selon Koyré, ce qui la distingue, c'est la séparation entre la création et le monde créé.

L'acte de création est situé au commencement; et, vers la fin du XVIIIe siècle, deux millénaires après le début de cette aventure, son sens profond se révèle, notamment dans le *Système du Monde* de Laplace : « Hélas, le développement même de la science newtonienne, qui découvrait graduellement l'habileté consommée de l'Artisan divin et les perfections infinies de son œuvre, laissait de moins en moins de place à l'intervention divine. L'horloge du monde avait de moins en moins besoin d'être remontée ou réparée »[2].

Ainsi, en connaissant la situation initiale des éléments du système et les lois qui le régissent, on peut en prédire l'évolution : « [L'horloge du monde] marchait pour toujours. Une fois l'œuvre de création accomplie, le Dieu de Newton [...] pouvait se reposer. » Comme le note Koyré, ni Newton ni ses successeurs immédiats n'eurent conscience d'une telle séparation, mais la logique interne de la physique de Newton allait dans ce sens. La science de la nature prenait ainsi pour objet l'univers tel qu'il se donne aux sens et à l'esprit. Son devenir s'expliquait par les lois du mouvement. Le souci de la *natura naturans* devait trouver un autre mode d'expression. De fait, alors même que se constitue la mécanique classique, certains de ses créateurs s'occupent d'alchimie, au point que Herschel dira qu'« il y avait parmi eux des

1. Karl Popper, *Conjectures and Refutations* (1961), trad. *Conjectures et réfutations*, (chap. 2, IX), p. 139 sq.

2. Alexandre Koyré, *Études newtoniennes*, Gallimard, 1968, p. 40.

esprits supérieurs [...] à qui l'on doit la création de la philosophie expérimentale »[1].

3) Jamais le désir de connaître la *natura naturans* n'a disparu. La constitution de la science classique et la continuation des spéculations sur la *materia prima* et la transmutation se déroulent simultanément, sinon que le projet de connaître la nature comme Mère, comme génitrice de toutes choses, ne prend pas la forme de la science : il garde une allure métaphysique ou adopte une expression religieuse, poétique, alchimique[2].

Cette histoire complexe, difficile à reconstituer, pourrait être partiellement retracée en partant des textes alchimiques que Marcelin Berthelot et d'autres ont rassemblés et commentés. Si l'on veut avoir une idée de cette voie alchimique, poétique et métaphysique de connaissance, on peut se reporter au *Faust* de Goethe, en particulier à la seconde partie. Mais il serait probablement plus instructif d'inventorier, sur les pas de Loup Verlet, *La Malle de Newton*, ou, avec Betty Jo Teeter Dobbs, *The Foundations of Newton's Alchemy*[3].

Quoi qu'il en soit, Méphisto et Wagner, chacun à sa façon, donnent l'intention directrice de ce « programme ». À l'instant où Homonculus apparaît dans la cornue, le savant Wagner s'écrie :

> « Cela naît ! La masse agitée se clarifie !
> La conviction s'avère toujours plus évidente :
> Ce qu'on vantait comme le suprême mystère de la nature,
> Nous tentons de l'expérimenter rationnellement,
> Et ce qu'on laissait jadis s'organiser,
> Nous le faisons se cristalliser »[4].

1. John Herschel, *A Preliminary Discourse on the Study of Natural Philosophy*, § 7, p. 11-12.

2. Sur l'alchimie, consulter J.-P. Dumont, « Les a priori philosophiques de l'Alchimie classique : J.-J. Becher et le matérialisme stoïcien » in *Cahiers philosophiques*, juin 1981 et *La Magie et ses langages*, PUL, 1981. Dumont observe : « Cette recherche pourrait être placée sous le patronage de deux grands savants dont aucun ne fut, à notre connaissance, faiseur d'or : Chrysippe (227-204) qui s'identifie au Stoïcisme ancien, et Jean-Joachim Becher (1635-1682), chimiste allemand et professeur de Georg-Ernst Stahl (1660-1734), célèbre médecin et chimiste. »

Dumont cite deux recueils de textes alchimiques : Johannes-Jacobus Mangetus (Jean-Jacques Manget), *Bibliotheca chimica curiosa* [1702] et le *Musaeum hermeticum Reformatum et Amplificatum* ainsi que *Œdipus chimicus* de J.-J. Becher.

3. Sur l'alchimie de Newton et de son époque, consulter Betty Jo Teeter Dobbs, *The Foundations of Newton's Alchemy or "The Hunting of the Greene Lyon"*, Cambridge University Press, 1975. On peut aussi consulter *The Life of Isaac Newton* de Richard Westfall, Cambridge University Press, 1993, coll. Canto, 1994.

4. Goethe, *Faust*, 2e partie, Acte II, vers 6855-60, trad. de Henri Lichtenberger, Aubier, Éd. Montaigne, 1933.

On discerne bien l'intention profonde du texte : elle est démiurgique. Un Dieu horloger lointain, qui se retire du monde, ne suffit plus. La connaissance implique que le savant pénètre dans « l'atelier secret de Dieu ». Les exigences d'une philosophie réaliste de la nature semblent alors démesurées, puisque la connaissance de la *natura naturans* ne devient effective que si, à l'instar de Wagner, l'homme peut mimer ou même s'approprier les pouvoirs de la puissance formatrice de la nature.

Or, toujours dans *Faust*, Goethe montre la difficulté d'une telle entreprise, qui consiste à pénétrer dans le royaume des Mères. Comme Méphisto le dit à Faust :

> « Un trépied ardent t'annoncera enfin
> Que tu as atteint le fond le plus reculé de l'abîme ;
> À sa clarté tu verras les Mères,
> Les unes assises, les autres debout ou marchant,
> Comme cela se trouve. Formation, transformation,
> Voilà l'éternel entretien de leur pensée éternelle » [1].

« Formation, transformation » sont les deux mots clés. Mais l'évocation est intéressante à un autre titre : Faust va tourner son regard vers les Mères, alors que celles-ci ne le voient pas :

> « Autour d'elles planent les images de toute créature,
> Elles ne te voient pas, car elles ne voient que des schèmes » [2].

Dans la *Crise des sciences européennes et la phénoménologie transcendantale*, Husserl fait allusion à ce texte : « Combien nous avons besoin de ce qui nous permettra de ne plus nous mouvoir dans le vieux terrain familier du monde, et de nous tenir au contraire grâce à notre réduction transcendantale à la porte d'entrée de ce royaume des "Mères de la Connaissance" que nul n'a encore foulé, et de n'en plus bouger » [3]. À lire ce passage sibyllin, le sujet connaissant doit se diriger vers l'entrée de ce lieu où s'élaborent formes et transformations. L'idéalisme ne sera vaincu que si le héros, comme Énée au VIe livre de l'*Énéide*, atteint « le fond le plus reculé de l'abîme », qui se trouve être aussi le laboratoire divin – ou naturel – dans lequel prennent forme et vie tous les êtres.

On pourra objecter que c'est de l'idéalisme, puisque ces « schèmes », ces « images », c'est bien la *Wesensschau*, l'intuition des essences, qui y donne accès. Mais l'allusion à Faust veut dire davantage : la puissance

1. *Ibid.*, Acte I, vers 6283-6287.
2. *Faust*, 2e partie, Acte I, vers 6289-6290.
3. Husserl, *La Crise des sciences européennes et la phénoménologie transcendantale*, Gallimard, 1976, § 42, p. 174.

noétique de la raison va plus loin que le schématisme kantien. En effet, tout comme la raison goethéenne, « *sie erfreut sich am Entwickeln* (elle tire sa joie du déploiement des choses) »[1].

Pourtant – et c'est un point sur lequel Pierre Duhem avait insisté dans *Σωζειν τα φαινομενα. Essai d'une histoire de la théorie physique de Platon à Copernic* – il y a, depuis l'Antiquité, un dualisme et une oscillation entre Astronomes et Physiciens : les premiers se contentant de rendre compte des phénomènes ; les seconds concevant l'espoir – ou l'illusion – de percer les mystères de la nature et de sa puissance créatrice.

Le « programme » de Husserl part du constat que nous oscillons, depuis le XVIIe siècle, entre deux conceptions de la connaissance et du lien humain : tantôt nous croyons à la réalité d'un *commercium spirituale* entre les êtres, dont Kant, dans *Les Rêveries du visionnaire*, offre à la fois un exposé et une critique. Un tel « commerce », en effet, repose sur l'idée qu'il y a une validité de l'intuition intellectuelle, parce que voir ne veut pas dire « imaginer » mais contempler et presque palper des présences ; tantôt nous croyons que les individus échangent entre eux ou avec le monde des signes, peut-être même des messages, mais sans avoir, pour en fixer le contenu et le sens, d'autre instrument d'exploration et d'évaluation que l'expérience.

Husserl tente de substituer à l'alternance entre ces deux états une sorte de troisième état qui, tout en laissant à l'empirisme son ampleur, sa vitalité inventive, son caractère d'aventure individuelle, l'insère dans le réseau intersubjectif des êtres qui sentent et qui pensent. Le savoir des hommes ne sera jamais consigné et entreposé dans un « Cogito » qui résumerait l'humanité entière sous la figure (imaginaire) d'un seul Esprit ; la science, en raison même de sa constitution intersubjective, est historique, ouverte, inachevable. Pour prendre une image : les messages sont intermittents (empirisme) ; mais les lignes sur lesquelles ils passent forment un réseau qui lie tous les membres existants ou potentiels de la communauté des vivants (en y incluant peut-être, comme Tertullien dans son traité de *La Résurrection*, les animaux).

4) C'est de la chimie que viennent les premières illustrations de ce que pourrait être une science des formes et de la transformation. Elle réalise le rêve alchimique, tel que Goethe le formule dans *Faust* : il s'agit de trouver un art qui soit aussi une science, comme le remarque, nous l'avons vu, Berthelot : « La Chimie crée son objet. Cette faculté créatrice semblable à l'art lui-même, la distingue, essentiellement, des

1. Goethe, *Aphorismen*, in *Schriften zur Naturwissenschaft*, Reclam, 1977, p. 36.

sciences naturelles et historiques»[1]. En fait, le réalisme chimique vient accomplir et surmonter un idéalisme alchimique. C'est un réalisme de réalisation.

Actuellement, nous sommes en plein dans cette quatrième phase, avec la théorie synthétique de l'évolution, la biologie moléculaire, et surtout, depuis le début des années 1980, la génétique du développement. L'impossibilité – soulignée par Kant et reprise à son compte par Cournot – d'expliquer le développement des organismes par des lois physico-chimiques semble mise en défaut. On pourrait même penser que Goethe avait raison contre Kant lorsqu'il annonçait que la raison, à la différence de l'entendement qui ne saisit que ce qui est devenu (*das Gewordene*), peut, elle, saisir ce qui devient (*das Werdende*)[2].

5) Sommes-nous donc entrés dans un nouvel âge du réalisme, un réalisme de théorie et d'action? C'est ce qu'il convient à présent d'examiner. On voit bien ce qui est en jeu. Au XXe siècle, Whitehead et Husserl, chacun à sa manière, l'indiquent: fonder une connaissance rigoureuse qui surmonte le fossé que la science moderne, depuis le XVIIe siècle, a ouvert entre le monde de nos perceptions familières et le monde des objets quantifiés; esquisser les assises d'une science qui effacerait la séparation entre *natura naturans* et *natura naturata*.

C'est la réalisation de cette double tâche que l'on attendrait aujourd'hui d'une philosophie réaliste. Car «fonder» veut dire ici une chose précise: le réalisme ne doit pas être, comme l'empirisme, le seul constat de la présence, de la multiplicité et de l'existence des choses; et, par là, du caractère inépuisable du réel. Le réalisme doit aussi être une authentification par le sujet connaissant de cette découverte, ainsi que de la profusion des choses.

Le réalisme, à la fin du XXe siècle, ne peut pas s'appuyer sur la seule foi en un Dieu créateur qui nous ferait partager le secret de sa création ni non plus sur une croyance naturaliste en une communauté effective entre l'homme et la nature qui nous rendrait par essence complices des secrets de cette dernière. Le réalisme a besoin du parafe humain: nous devons authentifier nous-mêmes nos actes de connaissance comme nous assumons nos actions. Il est indissolublement théorique et pratique. Etre réaliste, c'est évaluer l'action de l'homme dans et sur la nature. C'est à un réalisme de théorie et d'action que nous sommes conviés, et peut-être même obligés.

Nous ne pouvons plus être idéalistes, parce que nous savons que la science n'est plus – et à vrai dire n'a jamais été – une «langue bien

1. Jean-Marie Lehn, *Leçon inaugurale*, p. 42.
2. Goethe, *Aphorismen*, *op. cit.*, p. 36.

faite », mais qu'elle est un instrument non seulement d'exploration et de découverte, mais aussi de transformation du monde. Une philosophie réaliste implique donc nécessairement une éthique et, plus largement, une théorie de l'action.

Ne sommes-nous pas, justement, rejetés sur les brisants de l'idéalisme, dans la mesure même où, nous nous en rendons compte, nous ne savons plus, depuis bientôt un siècle, penser le monde dans le cadre d'un système unifié de catégories ? Réalistes par vocation ou par projet, ne sommes-nous pas forcés de devenir idéalistes par lucidité, par destin, et d'autres diraient, par « réalisme » ?

LE PARI DU RÉALISME

Le réalisme, nous l'avons dit, est un « pari », c'est-à-dire une affirmation qu'on voudrait, mais sans y parvenir, transformer en évidence. Si l'on a l'impression de faire un pari, c'est parce que l'on se formule à soi-même des objections. Parmi ces objections, les plus sérieuses et les plus constantes, depuis le début du XIXe siècle, sont celles que Joseph Fourier énonçait dans le discours préliminaire de sa *Théorie analytique de la chaleur* [1822], et qui seront, sous des formes diverses, souvent reprises : « Les causes primordiales ne nous sont point connues ; mais elles sont assujetties à des lois simples et constantes, que l'on peut découvrir par l'observation, et dont l'étude est l'objet de la philosophie naturelle » [1]. Auguste Comte a eu pour auditeur Joseph Fourier, qui lui sert de modèle pour définir la science positive.

À la fin du XIXe siècle, Ludwig Boltzmann, pris dans la tourmente qui divise les énergétistes (Ostwald) et les atomistes, vit lui-même le choix qu'il fait en faveur de l'atomisme comme un « pari » : « La vieille mécanique, avec ses vieilles forces, même si elle est dépouillée de ses habits métaphysiques, continuera-t-elle à exister sous ses traits fondamentaux, ou un jour viendra-t-il où elle n'aura plus qu'une existence historique, et sera remplacée par les masses cachées de Hertz ou par d'autres idées, tout à fait différentes ? De la théorie moléculaire d'aujourd'hui, mises à part quelques additions et modifications, les traits essentiels survivront-ils cependant ? Ou bien l'avenir fera-t-il surgir une théorie atomique complètement différente de l'actuelle ? Ou

1. Joseph Fourier, *Théorie analytique de la chaleur*, Firmin Didot, 1822, reprint Jacques Gabay, 1988.

bien, contrairement à mon argumentation, découvrira-t-on un jour que l'idée d'un pur *continuum* fournit la meilleure image ? »[1]

Boltzmann aimerait disposer d'un critère pour choisir, entre ces hypothèses, celle dont la valeur représentative est la plus grande. Il s'agit, pour lui comme pour Cournot, de passer, nous l'avons vu, « du chiffre que l'esprit se forge aux choses que la Nature nous offre »[2]. La différence entre Boltzmann et Cournot, c'est que le premier, dans les circonstances où se trouve la science à la fin du XIXe siècle, juge qu'il est impossible de trouver un tel critère de distinction entre une simple image du monde [*Weltbild*] et une peinture réaliste de la nature : il est « idéaliste » non par choix mais par contrainte, ou, si l'on veut, par modestie. Cournot, en revanche, croit qu'un tel critère est trouvable.

Ainsi, le choix entre « idéalisme » et « réalisme » paraît être assez bien symbolisé, en première approximation, par l'opposition entre Boltzmann et Cournot. Ils font, tous les deux, un « pari » en faveur du réalisme, mais l'un estime qu'il est impossible à la science de tenir le pari, alors que le second pense que ce pari est tenable.

Pour Cournot, la question du réalisme se pose dans toutes les sciences. Il s'agit, en effet, nous l'avons vu, de résoudre le problème suivant : peut-on passer, dans la connaissance, d'un ordre logique à un ordre rationnel ? La réponse de Cournot est positive. La « critique philosophique », qu'il qualifie de « logique supérieure », « juge de la valeur représentative de nos idées, [...] fait la part de la constitution du monde extérieur et la part de la configuration du miroir qui le réfléchit »[3]. À ses yeux, l'une des preuves que nos représentations scientifiques ne sont pas des fictions, c'est l'identité entre certaines opérations de la nature et les opérations du chimiste, du mécanicien ou du physicien. Mais la preuve s'étend aux êtres mathématiques dont Cournot dit que l'esprit « [les] crée si peu, qu'il lui faut beaucoup de tâtonnements et de vérifications avant qu'il ait pris, pour ainsi dire, confiance en ses découvertes »[4]. Et le hasard lui-même, bien qu'il soit une « idée » et non une « cause substantielle », a pour lui une réalité objective. Il allait appartenir à Boltzmann et à Gibbs – eux-mêmes inspirés par les travaux de Maxwell – de donner à cette « idée », en créant la mécanique statistique, une teneur proprement scientifique. Et le même Boltzmann fera de l'idée de hasard, en thermodynamique,

1. Ludwig Boltzmann, *Populäre Schriften*, Essai 14, repris in *Theoretical Physics and Philosophical Problems*, D. Reidel, Dordrecht, 1974, p. 100.

2. *Considérations*, p. 405.

3. *Ibid.*, p. 101.

4. *Essai*, p. 196.

l'instrument qui permet de distinguer les phénomènes en réversibles et irréversibles.

Comment, en cette fin du XXe siècle, reformuler les termes de ce choix à la fois épistémique et ontologique ? Comment s'assurer qu'une « philosophie de la Nature » est non seulement réaliste d'intention et de projet, mais que les sciences qui en constituent le contenu proposent des hypothèses restituant fidèlement [même si ce n'est que fragmentairement] les opérations et les processus de la nature ?

Nous nous plaçons dans l'hypothèse d'un choix – d'une option subjective – en faveur du réalisme et nous demandons à quelles exigences conceptuelles et techniques – ou expérimentales – devrait répondre une philosophie de la nature *réaliste*. Bref, comment transformer le réalisme de foi en savoir, *fides quaerens intellectum* ?

En simplifiant, on peut dire que deux critères servent à définir le réalisme contemporain : celui de la reproduction par l'art de homme des processus de la nature (que j'appellerai "critère de Cournot") ; celui de l'accord intersubjectif entre les hommes de science (que je nommerai "critère de Husserl"). Le premier critère concerne la notion de vérité ; le second la notion d'« intersubjectivité », que cette dernière soit seulement « empirique » ou effectivement « transcendantale ». Le dialogue et la confrontation entre les hommes n'ont-ils qu'un statut empirique et historique ; ou bien la constitution de l'objectivité repose-t-elle, dans les sciences et au-delà d'elles, sur le lien humain ? Herschel, dont le *Traité d'Astronomie* paraît en 1834 en France dans une traduction de Cournot, définit ainsi la science dans son *Preliminary Discourse on the Study of Natural Philosophy* [1830] : « La science est la connaissance de beaucoup, digérée et organisée avec ordre et méthode, en sorte qu'elle devienne accessible à un seul » [1]. Il inclut donc l'action des hommes de science dans l'objectivité de cette dernière.

Faire ce choix, c'est poser une question paradoxale dont Cournot, le premier, a fait la théorie : est-il légitime d'assigner à la science pour but la découverte de l'ordre de la nature, alors que, quand on regarde l'histoire des sciences, on y observe à la fois une marche graduelle des idées et de brusques ruptures dans la succession des théories ? Bref, comment professer une philosophie de la nature « réaliste », tout en formulant une théorie des « révolutions scientifiques » ? Ce sont ces deux postulations opposées que Cournot, dans ses *Considérations sur*

1. « Science is the knowledge of many, orderly and methodically digested and arranged, so as to become attainable by one », John F. W. Herschel, *op. cit*, The University of Chicago Press, 1987, § 13, p. 18.

la marche des idées et des événements dans les temps modernes, a tenté d'éclairer simultanément.

RÉALISME ET RÉVOLUTIONS SCIENTIFIQUES

Comment Cournot a-t-il concilié son « rationalisme », c'est-à-dire sa conviction que l'esprit peut saisir, au moins par endroits, les opérations de la nature, et sa théorie des « révolutions scientifiques », c'est-à-dire sa conscience de la « marche des idées » ? Le pari du réalisme est-il compatible avec l'historicité des sciences ? La théorie des révolutions scientifiques a pour objet d'élucider les processus discontinus ou progressifs par lesquels la Nature et l'homme, simple « concessionnaire d'une planète », explicitent leur pacte.

Plusieurs traits, pour Cournot, caractérisent de telles révolutions : elles ébranlent ou renversent un corps de doctrine, qui fournissait un ensemble de normes, ou un modèle au monde savant ; et qui contribuent à façonner la conception de l'univers et donc, indirectement, les idées philosophiques [1]. L'hypothèse qu'une conception philosophique puisse induire une révolution scientifique ne tient pas : ainsi, tout en rendant hommage à Nicolas de Cuse [2], Cournot observe que ses vues sur la relativité du mouvement ou sur l'immensité de l'univers n'auraient pu, à elles seules, provoquer une « révolution dans la science », car une « conception philosophique du monde » ne suffit pas pour modifier une perspective théorique, encore moins pour la bouleverser. La philosophie, en tant que telle, n'est pas novatrice : seules les crises internes aux sciences sont capables de les régénérer [3]. Une révolution scien-

1. Cournot, à propos de Copernic (1473-1543) et de Tycho Brahé (1546-1601), écrit : « Ces deux vies illustres embrassent un siècle de l'histoire de l'astronomie : siècle révolutionnaire s'il en fut ; puisqu'il ébranle et que déjà, aux yeux des juges les plus compétents, il renverse un corps de doctrine qui, depuis la rédaction de l'Almageste, c'est-à-dire depuis quatorze siècles, régnait sans contestation dans le monde savant et influait sur toutes les doctrines philosophiques et religieuses par l'idée qu'il donnait à l'homme de sa place dans l'univers » (*Considérations*, p. 90).

2. « Si justes que ces idées [s.e. de Nicolas de Cuse] fussent, elles n'auraient pas suffi pour opérer une révolution dans la science : elles ne pouvaient servir qu'à confirmer une révolution amenée par un progrès scientifique, comme celui qui s'accomplissait alors dans le nord de l'Europe où, après tant de pérégrinations, l'astronomie observatrice et calculatrice semblait en train de se fixer » (*Ibid.*, p. 99-100).

3. « Donc il est aussi dans l'ordre que les progrès des sciences fournissent à la critique de nos idées, à leur mise en œuvre et surtout à leur mise en ordre des ressources inconnues des anciens âges de la philosophie, alors que la plupart des sciences aujourd'hui connues n'existaient pas encore ou n'existaient qu'à l'état embryonnaire. » Ironisant sur « quelques *néo-cartésiens* » qui reprochent à de grands

tifique, c'est le renversement d'une théorie majeure, qui règle la vie de la communauté scientifique, qui lui sert de référence, et qui infléchit ainsi indirectement les doctrines philosophiques et même religieuses du temps.

L'idée de découverte révolutionnaire en astronomie est associée au nom de Copernic et, compte tenu du retentissement de son œuvre, ce qualificatif paraît à Cournot pleinement justifié. À bien des égards pourtant, observe-t-il, Copernic n'est pas un moderne: il cherche, comme Ptolémée, à représenter géométriquement le mouvement des astres; il pense que le mouvement circulaire est le plus parfait; pour lui, le soleil n'a pas de rôle mécanique: il éclaire l'univers. Bref, il y a plus d'analogies entre Ptolémée et Copernic qu'entre Copernic et Newton. C'est pourquoi Cournot ne voit pas en lui l'artisan d'une révolution scientifique: comme l'auteur de l'*Almageste*, il a cherché à donner du mouvement des planètes une explication géométrique[1].

Pour qu'il y ait *révolution scientifique*, plusieurs conditions doivent être remplies: il faut d'abord qu'une crise affecte une science; or les crises scientifiques sont internes, en ce sens que seules les objections théoriques ébranlent directement une doctrine scientifique. Ainsi, Archimède se refuse à admettre le mouvement de la terre autour du soleil, non pour des raisons métaphysiques ou religieuses, mais parce qu'on n'observe pas de parallaxe des étoiles: « Il ne faut pas en effet se figurer que la grande difficulté pour les partisans de l'hypothèse du mouvement de la terre fût de vaincre les préjugés des sens, des préjugés populaires, ni même de triompher de scrupules religieux: le principal

philosophes d'« avoir pris une part glorieuse au mouvement scientifique de leur temps », Cournot affirme: « Nous soutiendrons au contraire que les crises rénovatrices des sciences ont été les seules crises utilement rénovatrices de la philosophie; et que si, par exemple, la philosophie du dix-septième siècle a rompu d'une manière éclatante, pour le profit réel de l'esprit humain, avec les vieilleries alexandrines, juives, arabes et scolastiques, elle le doit aux étonnants progrès des sciences dans ce siècle mémorable où les philosophes de haut vol étaient en même temps des génies scientifiques de premier ordre, des Descartes, des Pascal, des Newton et des Leibnitz » (*Matérialisme*, p. 211).

1. « Cependant à d'autres égards et en des points qui tiennent plus intimement encore à l'organisme de la science, on peut dire que Copernic et Tycho perfectionnaient et n'innovaient pas; puisque pour eux, comme pour leurs devanciers, l'astronomie n'a d'autre objet que la théorie géométrique des mouvements célestes, le développement d'une hypothèse géométrique ou la substitution d'une hypothèse géométrique à une autre; sans que la mécanique céleste, la théorie des forces qui produisent les mouvements célestes soit encore abordée, autrement que par des conjectures qui n'ont rien de scientifique; sans que par conséquent l'on puisse fournir la preuve décisive de la vérité ou de l'erreur de l'hypothèse » (*Considérations*, p. 90-91).

obstacle venait de la science même et des données scientifiques »[1]. À leur tour, les crises théoriques n'engendrent de révolution scientifique que si elles se résolvent par l'invention de concepts, de postulats et d'objets nouveaux. À propos de l'astronomie, il note : « Un jour devait venir [...], où le progrès scientifique réclamerait des postulats immenses, excessifs, aussi bien sur l'article du temps que sur l'article de l'espace, et où il faudrait que la raison fît une provision nouvelle d'intrépidité »[2].

Tant que le changement se limite à une substitution d'hypothèses, sans refonte du type d'explication scientifique, il n'y a pas véritablement de révolution. Copernic et Tycho Brahé ont pour but de perfectionner et de simplifier l'astronomie géométrique de Ptolémée, non de couler leur explication du mouvement des astres dans un autre moule. Trois quarts de siècle avant Koyré, Cournot pense que la vraie coupure, dans l'histoire de l'astronomie, ne se situe pas entre Ptolémée et Copernic, mais au XVIIe siècle, à l'époque de Kepler, de Galilée et de Newton. C'est l'apparition de la notion de *force*, c'est-à-dire la production d'un nouveau concept, qui révolutionne l'astronomie, et même l'ensemble de la physique. Cournot distingue donc, parmi les substitutions d'hypothèses, celles qui ne changent pas fondamentalement les règles du jeu scientifique et celles qui fournissent une nouvelle clé pour voir et interpréter les phénomènes ; il songe précisément à celles que Kuhn nommera, un siècle plus tard, des changements de *paradigme*. Les nouvelles conceptions scientifiques et métaphysiques du monde ne naissent pas dans le cabinet du philosophe, mais dans l'observatoire de l'astronome ou le laboratoire du physicien.

Bien plus, en science comme, selon Machiavel, en politique, la *virtù*, le pouvoir de création se déplace selon les époques, communiquant aux nations qui le détiennent leur élan et leur fécondité scientifiques. Un peu plus tard, en Allemagne, Dilthey fera des observations analogues : « Des nations nouvelles accédaient au stade de la science. C'est à partir des premières décennies du XVIIe siècle que s'accomplit ce changement : Shakespeare et Galilée sont nés la même année, en 1564, et Calderon et Descartes sont contemporains. [...] La connaissance scientifique s'était établie d'abord dans les peuples de l'Orient, ensuite dans l'aire culturelle de la Méditerranée. Elle atteignit enfin son but, au cours du

1. Cournot précise : « Archimède nous en fournit la preuve dans l'opuscule de l'*Arénaire* [...] : car il ne daigne même pas faire allusion aux impressions des sens, aux préjugés populaires, et certes les croyances religieuses ne sont pas ce qui l'arrête ; mais il saisit à merveille l'objection théorique qui l'empêche, pour son compte, d'adopter le sentiment des pythagoriciens »(*Considérations*, p. 100).

2. *Ibid*, p. 100.

XVIIe siècle, sous l'action conjuguée de Bacon, de Galilée, de Kepler et de Descartes : la découverte de l'ordre de la nature selon des lois »[1]. Au XXe siècle, on ne s'est plus contenté d'observer le déplacement des lieux d'excellence ; on s'est employé à contrôler, à amplifier et à orienter ce mouvement, par le biais d'une « politique de la science ».

Cournot professe que la fondation d'une science ne va pas sans l'institution d'une langue. Prenant l'exemple de Viète, il montre qu'une langue scientifique n'est pas une matière qui se laisse docilement travailler : elle est un moyen d'exploration, et plus encore le « champ » où les qualités confuses ou cachées du réel se révèlent en devenant distinctes : « Viète a embrassé l'algèbre dans son ensemble et dans ses rapports avec la géométrie : mais ce que nous considérons en lui, c'est moins le promoteur de l'algèbre comme science, que le fondateur de l'algèbre comme langue ; nous mesurons notre intérêt à la fécondité de l'idée plutôt qu'à l'effort d'invention »[2]. Il n'est pas éloigné de penser que chaque langue scientifique a son génie propre, génie qui inspire, guide, illumine et contraint ses utilisateurs. Une sorte de mouvement travaille de l'intérieur à la fois les idées, la langue et les choses. Évoquant la mue de l'algèbre au XVIe siècle, il observe, un peu plus loin : « L'algèbre acquérait une langue ou plutôt, grâce au rang que l'algèbre tient dans l'échelle des abstractions et à la parfaite corrélation du signe et de l'idée, l'algèbre devenait une langue en même temps qu'une science »[3].

Dans le développement des crises, remarque-t-il, pour qu'un choix s'opère entre hypothèses contraires, il est nécessaire qu'un déséquilibre s'instaure et s'accroisse entre les conjectures rivales : il ne suffit pas que l'une des hypothèses offre une représentation plus simple des phénomènes ; il faut que l'affinement des observations multiplie les complications de l'autre. À propos du choix entre l'astronomie de Tycho et celle de Copernic, il note : « Il ne suffit pas qu'une hypothèse ait plus de simplicité ; car combien de fois ne surprenons-nous pas la nature à suivre une marche qui ne nous paraît pas la plus simple de toutes ! Il faut que le perfectionnement successif de l'observation et des tables amène dans l'hypothèse contraire des complications croissantes, au point de montrer clairement qu'elle nous met hors de la bonne voie [...] »[4]. Dès lors, la révolution scientifique du XVIIe siècle

1. Wilhelm Dilthey, *Das Erlebnis und die Dichtung* [1865], introduction de l'édition de 1910, Vandenhoeck & Ruprecht in Göttingen, 1985, p. 11.
2. *Considérations*, p. 96.
3. *Ibid.*, p. 97.
4. *Ibid.*, p. 100.

consistera en ceci : les mathématiques ainsi que des parties abstraites de la cinématique ou de la mécanique, « cultivées » sans souci de les appliquer à la nature, manifestent soudain qu'elles nous parlent aussi de l'univers, du mouvement des astres, et des propriétés de la matière. On aperçoit ou on retrouve que « le poids, l'ordre et la mesure » contiennent le principe d'une affinité « merveilleuse » entre ce que nous pensons et ce que nous voyons. Soudain, l'homme découvre une nouvelle clé pour décrypter les phénomènes de la nature : « L'histoire des sciences au XVIIe siècle marque justement cette époque où les sciences abstraites, longtemps cultivées pour elles-mêmes et pour le charme que quelques esprits y trouvent, ou par un secret et vague pressentiment de leur rôle futur, donnent tout à coup la clef de ce qu'il y a de plus fondamental, de plus simple, de plus grand, et par conséquent de plus imposant dans l'ordre de l'univers »[1].

Si la clé ultime et parfaite était découverte, l'on pourrait, comme Kant l'a fait, constituer une *architectonique* de la raison pure. Le progrès des sciences se poursuivrait de façon plus ou moins linéaire, comme une « marche », et non comme une suite de « révolutions ». Or Cournot emploie les deux termes de « marche » et de « révolution » : le premier suggérant que l'esprit s'approche d'une science de la nature de plus en plus dépouillée d'artifices ; le second laissant entrevoir que la science est à jamais destinée à se présenter sous la forme d'une histoire, dans la mesure où la découverte de l'« ordre rationnel » ou véritable des choses est bien le but de la science, mais qu'il n'est approchable que par endroits et fragmentairement.

S'il en est ainsi, l'expression de « révolution scientifique » recouvre-t-elle une métaphore ou une conception légitime de l'histoire des sciences ? Les théoriciens des révolutions scientifiques privilégient un trait important du développement scientifique : son caractère discontinu. Ils insistent sur le fait qu'on ne peut pas se représenter l'histoire des sciences comme une marche graduelle vers un but fixé. Les crises qui se dénouent heureusement ont pour effet d'inclure dans le champ des sciences des objets ou des processus qui restaient insaisissables par les méthodes d'observation en usage et impensables à l'aide des théories disponibles. Les sciences en train de se faire, tout en possédant un ordre interne – ou, comme dit Cournot, « logique » –, sont à la fois intelligibles dans leur passé et imprévisibles dans leurs mutations. Leur histoire fait alterner des phases de progression régulière, où les bases existantes ne sont pas remises en cause ; et des moments de crise où ces

1. *Ibid.*, p. 173-174.

bases sont minées et secouées par des objections théoriques ou par des faits inintégrables. En mécanique, par exemple, le XVIIIe siècle constitue une époque où l'on développe les postulats newtoniens sans inventer d'hypothèses physiques véritablement nouvelles. De plus, par le simple effet de la succession des générations, les cartésiens actifs sont morts, et la théorie de la gravitation universelle ne rencontre plus, au sein de la nouvelle génération, délivrée du moule théorique ancien, de contradicteurs [1].

Il ne faut pas imaginer que cette avancée régulière soit défavorable aux découvertes : tout au contraire, c'est l'époque où la suprématie des géomètres s'impose, où leurs groupes, comme unifiés par une loi secrète, remplissent avec un talent supérieur le rôle que la situation des sciences leur assigne [2]. Cette époque, dont le chef-d'œuvre est, aux yeux de Cournot, la *Mécanique analytique* de Lagrange, accorde, non seulement dans la science, mais dans l'esprit général, une prééminence « au signe sur l'image et sur l'idée » [3]. Celui-ci ne fait pas seulement office d'outil, il exerce une action créatrice, à la manière d'un « artisan ». Bref, les périodes où l'invention de postulats révolutionnaires ouvre un champ immense de recherches, ont une histoire riche, même si elle ressemble à une marche progressive.

Cournot, après avoir établi que deux clés ont été conçues, forgées et appliquées à la mise en évidence des opérations de la nature, la clé (ou l'explication) géométrique et la clé (ou l'explication) mécanique, montre que le hasard, loin d'être un obstacle à la pensée, devient pour la science un principe d'intellection, dans les jeux d'abord, puis dans l'approche des phénomènes naturels. Le premier, il a conscience que l'apparition, au milieu du XVIIe siècle, d'un mode d'explication proba-

1. « La théorie de la gravitation universelle ne pouvait plus rencontrer de contradicteurs chez des géomètres qui appartenaient à une génération nouvelle, dégagée des préventions auxquelles sont sujets les contemporains d'une grande découverte, pour peu qu'elle devance son point précis de maturité. Ils devaient au contraire s'élancer à l'envi dans le vaste champ de recherches que cette découverte leur offrait » (*Considérations*, p. 272).

2. « Si l'on excepte Euler dont l'incroyable fécondité avait besoin de se déployer dans toutes les parties du domaine des mathématiques, les géomètres du XVIIIe siècle voyaient surtout dans les mathématiques un instrument à perfectionner pour les usages qu'on en peut faire, et notamment pour l'explication de toutes les irrégularités apparentes des mouvements célestes à l'aide de la théorie newtonienne » (*Ibid.*, p. 272).

3. « Cette prééminence accordée au signe sur l'image ou sur l'idée, cette confiance dans la vertu du langage, au point d'en faire non seulement l'outil, mais en quelque sorte l'artisan de la pensée, ne tenaient pas uniquement à la phase que traversaient alors les mathématiques : elles cadraient avec les dispositions générales des esprits, avec la philosophie régnante » (*Ibid.*, p. 273).

biliste ou statistique représente, par rapport à l'explication mécanique des phénomènes, un approfondissement. Il pense, nous l'avons vu, que la théorie des combinaisons, et par là, une mathématique du hasard, nous font pénétrer plus avant dans les secrets de la nature que ne le fait la mécanique rationnelle. Il note que mécanique rationnelle et « géométrie du hasard, *aleae geometria* », sont contemporaines, naissant toutes deux au XVIIe siècle, « le siècle du génie ». Enfin, il insiste sur la grande généralité des mathématiques combinatoires, sur leur aptitude à embrasser les matières les plus variées, sur leur affinité avec les deux infinis de grandeur et de petitesse : « Il existe d'ailleurs, note-t-il, un lien intime entre la théorie mathématique du hasard et la conception de l'infini en grandeur et en petitesse »[1].

Les épistémologues contemporains ont mis en évidence que les découvertes révolutionnaires ne peuvent jamais se déduire de théories antérieures (qu'on ne peut pas dériver, par exemple, les axiomes de la relativité restreinte ou de la relativité générale des axiomes de la mécanique classique). Ils ont aussi montré que les conflits entre théories ne sont pas abstraits : bien que spéculatifs, ils éclatent entre des groupes réels, dont le comportement relève d'une étude sociologique. Dans les *Considérations*, Cournot, très averti de l'histoire des institutions scientifiques, décrit aussi ce processus, et observe, nous l'avons vu, que la succession des générations éteint à elle seule bien des querelles.

En revanche, alors que l'acceptation ou le rejet des théories sur la base de leurs succès ou de leurs échecs, dans l'épistémologie contemporaine de la physique, dévalorise l'idée de *vérité* au profit d'une notion plus opératoire et moins forte, celle de *réfutabilité* (Popper), Cournot, quant à lui, ne se veut pas nominaliste mais réaliste : les théories scientifiques ne sont pas pour lui le résumé ou la systématisation de lois empiriques ; il pense que la suite des révolutions scientifiques constitue en elle-même une progression ou, comme il le dit, une « marche » vers l'intellection de l'« économie du monde », de l'ordre et de la constitution des choses.

Les pages qu'il consacre à la « révolution chimique » du XVIIIe siècle condensent l'ensemble de ses analyses des révolutions scientifiques. Quand on confronte ses vues aux recherches plus récentes et plus érudites sur l'histoire de la chimie au tournant du XVIIIe et du XIXe siècle, un constat s'impose : il peut commettre des erreurs de détail sur les faits ; il ne se trompe pas sur les idées. Aucun des constituants de cette « révolution » ne lui échappe : ni la réfutation par Lavoisier de la

1. *Ibid.*, p. 182.

théorie du phlogistique, qu'il qualifie d'ingénieuse[1]; ni la découverte du rôle de l'oxygène dans la combustion; ni l'isolement de l'hydrogène et de l'oxygène; ni l'impact industriel de leur utilisation; ni l'analyse et la synthèse de l'eau; ni l'invention d'une nouvelle nomenclature chimique[2] conforme au goût du XVIIIe siècle pour les «langues bien faites».

Cournot souligne ce qu'a d'unique cette révolution: elle ne procède pas d'une théorie abstraite ou obscure de la nature, mais se base sur les seules expériences de la chimie, celles que l'on effectue en dosant et en pesant les éléments; elle est soudaine, procède du génie d'un seul homme, tout en ouvrant une voie assez praticable pour être suivie ensuite par des expérimentateurs ordinaires; elle est précédée d'une «crise révolutionnaire [...] indépendante des idées ou des vues de Lavoisier»[3]; cette révolution, à son tour, prend appui sur la découverte de «faits positifs», d'éléments enfin isolés. Elle «est l'un des grands événements du XVIIIe siècle»: «Par suite de cette révolution, la théorie, la langue, tout a changé soudainement; tout a été refait à neuf, dans le même esprit qui allait présider, bien peu d'années après, à un essai de reconstitution de la société»[4]. Mais si la révolution chimique et la révolution politique procèdent d'une même inspiration législatrice, la seconde emporte et détruit l'auteur de la première. Ainsi, la mort de Lavoisier soude d'une façon tragique le sens scientifique et le sens politique du mot «révolution». La conclusion de Cournot éclaire le titre même des *Considérations* qui mentionne simultanément «la marche des idées» et celle des «événements» dans les temps modernes: «Voilà d'étranges rapprochements, et qui sont un motif de plus pour qu'on aime à se rendre compte de ce qu'est au juste la révolution de la chimie au XVIIIe siècle, et de la part des faits et des idées dans une crise de cette nature»[5].

On peut se demander si l'idée de révolution scientifique, non plus au sens de «fondation» d'une nouvelle science, mais au sens de processus ordinaire du progrès scientifique, n'est pas liée à l'idée d'image scientifique du monde, de *Weltbild*, entendu au sens d'œuvre créatrice, à laquelle on demande seulement d'être logiquement cohérente et de se prêter aux réfutations ou aux confirmations de l'expérience, sans prétendre à la vérité. En politique, ceux qui font une révolution pensent

1. «Rien de plus ingénieux que la théorie de Stahl» (*Considérations*, p. 277).
2. *Ibid.*, p. 277-279.
3. *Ibid.*, p. 278.
4. *Ibid.*, p. 280.
5. *Ibid.*, p. 280.

que ce sera la dernière, qu'ils instaurent un ordre définitif, ce que, bien sûr, l'histoire dément. En va-t-il de même dans les sciences ?

Les révolutions scientifiques ne cachent-elles pas l'unité d'une même visée, d'une intention unique qui, de Thalès ou de Pythagore à Newton et Einstein, anime de l'intérieur la « recherche de la vérité », l'approche théorique de la nature ? Ces penseurs n'ont-ils pas en commun de croire que les lois de l'univers sont écrites, comme le dit Galilée, en caractères mathématiques ? Ne disent-ils pas, chacun à sa manière, que « la science est tout entière démonstration » ? L'historien des sciences ne note-t-il pas entre les structures logiques de leurs théories de remarquables similitudes ? Ne partagent-ils pas enfin un même projet, qui est de discerner, à l'aide d'artifices et d'instruments, les opérations de la nature, le cours et l'ordre des choses ?

Tous ces grands esprits ont innové ; ils ont inventé des concepts, ouvert à la connaissance de nouvelles classes d'objets, mais ils prennent aussi place dans une sorte de constellation unique, des Grecs à nos jours, de physiciens mathématiciens. Si bien que, suivant qu'on s'attache aux notions inédites, aux phénomènes dont le nombre et la diversité augmentent, ou bien aux structures logiques des théories et à l'art d'expérimenter qui présentent une remarquable stabilité, on incline à penser l'éclatement d'une révolution scientifique comme la venue de l'Autre ou comme le retour du Même. Ainsi, il convient peut-être, en définitive, de légitimer l'ambiguïté du terme de « révolution » appliqué aux sciences. L'expression de « révolution scientifique » conjuguerait alors, en une seule formule, l'idée de novation radicale (dans l'exploration des phénomènes, dans la production des concepts, dans l'invention des hypothèses ou des postulats, dans la découverte d'objets jusque-là inaperçus), et le souci d'un retour à un état jugé plus originaire, plus authentique, plus fondé. Comme le dit Aristote, « si les démonstrations ne sont pas limitées, du moins retournent-elles vers leur principe. Mais, par l'addition successive d'un moyen et d'un extrême, elles progressent en ligne droite. La révolution (περιφορά) par contre retourne vers son principe »[1]. Cette dernière formule éclaire parfaitement la finalité des révolutions scientifiques : il s'agit toujours de refondre des concepts ou des hypothèses, en vue d'asseoir plus solidement les principes d'une théorie. Il y a à la fois progression et boucle, avancée et retour, invention et découverte[2].

1. Aristote, *Traité de l'âme*, I, 3, 407 a 30.

2. Dans un cours sur la notion de précurseur en histoire des sciences, Georges Canguilhem se servit de l'image du discobole, dont on ne sait si le regard est dirigé vers le but ou concentré sur le disque.

Cournot concilie le réalisme avec une théorie de la marche historique des sciences. Il ne réduit pas la connaissance scientifique à la confection de successives images du monde ; il voit en elle un effort pour discerner, même de façon locale, incomplète et fragmentaire, les opérations de la nature. L'étude de l'histoire des sciences ou, comme il dit, de « la marche des idées et des événements » le conforte dans la conviction que l'édification des sciences, quoique comportant une part d'artifice, a pour résultat de nous faire concevoir l'ordre et la réalité des choses dans une sorte de face à face. Il n'a cessé de se poser cette question : « L'esprit humain ressemble-t-il au miroir plan ou au miroir cylindrique ? Est-il constitué de manière à saisir les rapports des choses tels qu'ils sont, sans les altérer essentiellement ? Ou bien les lois de sa constitution, les instruments dont il dispose, la station d'où l'homme observe, le milieu qui l'enveloppe, influent-ils sur ses idées au point de lui donner une fausse notion des choses ou de rendre soit impossible, soit incertaine, la connaissance de ce que les choses sont intrinsèquement ? Ou bien enfin y a-t-il quelque moyen de démêler ce qui doit être proprement l'objet de notre connaissance, c'est-à-dire ce qui tient à la nature des choses extérieures, d'avec ce qui tient à la station, au milieu, à la structure des organes, bref à la constitution de notre entendement, telle qu'elle résulte de lois nécessaires, de dispositions congéniales ou d'habitudes acquises ? »[1]

Cournot, au terme d'une longue enquête, renouvelle résolument le pari qu'il a fait probablement très jeune : il y a marche, progrès, évolution et révolution dans les idées et les attitudes, parce que « chaque science se fraye sa voie, trouve ses procédés, se crée ses instruments, sa langue et sa méthode selon ses propres besoins, d'après la nature des choses sur lesquelles portent ses investigations »[2]. Nous changeons de clés pour approcher la nature. Ces opérations « révolutionnaires » ne légitiment aucunement le relativisme. En effet, ce prodigieux déploiement d'ingéniosité et de génie n'a qu'une fin : faire que l'esprit, abandonnant pour ainsi dire ses artifices préliminaires, discerne, par le fait qu'il se coule en elles, l'ordre des choses.

1. *Matérialisme*, p. 199.
2. *Ibid.*, p. 210.

CHAPITRE VIII

L'ACTUALITÉ DE COURNOT

Cournot n'attribuait pas à la philosophie la faculté de concevoir des idées nouvelles, mais tout au plus celle de les pressentir. Il lui semblait que seules les sciences, parce qu'elles ont la patience du réel, nous font voir autrement la nature ou l'homme. Dans cette perspective, la philosophie tient après coup les comptes. Elle ne dessine pas l'avenir. La « marche des idées et des événements » emporte dans son mouvement complexe et imprévisible les essais discordants des hommes. Au fur et à mesure que la science progresse et que les anciennes vues se périment, il doit donc se produire un effritement des doctrines philosophiques. Solidaires des idées scientifiques, elles en partagent le déclin. Existe-t-il un moyen de conjurer ce sort, d'échapper à l'altération du temps ? Simone Weil répondait : « Il faudrait dire des choses éternelles, pour être sûr qu'elles seraient d'actualité ». Est-ce le cas de Cournot ? A-t-il eu, dans sa recherche de la vérité, dans son enquête sur la nature, dans ses vues sur l'histoire, des révélations qui, à un siècle et demi de distance, gardent leur valeur et leur sens ?

HISTOIRE

La première évidence qui frappe son lecteur, c'est que Cournot inscrit toute découverte dans une histoire : jamais il ne peint un travail scientifique ou une action politique comme un événement isolé. Partout il retrouve la solidarité conflictuelle des hommes, d'où l'homologie qu'il décèle entre les structures de l'histoire et celle des jeux de société. Ce qui existe d'abord, dans la pensée comme dans la vie, ce sont des opérations : la réalité tout entière est action. À cet égard, Cournot est proche de Bergson, affirmant dans *L'Évolution créatrice* : « Il n'y a pas de choses, il n'y a que des actions »[1]. Ce qui est visible, c'est l'acte qui remue l'inertie des états. Il y a donc un *commercium* des êtres : Cournot, quoique grand admirateur de Leibniz, ne conçoit pas ce réseau universel des êtres comme formé de monades séparées ; nourri de mécanique et d'histoire, et pionnier de l'économétrie, il est le penseur de l'interaction intelligente et aléatoire des êtres.

À ce titre, Cournot apparaît comme l'un des premiers penseurs à avoir forgé un modèle mathématique de l'intersubjectivité transcendantale. Comparer l'histoire à un jeu de société – nous dirions, aujourd'hui, de stratégie –, c'est attribuer le poids de la réalité historique non aux agents mais aux actions. En quoi il s'accorde avec Aristote qui, dans *La Poétique*, observe : « En effet la tragédie est représentation non d'hommes mais d'action [...] ils n'agissent pas pour représenter des caractères, mais c'est au travers de leurs actions que se dessinent leurs caractères »[2]. Ainsi, Cournot déploie l'histoire non seulement comme un système d'interactions simultanées mais comme un enchaînement d'actions liées.

Que les mathématiques nous instruisent sur un tel état de choses signifie que la causalité intelligente, non d'un Dieu mais des hommes, agit sur le cours des événements, non par ces incidences ponctuelles et séparées, mais par des impulsions qui, quoique situées dans l'espace et le temps à l'intérieur du réseau des interactions, propagent leurs effets loin de leur source.

Parfois les actions déploient leurs effets sans que leur sens s'altère ; en d'autres circonstances, on observe des transformations ou des ruptures, dans le sens et dans l'effet. L'idée de hasard désigne les avatars de cette propagation d'un milieu à un autre milieu. Par là, le hasard, tout en désignant une idée et non une cause, est un « fait naturel ». Cournot a vu dans la contingence la part d'aléas qui préside à la rencontre des ordres distincts ou des milieux différents qui participent à l'histoire de la nature et de l'humanité.

Cependant, alors que l'histoire embrasse non seulement l'humanité mais le Monde en son entier, l'action effective se joue d'abord sur des scènes séparées qui, dans certaines circonstances, se rapprochent ou se rejoignent. De la sorte, l'histoire a toujours un début local ; mais, selon sa nature et en fonction des conditions, ou elle reste cantonnée dans un monde clos ou elle exerce au dehors ses effets. Cette perspective n'est pas abstraite : elle s'illustre à l'époque moderne par l'exploration de la

1. Henri Bergson, *L'Évolution créatrice* [1907], 1981, PUF, p. 249.

2. Aristote, *La Poétique*, trad. et notes par Roselyne Dupont-Roc et Jean Lallot, Le Seuil, 1980, 1450a 17-21, p. 55.

Terre et, en science, par la multiplication des lieux d'excellence. Cournot, nous l'avons vu, croit que la *virtù* scientifique migre comme la *virtù* politique.

On peut donc créditer Cournot, au sujet de l'histoire, de plusieurs idées qui gardent aujourd'hui encore toute leur actualité, dans la mesure où elles constituent toujours le germe de « programmes » philosophiques encore inachevés, que l'on peut mettre sous la forme des alternatives suivantes :

1) Faut-il considérer l'histoire humaine comme une histoire d'emblée universelle incluant en droit toute l'humanité, ou comme une somme d'histoire régionales séparées ?

Cournot montre que les histoires sont d'abord régionales et se déroulent dans de « petits mondes » séparés. Mais ces derniers, en se rencontrant, se heurtent, se mêlent ou même fusionnent. Bien plus, la théorie de l'évolution établit qu'entre tous les vivants il y a une communauté d'origine. Ainsi, nous seulement l'histoire humaine mais celle de la nature forment une unique action.

Si donc, à la suite de Cournot, nous choisissons le premier terme de l'alternative, une deuxième interrogation surgit :

2) Faut-il définir d'abord cette histoire par ses agents [les hommes, pris individuellement ou au sein de collectivités] ou par son contenu [les actions, c'est-à-dire les interactions] ?

Cournot, on le sait, n'est pas enclin à définir l'homme comme « maître et possesseur de la nature » ou à insister, bien qu'il soit de culture et sans doute de foi chrétiennes, sur l'idée que l'homme a été fait à l'image de Dieu. Il dit de l'homme – répétons-le – qu'il est « le concessionnaire d'une planète ». Il reçoit un lot, comme on assume un destin. Ce n'est donc pas à partir de l'intérieur, en scrutant ses intentions ou son caractère, que l'on définit l'individu, mais par ses actions. En tant qu'historien des sciences, des idées ou de la civilisation, Cournot met l'accent sur les événements, autrement dit sur les actions. À ce titre, il privilégie, comme Aristote, l'action par rapport à l'agent. Suivons-le donc.

3) Faut-il alors croire que la modélisation mathématique des interactions humaines est le symbole véridique d'une intersubjectivité transcendantale ou seulement un artifice de présentation et un instrument de calcul ?

Il semble paradoxal d'appliquer le terme d'« intersubjectivité » pour désigner l'ensemble des rapports entre les agents historiques, juste après avoir dit que la matière première de l'histoire n'était pas faite d'agents substantiels mais d'événements et d'actions. C'est que, pour l'observateur, ainsi que le note Aristote, le caractère est appréhendé à travers l'action. Il en va de même du génie scientifique ou politique : ce sont ses réalisations ou ses œuvres qui, nous instruisant sur ce qu'il fait, nous laisse rêver sur ce qu'il est.

Ce qui constitue un individu, c'est une somme d'actions et d'événements sur lesquels il appose une signature. La signature n'accroît pas le contenu, elle l'unifie non par nature mais par décret. Certes, l'unité de l'individu est d'abord organique ; elle accompagne le sentiment de l'effort. Mais, en fin de compte, comme, plus tard, dans la théorie des jeux, il y a chez Cournot la conviction que la conscience n'existe pas à l'état de séparation et de repos : elle n'existe qu'en opération, quand elle active et vivifie le réseau de ses projets, le système de ses contraintes et le spectre indéterminé de ses rencontres.

Ainsi, Cournot, par ses réflexions sur la théorie des chances et par ses découvertes dans la théorie mathématique des échanges, a élaboré un programme toujours actuel pour comprendre rationnellement les interactions entre les hommes, pour concevoir l'histoire. À ce titre, l'intersubjectivité joue bien, à ses yeux, un rôle transcendantal, puisque, dans la vie spéculative comme dans l'action, elle est constitutive de l'expérience des hommes : dans ses actions, chaque agent prend en compte non seulement les contraintes inertes et organiques du milieu où il opère, mais aussi les projets et les actions des autres agents. Sans avoir besoin de *décider* si les agents humains sont des sujets substantiels ou des « masques sans visage »[1], nous savons que, dans leurs échanges de biens, de personnes ou de messages, ils n'existent, ne pensent et n'agissent qu'au sein de réseaux qui fondent leur expérience et dessinent leur être. La modélisation mathématique de l'interaction humaine n'est donc pas un artifice mais la symbolisation d'échanges et de conflits réels.

S'il en est ainsi, une autre alternative surgit :

4) Faut-il concevoir un tel réseau d'interactions comme déterminé par les conditions que la vie sur notre planète fait aux hommes ou sur le modèle de la « communauté éthique »[2], à la manière de Kant ?

Cournot prend soin de lier explicitement la situation de l'humanité aux ressources et aux contraintes de la planète. Par où il apparaît comme un penseur de la responsabilité politique plutôt que de la seule conviction éthique. Comme l'a noté, répétons-le, Georges Canguilhem, il est sensible aux aspects destructeurs de l'action humaine, qui

1. L'expression est de Dina Dreyfus.

2. Kant, *La Religion dans les limites de la simple raison* [1793], Pléiade, t. III, p. 113-114.

ressemble moins à la gestion d'une ferme qu'à l'exploitation d'une mine.

Du même coup, les conditions de possibilité de l'expérience incluent la situation concrète des individus et des collectivités: le «transcendantal» n'est ni intemporel ni formel; il est de part en part historique et empiriquement déterminé. Aucun individu, aucune action n'existent hors de leur contexte, qui lui-même comporte un horizon d'aléas. À cet égard, Cournot peut être rapproché de Marx comme de Hans Jonas et de Karl-Otto Apel. Dès lors, la bonne manière de réfléchir à un problème, qu'il soit scientifique ou politique, c'est d'en saisir la singularité. Il n'y a que des cas.

Cependant, tout en étant déterminée par son contexte, l'action humaine crée un ordre original de réalités qui, étant compatibles avec les lois de la nature, s'y insèrent, mais qui, n'étant pas spontanément produites par la nature, la dépassent.

Or Cournot ne cesse de redire, en se servant d'illustrations et d'arguments différents, que la nature n'est pas un système monolithique, mais un ensemble de règnes ou d'ordres. De ce fait, l'histoire et l'action ont une contingence irrémédiable, puisqu'il est rare qu'elles se jouent sur un théâtre fermé. Si nous adoptons le parti de Cournot, nous sommes conduits à formuler des questions épistémologiquement difficiles, à élaborer une théorie originale de la nature et de la connaissance.

NATURE

Une classification des sciences, selon Cournot, a pour but de faire coïncider les limites des disciplines avec celles des régions de la nature. Si cette entreprise aboutissait, les articulations entre les sciences et les ordres de la nature seraient superposables. Pour classer les connaissances, Cournot utilise un tableau à double entrée: il distingue les sciences théoriques «dont le propre est de relier en système des vérités éternelles ou des lois permanentes de la nature»[1] et les sciences cosmologiques et historiques «qui portent sur un enchaînement de faits qui se sont produits successivement [...] et qu'on explique les uns par les autres, en remontant ainsi jusqu'à des faits originels qu'il faut admettre sans explication, faute de connaître les faits antérieurs qui les expliqueraient»[2]. Les secondes ne sont pas réductibles aux premières,

1. *Essai*, p. 408.
2. *Ibid.*, p. 408-409.

puisque le temps n'est en aucun cas une simple «image mobile de l'éternité»: il a son épaisseur, ses accidents et son être.

Cournot, proche en cela d'Auguste Comte ou d'Ampère, se représente une «distribution par étages [qui] permet de distinguer naturellement cinq groupes ou familles, savoir:

Le premier groupe, comprenant les sciences mathématiques;

Le second, comprenant les sciences physiques et cosmologiques;

Le troisième, comprenant les sciences biologiques et l'histoire naturelle proprement dite;

Le quatrième, comprenant les sciences noologiques et toutes les branches de la symbolique;

Le cinquième, comprenant les sciences politiques et l'histoire proprement dite»[1].

À première vue, il s'agit là d'une disposition classique par empilement, où chaque groupe de sciences sert d'assise au suivant. Or Cournot observe, nous l'avons vu, que la nature, quand l'échelle de ses opérations change, change aussi de structures et de lois. Elle a «adopté des modules qui s'échelonnent, avec des sauts ou des disproportions bien marquées pour chaque catégorie de phénomènes»[2]. Comme les diverses pièces dont la nature est faite ne sont pas étroitement ajustées, il y a, dans leurs rapports, de la contingence et du jeu. La théorie des chances a pour fonction d'éclairer cette contingence, de la réguler par les combinaisons et le calcul. Les théories scientifiques doivent donc diversifier leurs concepts, leurs structures et leurs méthodes selon l'ordre de réalités sur lequel elles portent. Or plus la science progresse, plus la spécificité de ces «mondes distincts» s'impose: ni la forme des êtres qui les constituent ni les lois qui les régissent ne se ressemblent. On ne peut passer de l'un à l'autre par une transition continue. Dès lors, il est inévitable qu'à des ordres différents de la nature correspondent des sciences dont les structures théoriques diffèrent.

Du même coup, qu'il s'agisse des rapports entre le biologique et le mental, ou entre le biologique et le chimique, par exemple, rendre intelligibles les articulations entre ces ordres devient un problème majeur de la science. Sur cette question, Cournot apporte des vues originales et profondes, même si les situations et les disciplines sur lesquelles repose sa réflexion sont trop différentes de celles de notre temps pour que ses analyses soient directement transposables. Toutefois, il a soulevé un problème toujours actuel: puisque la nature diversifie ses opérations selon l'échelle des êtres et les régions du réel,

1. *Ibid.*, p. 409.
2. *Considérations*, p. 193.

comment les sciences peuvent-elles épouser cette diversité, sans sacrifier l'unité du système de la nature ? Croire que l'esprit humain peut découvrir les processus de la nature, c'est penser que, si nous lui posons des questions claires, la nature y répondra par « oui » ou par « non ». Si son architecture est stable et que son plan soit un, on peut, comme Kant, penser qu'une architectonique de la raison pure nous guidera dans la recherche des articulations de la nature. Si, en revanche, chacune des régions de cette dernière possède sa constitution et ses lois, comment parviendrons-nous à discerner, selon le mot de John Herschel, l'« esprit de ses lois », l'unité secrète de leurs structures différentes ? Telle est la question que se posait Cournot, et que pose, aujourd'hui encore, la philosophie de la nature. Il y répondait en pariant que le concept classique de vérité a un sens et un usage effectifs.

Enfin, comme le statut de l'action le révèle – et comme les progrès de la chimie organique dans les années 1860 le laissent entrevoir –, la nature ne réalise pas spontanément la totalité de ce que ses lois la mettent en mesure de produire. C'est là une idée majeure. Elle n'est pas neuve, ce n'est pas Cournot qui l'a inventée : on la trouvait déjà dans la tradition alchimique. Mais le principe d'incomplétude de la nature ne devient une idée opérationnelle et scientifique qu'au XIXe siècle. Cournot en saisit l'importance et en donne une formulation qui est encore la nôtre aujourd'hui. Alors qu'il ne songe qu'à des exemples empruntés à la physique et à la chimie, c'est la biologie tout entière qui, depuis un demi-siècle, est entrée dans l'atelier humain. Or l'esprit dans lequel l'homme opère est celui dans lequel, selon Cournot, la nature elle-même opère, en retravaillant une pâte millénaire, en lui apportant de petites modifications qui, introduites en jouant sur la palette des causes secondes, remodèlent la glaise originelle. Et surtout, Cournot a souligné que cet état de choses ne devenait intelligible que dans une conception évolutionniste, généalogique et unitaire de la nature, et non dans une perspective à la Cuvier, où la nature n'agit, nous l'avons vu, que par décrets ou coups d'État.

Quand l'homme agit sur la nature, il est rare que son action tout entière s'inscrive dans un seul ordre (inorganique, par exemple) de cette dernière : « la série technique ou pratique » des connaissances humaines n'a donc pas les mêmes articulations que la série théorique, ce qui confère à l'action une structure particulière, puisqu'elle met en œuvre des opérations causales qui appartiennent à des registres différents. Si certains des exemples de Cournot ont vieilli, l'idée reste actuelle, et donne aux relations entre l'homme et la nature une complexité à la fois finale et causale. Le regard qu'il porte sur l'action, qu'elle soit modélisable ou rebelle aux mathématiques, que ses intérêts soient limités comme dans les jeux ou majeurs comme en politique, est un regard moderne. L'action possède un caractère « cosmique » : elle introduit, dans la nature, de nouveaux êtres et des processus inédits ; en même temps, elle transforme les agents. Ses effets, dont l'ensemble constitue l'histoire humaine, impriment à la Terre une marque que la puissance grandissante des techniques rend irréversible.

En philosophie de la nature, Cournot peut être crédité de trois idées fondamentales : celle d'une historicité de la nature saisissable par les sciences, et justifiant la distinction entre sciences théoriques et cosmologiques, comme entre lois et faits ; celle d'une diversité de structures des différentes régions ou ordres de la réalité, induisant une diversité de concepts et de méthodes des sciences ; celle enfin de l'incomplétude de la nature, qui fait apparaître, dans le champ de cette dernière, la place de l'action.

Les deux premières idées inspirent, depuis l'époque de Cournot, des « programmes » essentiels de la science : la cosmologie physique est devenue, depuis la Relativité générale et les progrès de l'astronomie d'observation, une discipline scientifique ; la vision probabiliste de la nature s'est imposée ; l'étude de la naissance de l'ordre à partir du chaos, neuve au moment où Cournot l'entreprend, fait partie des approches classiques de la nature, mais avec des instruments et des concepts qui n'existaient pas au milieu du siècle dernier. Enfin, la théorie de l'action conçue par Cournot reste, aujourd'hui encore, étonnamment moderne, tant par son style mathématique que par la subtilité de sa structure causale. À ses yeux, en effet, l'homme d'action se meut dans un monde pluridimensionnel qu'il tente de modifier. L'action ne peut donc pas devenir une science, puisqu'elle essaie de donner de l'harmonie à des séquences causales disparates.

CATÉGORIES ET CLÉS

La philosophie de la connaissance de Cournot présente un paradoxe : il est réaliste, pense que l'esprit est capable de restituer, au moins fragmentairement, les opérations de la nature ; et, en même temps, il a conçu, près d'un siècle avant Thomas Kuhn, la première théorie des « révolutions scientifiques ». Comment accorder entre elles ces deux attitudes ? Si l'entendement découvre l'ordre réel des choses, pourquoi changerait-il de vision ? Et si, historiquement, la science s'accomplit à travers un « enchaînement » ou une « marche des idées », n'est-ce pas l'indice que ces idées ne fournissent qu'une image du monde et qu'elles manquent de « valeur représentative » ? À ce dilemme, Cournot apporte la solution suivante : connaître en vérité les opérations de la nature ne signifie pas en avoir pénétré les ultimes secrets ; nous approchons la nature par degrés, en usant de clés successives, qu'il nomme « catégories ».

Alors que Kant ou Hegel, quoique de manière différente, jugent que l'ensemble des catégories peuvent être exhaustivement énumérées, Cournot estime que la liste en est ouverte. Lui-même a décrit quatre de ces clés fondamentales : géométrique, mécanique, probabiliste, historique ; mais il pensait que la science en créerait encore d'autres.

La première est l'idée de forme, qui s'applique « aux objets corporels, visibles et palpables » comme à ceux « qui ne tombent que sous l'œil de notre entendement »[1] : elle concerne autant les institutions que les objets mathématiques ou les êtres physiques. Ainsi comprise, l'idée de forme joue le rôle d'un « paradigme » : elle institue une manière commune de penser et de voir, une façon collective et durable d'interroger la réalité. Cette première clé, toutefois, n'est pas, à elle seule, suffisante pour nous découvrir l'ordre des choses.

Elle échoue, en effet, à nous livrer le secret du mouvement, à nous faire pénétrer les lois du changement. C'est la statique d'Archimède, partiellement, et la dynamique classique, celle qu'édifient Galilée, Kepler et, plus complètement, Newton, qui nous apportent une deuxième clé, plus puissante, pour reconstituer l'état de mouvement des choses, quand celui-ci se modifie, pendant un court intervalle de temps, sous l'effet d'une cause extérieure. Cournot a soigneusement étudié la science classique. Il a consacré à la statique d'Archimède et de Stevin, comme à la dynamique de Newton, de belles analyses.

Son originalité principale, pourtant, est ailleurs : il a été le premier philosophe des sciences à prendre conscience que la « théorie des chances et des probabilités » frayait une voie entièrement nouvelle pour explorer la nature, dans les domaines où l'échelle des phénomènes n'est pas à notre mesure.

Enfin Cournot, qui ne sépare jamais les sciences et l'histoire, a bien vu que cette dernière relève d'une quatrième clé, que fournissent les jeux de société ou de stratégie : ceux-ci, en effet, nous donnent le moyen de penser l'interaction d'êtres intelligents qui décident sur la base d'une situation déterminée, en tenant compte des intentions, le plus souvent

1. *Traité*, p. 9.

inconnues d'eux, d'adversaires et d'alliés. Cournot lui-même, rappelons-le, a créé, dans ce domaine, des modèles qui aujourd'hui encore sont employés.

Mais, surtout, il n'imaginait pas que la liste de ces «catégories», de ces idées «constitutives de l'entendement» devait se clore; tout au contraire, il la voyait ouverte et inachevable, dans la mesure même où la réalité n'est pas faite de régions ou d'ordres étroitement cimentés au point de d'apparaître comme d'une seule pièce.

L'avenir a donné raison à Cournot: la conciliation de la théorie des révolutions scientifiques et d'une philosophie de la nature est toujours d'actualité. En effet, il faut parvenir à penser à la fois que la nature peut répondre par «oui» ou par «non» à nos questions; et que la suite des questions et des réponses forme une histoire de la science. Or la première proposition ratifie le concept classique de vérité, alors que la seconde, à première vue, semble repousser la découverte de la vérité dans un horizon indéterminé. À cette difficulté, Cournot répond – et on ne voit pas comment faire mieux que lui – que la structure stratifiée de la nature fait de la recherche de la vérité une «marche», où il faut changer, à certaines étapes, de monture, c'est-à-dire de postulats, de principes et d'objets, en s'y prenant autrement pour amener la nature «à [...] dévoiler la loi mathématique, simple et fondamentale, qui se dérobe à la faiblesse de nos sens ou que masque la complication des phénomènes»[1].

Il ne faut d'ailleurs pas croire que chaque «clé» ou «catégorie», une fois qu'elle a joué un rôle dominant à une époque déterminée, perde tout usage et disparaisse: au XXe siècle, par exemple, les théories morphologiques, fondées sur l'idée de forme, ont pris une extension considérable, à travers quatre théories: la théorie des catastrophes, la théorie des fractales, la théorie des structures dissipatives, et la théorie du chaos[2]. De la même manière, le concept de «force» et la clé de la mécanique ont été entièrement refondus. On en dirait autant de l'approche probabiliste de la nature.

La théorie des objets fractals, par exemple, aurait vivement intéressé Cournot. La présentant, Benoît Mandelbrot, écrit: «[...] Des objets naturels très divers, dont beaucoup sont fort familiers, tels la Terre, le Ciel et l'Océan, sont étudiés à l'aide d'une large famille d'objets géométriques, jusqu'à présent jugés ésotériques et inutilisables, mais dont j'espère montrer tout au contraire qu'ils méritent, de par la simplicité, la diversité et l'étendue extraordinaires de leurs nouvelles

1. *Considérations*, p. 187.
2. Alain Boutot, *L'Invention des formes*, Odile Jacob, 1994.

applications, d'être bientôt intégrés à la géométrie élémentaire»[1]. L'idée décisive, c'est bien que se constitue ainsi une «nouvelle géométrie de la nature»[2], différente de celle d'Euclide et d'Apollonius. Ces deux géométries – l'ancienne et la nouvelle – se réfèrent à deux conceptions et même à deux ontologies différentes de la forme: pour Galilée, les caractères du livre de la nature «ne sont autres, on le sait, que triangles, cercles, sphères, cônes et autres figures mathématiques, parfaitement appropriées à une telle lecture»[3]. En revanche, note Mandelbrot, «la géométrie fractale est caractérisée par deux choix: le choix de problèmes au sein du chaos de la nature [...]; et le choix d'outils au sein des mathématiques [...].» L'auteur ajoute: «Progressivement nourris, ces deux choix ont créé quelque chose de nouveau: entre le domaine du chaos incontrôlé et l'ordre excessif d'Euclide, il y a désormais une nouvelle zone d'ordre fractal»[4]. Cournot aurait été captivé par une telle approche, lui qui voyait bien les limites de la «régularité géométrique» dans les êtres naturels et qui, dans sa cosmogonie physique, avait souligné que la période chaotique du Monde n'était pas entièrement révolue.

Mais, surtout, il aurait apprécié l'aspect réaliste de cette théorie: «Ces figures ont quelque chose d'extrêmement simple, concret, intuitif.» Il ne s'agit pas d'inventer des singularités mathématiques, mais de «découvrir» des formes qui existent dans la nature, qui sont celles d'objets, de processus et d'êtres. C'est ce point que souligne Roger Penrose: «L'ensemble de Mandelbrot n'est pas une invention de l'esprit humain: c'est une découverte. Tout comme le mont Everest, l'ensemble de Mandelbrot *est* tout simplement *là*.»[5].

De même que l'étoile, pour reprendre l'image de Cournot, existe indépendamment du télescope qui nous permet de la voir, ainsi l'ensemble de Mandelbrot existe indépendamment de l'ordinateur qui a permis de le déceler. Mandelbrot en tire une conclusion à laquelle aurait souscrit Cournot: «L'affirmation que la géométrie est morte ne mérite que le mépris. Tout au contraire, l'ordinateur paraît avoir aidé la géométrie à entrer dans un nouvel Âge d'Or»[6]. En effet, cette

1. Benoît Mandelbrot, *Les Objets fractals*, Troisième édition, suivie de *Survol du langage fractal*, Flammarion, 1975, 1984, 1989, p. 5.

2. *Ibid.*, p. 5.

3. Galilée, *Il Saggiatore*, *Opere*, éd. A. Favaro, VI, p. 232, trad. par Ch. Chauviré, *L'Essayeur de Galilée*, Les Belles Lettres, 1980, p. 141, cité par Alain Boutot, *op. cit.*, p. 34, note.

4. Benoît Mandelbrot, *op. cit.*, p. 10.

5. Roger Penrose, *The Emperor's Mind* [1989], trad. *L'Esprit, l'ordinateur et les lois de la physique*, InterÉditions, 1992, p. 102.

6. Benoît Mandelbrot, *op. cit.*, p. 229.

utilisation d'une machine pour mettre en œuvre «les règles de construction très simples <qui> ont le pouvoir d'engendrer des objets de forme extraordinaire et d'apparence chaotique»[1] confirme l'idée de Cournot selon laquelle l'homme, par son esprit et son action, découvre, dans la nature, des formes jusque-là endormies ou cachées. De plus, ces formes, au premier abord étranges, livrent leur secret grâce à une «combinaison de la géométrie et de l'analyse»: des constructions simples font surgir des objets d'apparence chaotique; puis l'emploi conjugué de la géométrie et de l'analyse les éclaire.

On est là dans un scénario qui n'aurait pas déconcerté Cournot, car il voyait dans la théorie des fonctions et dans l'analyse infinitésimale un puissant instrument d'exploration. Ce qui l'aurait probablement surpris, en revanche – lui qui a insisté sur la continuité des processus naturels –, c'est l'importance, dans la nature, de formes, de phénomènes, et d'objets qui ne sont pas représentables au moyen de fonctions dérivables[2].

Cournot, si curieux d'astronomie, aurait aussi été fasciné par les débuts de la théorie du chaos déterministe, telle que Poincaré la formule en 1897, à propos du problème des trois corps, dans *Les Méthodes nouvelles de la Mécanique céleste*, ou la reprend en 1908, dans *Science et Méthode*, quand il observe: «[...] Il peut arriver que de petites différences dans les conditions initiales en engendrent de très grandes dans les phénomènes finaux; une petite erreur sur les premières produirait une erreur énorme sur les derniers. La prédiction devient impossible»[3].

Si les grandes voies classiques d'exploration du réel ont conservé leur fécondité et leur vérité, la liste des catégories s'est enrichie, notamment dans l'ordre biologique, où Cournot pensait que la vie opposerait une résistance insurmontable aux conjectures que nous formons pour prendre ses phénomènes et son histoire dans nos filets. Lui qui se moquait de la conception de la science comme d'une «langue bien faite» aurait été surpris de l'extension qu'allait prendre en biologie, dans la seconde moitié du XXe siècle, les notions d'information, de langage et de code. En même temps, il aurait trouvé naturel qu'une nouvelle «idée fondamentale» émerge, qui fasse apparaître une vaste classe de phénomènes inconnus.

1. *Ibid.*, p. 229.

2. Mandelbrot attribue à Jean Perrin, dans *Les Atomes* [1913], Gallimard, coll. Idées, 1948, 1970, p. 15-17, le mérite d'avoir attiré le premier l'attention sur cet état de choses, qui légitime la mise en œuvre d'une nouvelle géométrie de la nature.

3. Poincaré, *Science et méthode*, cité par James Gleick, *La Théorie du chaos. Vers une nouvelle science* [1987], trad. Albin Michel, 1989, p. 401.

Cournot, dans les titres qu'il a donnés à ses œuvres, associe toujours la science et l'histoire, comme pour souligner que les clés ou catégories témoignent du caractère historique de la recherche de la vérité. Ainsi, ce que notre époque, avec Husserl, appelle intersubjectivité transcendantale se trouve déjà présent chez lui. Il est clair, en effet, qu'à ses yeux, la constitution de l'objectivité dans les sciences implique l'interaction des membres de la communauté scientifique. Cette idée ne lui est pas propre : on la trouve, magnifiquement exprimée, par John Herschel, dans *A Preliminary Discourse* de 1830.

PHILOSOPHIE DU LANGAGE

De ce fait, la communication entre les savants ou, plus généralement, le *commercium spirituale* est un élément constitutif, quoique nous ne le remarquions pas immédiatement, de la philosophie de la nature. Sans la communauté scientifique, sans le déploiement d'une longue histoire, les clés qui nous aident à décrypter la réalité n'auraient pas été forgées et refondues. Et pourtant, dans cette recherche, le langage joue un rôle ambivalent.

Cournot a insisté sur la discordance entre les signes institués ou symboles et les choses. Son œuvre, en tant que philosophe du langage, mérite d'être revisitée, au moment où nous sortons de la longue glaciation analytique et structuraliste. Cournot a été le témoin de l'engouement pour les « langues bien faites » à la fin du XVIIIe siècle et à l'époque de l'Idéologie. Il a vu les effets directs du changement de nomenclature de la chimie. Il a assisté aux derniers combats entre partisans de la notation de Newton et de celle de Leibniz dans le calcul infinitésimal. Il a traversé, durant sa vie, plusieurs changements de législation et de constitution. Enfin, il a lui-même inventé une nouvelle manière de théoriser et de nommer les opérations qui, en économie, gouvernent les échanges. Ainsi, il a vu les noms changer quand les choses restaient les mêmes et des noms identiques habiller des réalités mouvantes.

Cournot a eu de multiples occasions de méditer sur le langage et les institutions au cours de sa longue carrière universitaire et administrative. Il est sensible à la disparité des noms et des choses, aux appellations identiques qui recouvrent des réalités différentes : « [...] Tandis que les conditions de la solidité d'un pont ne sont pas autres en province qu'à Paris, presque toutes les conditions des divers services de l'instruction publique diffèrent essentiellement à Paris de ce qu'elles sont en province ; de sorte que la plupart des vices de nos règlements en ces matières [...] viennent de ce que ceux qui les ont faits avaient Paris sous les yeux, ou ne prenaient leurs informations qu'à Paris, auprès des gens du métier qui ne connaissaient pas la province, ou qui s'étaient habitués à n'en guère tenir compte »[1].

Ce qui est vrai de la vie ordinaire l'est encore plus des sciences : la langue dépend de la clé selon laquelle on y interprète la nature. Les mots, les propositions, la syntaxe subissent l'attraction du paradigme retenu pour interroger le réel. La langue, en effet, n'est pas pour Cournot, nous l'avons vu, un simple instrument d'investigation : c'est en son sein, avec son aide, que les êtres et les choses se déploient. Pour s'en rendre compte, il faut voir à l'œuvre le travail de classification, c'est-à-dire la manière dont l'esprit, sur la base de ses expériences et de ses catégories, ordonne la diversité des êtres.

Or les limites de chaque science changent avec le temps ; et les modes d'approche de la nature varient selon les types de phénomènes. La science tout entière a donc quelque chose d'historique et de mouvant, ses points d'ancrage, à chaque époque, étant constitués par les faits qu'elle ne parvient pas à décomposer. C'est ainsi que se réalise, de façon provisoire, la classification des phénomènes : chaque branche de la science n'a qu'une existence momentanée ; elle ne garde sa spécificité qu'aussi longtemps que les faits dont elle s'occupe sont considérés comme indécomposables et distincts. Les lois scientifiques désignent les relations que l'on établit entre des faits provisoirement « élémentaires ». Si, par des approches différentes, on met en évidence les mêmes faits et relations élémentaires entre des branches de la science jusque-là séparées, on est conduit à les regrouper. Cette réunion ne s'opère pas d'un coup. Il faut une avancée théorique pour que le pressentiment d'analogies entre des phénomènes apparemment différents se mue en la reconnaissance d'une identité. « C'est ainsi, observe Herschel en 1830, qu'avant la grande découverte par Œrsted de l'électromagnétisme, on avait bien reconnu l'existence de ressemblances entre les deux sciences que formaient l'électricité et le magnétisme ».

Le but du philosophe de la nature est de substituer aux regroupements artificiels des faits particuliers en classes sous des lois empiriques, une juste vision de la structure et du mouvement des choses, sous des principes qui jouent, dans la science de la nature, le même rôle que les axiomes en géométrie. Herschel, que Cournot a lu et traduit, écrit à ce propos : « Ces [lois], une fois découvertes, nous donnent le pouvoir d'expliquer tous les faits particuliers, et deviennent les

1. Cournot, *Des Institutions*, p. 292.

fondements du raisonnement, indépendants de leur mise à l'épreuve sur des cas particuliers : elles jouent alors le même rôle dans la philosophie de la nature que les axiomes en géométrie »[1].

On pourrait imaginer qu'une telle démarche de l'esprit échoue ; qu'elle élève au rang d'axiomes des propositions qui ne tiendraient que pour un temps la place de principes, dans une classification inéluctablement conventionnelle et provisoire des phénomènes. Dans ce cas, nous ne formerions que des classifications nominales des phénomènes, jamais des classifications réelles ou naturelles. Or notre raison, d'emblée, se dirige vers le réel : elle est faite, par destination et par essence, pour s'élever par degrés à des perspectives qui unifient sa vision de la nature. Cette dialectique ascendante qui, quand nous regardons en nous-même, semble n'être qu'un processus inhérent à l'esprit, est en fait commandée du dehors par l'univers.

Que cette ascension puisse être à la fois une opération de l'esprit et le reflet du réel tient aux propriétés de l'univers. Or ou bien, comme dans la philosophie de la nature de Herschel, la « logique supérieure » – « *that higher kind of logic* » que Cournot appelle la « critique philosophique » – met en évidence que la nature est faite de régions emboîtées et hiérarchisées ; ou bien, comme dans la philosophie de Cournot, elle fait apparaître que la nature se compose d'ordres différents, reliés par des liens stables ou contingents, dont l'intensité est variable. Dans le premier cas, la constitution platonicienne et hiérarchisée de la nature légitime l'ascension des faits particuliers aux principes et valide l'induction ; dans le second, les prises de l'esprit sur les choses conservent inéluctablement quelque chose d'historique et de fluent.

La comparaison entre Herschel et Cournot, sur ce point, est instructive. Pour le premier, « une classification juste et exacte des faits particuliers, ou des objets singuliers, sous une même rubrique », c'est-à-dire en s'inspirant des « caractéristiques élémentaires en quoi ces faits particuliers ont pu être décomposés », est possible. Les classes ainsi formées « deviennent à leur tour des objets dans une classe de degré plus élevé et se rangent sous des lois qui, du fait qu'elles portent non plus sur des individus mais sur des ensembles [*groups*], possèdent un bien plus grand degré de généralité, si bien qu'à la longue, en réitérant un tel processus, nous parvenons à des axiomes du degré de

1. John Herschel, *A Preliminary Discourse*, §86, p. 95.

généralité le plus élevé que la science puisse atteindre »[1]. Ce n'est donc pas le « *natural philosopher* » qui impose à la nature une telle dialectique ascendante ; c'est la nature elle-même qui la lui dicte, car sa constitution, pourrait-on dire, est platonicienne et hiérarchisée, exempte même des perturbations que produit dans le Monde, selon le *Timée*, la cause errante. De ce fait, une fois qu'il a découvert les principes qui régissent les processus de la nature, l'esprit peut, à partir d'eux, revenir vers les cas concrets, par une sorte de dialectique descendante qui, s'appuyant sur la déduction, retourne des « axiomes » aux faits particuliers, légitimant en chemin les lois empiriques trouvées dans la phase d'ascension. Ce processus de montée vers les axiomes à partir des faits particuliers, puis de descente vers les faits particuliers à partir des axiomes, c'est ce que Herschel nomme l'*induction*. Cette notion ne désigne pas une forme de raisonnement, mais une approche de la nature, qui en dévoile la constitution et les lois. Certes, il n'y a pas de « recette » pour passer des faits particuliers aux classes de phénomènes et, de là, aux lois empiriques qui les gouvernent, ni non plus pour discerner les principes de la nature. Toutefois, l'entendement humain n'est pas désarmé pour saisir « l'esprit des lois de la nature ».

Cournot, qui, rappelons-le, rapproche sa philosophie de la nature de celle des Anglais, rompt pourtant complètement avec cette construction platonicienne, comme avec la théologie naturelle qui l'inspire. Il n'y a, chez lui, ni emboîtement strict ni organisation hiérarchisée des régions de la nature, mais des relations plus fluides et plus contingentes entre des ordres qui, tout en comportant par endroit des connexions rigoureuses, sont susceptibles de garder leur autonomie.

Du même coup, le langage, pour Cournot, doit satisfaire des exigences fortes : s'il ne veut pas perdre sa fiabilité cosmologique, il lui faut restituer à grands traits l'histoire de l'univers, et rendre compte de la naissance de l'ordre. Mais, s'il ne veut pas renoncer à sa véracité scientifique, il lui faut serrer de près les opérations élémentaires de la nature. Conjoindre, dans le même discours, au sein de la même langue, des « postulats immenses » et la minutie des faits, tel est le défi auquel se trouve confronté le langage. Le relever, ce serait accomplir une Pentecôte de l'esprit scientifique : faire en sorte que chaque science, tout en parlant sa langue propre, communique avec toutes les autres.

1. *Ibid.*, § 94, p. 102.

L'AME DU SYSTÈME

La disparité effective des opérations de la nature selon la classe et l'échelle des phénomènes entraîne, dans les sciences, une diversité de structures et de concepts. Du point de vue de la théorie de la connaissance, la notion de clé joue donc un rôle central: elle détermine les questions, les concepts, les hypothèses et les instruments dont se servent les savants pour interroger la nature dans chacune des régions qui la composent. Ce qui constitue l'âme du système de Cournot, c'est que se présente à nous, comme le disait Husserl, une tâche nécessaire et impossible: nous devons, par la méthode de la «critique philosophique», mettre au jour les articulations réelles de la nature et discerner son unité effective.

Pour qu'une telle mission soit menée à bien, il faut que l'esprit de l'homme se rende indépendant de la constitution physiologique et psychique que son corps et le monde matériel lui assignent. Cournot soutient l'idée que, si notre constitution était différente, nous aurions cependant la même science et concevrions les mêmes théories: «Il ne faut pas confondre l'idée d'*essence* avec celle de *substance*, pas plus que l'idée de la *raison* des choses avec l'idée de *cause*. Comme nous le montrerons ailleurs, les idées de cause et de substance ont une double origine, physique et psychologique: tandis que les idées de la raison et de l'essence des choses pourraient résider dans une intelligence qui n'aurait, ni la même constitution psychologique, ni les mêmes notions sur les phénomènes du monde physique»[1]. Cette conviction représente chez Cournot l'équivalent de ce qu'est la «réduction eidétique» chez Husserl. La «logique supérieure» a en effet pour tâche de mettre en lumière la disparité qui existe entre le fonctionnement de notre corps et de notre machinerie mentale d'une part, celui de notre esprit de l'autre. La destination de notre esprit est d'approcher la réalité, de discerner, au moins par endroits, l'ordre et le mouvement des choses. L'esprit trie entre ses états mentaux et les états de la nature, sépare ses opérations singulières et les processus réels, distingue ses instruments de conception et d'approche d'une part, la réalité des êtres et des choses de l'autre.

Cournot n'utilise pas, bien évidemment, le vocabulaire que Husserl ou Merleau-Ponty nous ont habitués à employer. Mais, dès qu'on est attentif à ce que Cournot dit et aux problèmes qu'il pose, on discerne quel est le cœur de son système: d'une manière discrète, secrète, en

1. *Traité*, p. 47.

mathématicien expérimenté, en penseur audacieux et vigilant, il effectue pour lui-même et invite ses lecteurs à reproduire une action inaugurale qu'il nomme d'un terme sans éclat, trop patiné, la « critique philosophique ». Ce manque d'un coup de trompette qui eût signalé l'importance et la nouveauté du projet a eu pour effet d'occulter ce qu'avait d'intrépide et, pour nous, de toujours actuel, l'exercice que Cournot nous invitait à placer au centre de la philosophie.

Ce que, lui-même, il avait mille fois pratiqué, il nous conviait à le reproduire : le vieux lecteur de *L'Imitation de Jésus-Christ* était bien trop réservé pour nous inciter à pénétrer, comme Faust, jusqu'au seuil du royaume des « Mères de la Connaissance ». Et, pourtant, c'était bien à cela qu'il songeait : que nous quittions nos *habitus*, nos manières de voir, de croire et de penser pour porter un œil neuf sur le cours et l'essence des choses.

Cournot est allé loin dans cette voie, sans que ses contemporains s'en soient aperçus : il a été jusqu'à dire que notre corps propre et nos structures mentales pouvaient être mises comme entre parenthèses, non pas abandonnées ou remisées, certes, mais comprises, démontées, réduites, de manière à ne plus altérer notre recherche de la vérité, c'est-à-dire de la réalité.

Bien sûr, ni chez Cournot ni chez Husserl un tel exercice n'a pour but la tentative chimérique d'exorciser l'influence de notre corps et de notre psychisme. Il y a, tout au contraire, chez Cournot, la conviction que le corps, dans sa singularité, grâce au « toucher actif » ou au « sentiment de l'effort musculaire », peut être comme adoubé, élevé au rang de médiateur de l'esprit.

Tel est, à mon sens, le cœur du « programme » de Cournot, le contenu de la lettre de mission qu'il s'est donnée ou que, plus probablement, il a pensé recevoir. Toutefois, Cournot est si secret que ses confidences ne sont jamais qu'indirectes. On s'aperçoit bien, par exemple, qu'il a toujours en tête, quand il analyse une question, un vaste éventail de personnes, d'événements et de problèmes, le peuple entier de ceux qui l'ont abordée et traitée. Pourtant, ce réseau interactif de subjectivités liées, ce *commercium intellectuale* n'est jamais désigné nommément.

Les grandes philosophies relatent toujours une expérience. Cournot n'échappe pas à la règle. Chacun de ses livres consigne les étapes d'une exploration, fait l'inventaire de découvertes. L'auteur, toutefois, ne semble pas avoir, le plus souvent, la conscience explicite de l'originalité de sa démarche. Il aurait pu dire, comme Augustin, « *Inardescimus et imus*, nous prenons flamme et partons ».

Cournot, en effet, nous intéresse à un triple titre, pour son expérience, sa méthode et sa doctrine. Il a vécu la pensée comme une randonnée, avec ses découvertes, ses chances, ses déconvenues, ses espérances. Il a mené ses explorations en adaptant son équipement et ses instruments aux milieux et au terrain.

Mais ce qui brûlait ce second Augustin couvait trop au fond de son être pour donner lieu à un épanchement romanesque : la nature avait pourvu Cournot de sévérité : elle n'avait fait de lui ni un conteur ni un dogmatique, mais un penseur. C'était un homme libre : il était droit et sans préjugés. Peut-être n'a-t-il pas pris la mesure de son originalité et de son génie. Il paraît, d'un livre à l'autre, reprendre les mêmes thèmes, monter de la même manière ses expéditions. Ces gros ouvrages foisonnants, dont on ne discerne pas immédiatement le dessein, sont pourtant les « *Essais* » toujours actuels d'une initiation à la raison.

BIBLIOGRAPHIE

COURNOT, *Œuvres complètes*, publiées sous la direction de A. Robinet, Paris, Vrin :
- I. *Exposition de la théorie des chances et des probabilités.* Édité par B. Bru
- II. *Essai sur les fondements de nos connaissances et sur les caractères de la critique philosophique.* Édité par J. C. Pariente
- III. *Traité de l'enchaînement des idées fondamentales.* Édité par N. Bruyère
- IV. *Considérations sur la marche des idées et des événements dans les temps modernes.* Édité par A. Robinet
- V. *Matérialisme, Vitalisme, Rationalisme. Étude sur l'emploi des données de la science en philosophie.* Édité par C. Salomon-Bayet
- VI/1. *Traité élémentaire de la théorie des fonctions et du calcul infinitésimal.* Édité par P. Dugac
- VI/2. *De l'origine et des limites de la correspondance entre l'algèbre et la géométrie.* Édité par N. Bruyère
- VII. *Des institutions d'instruction publique en France.* Édité par A. Kremer-Marietti
- VIII. *Recherches sur les principes mathématiques de la théorie des richesses.* Édité par G. Jorland
- IX. *Principes de la théorie des richesses.* Édité par G. Jorland
- X. *Revue sommaire des doctrines économiques.* Édité par G. Jorland

Revue de Métaphysique et de Morale, numéro spécial consacré à Cournot, 1905.

MENTRE François, *Cournot et la renaissance du probabilisme au XIXe siècle*, Paris, Marcel Rivière, 1908.

MILHAUD Gaston, *Études sur Cournot*, Paris, Vrin, 1927.

LA HARPE Jean de, *De l'Ordre et du hasard. Le réalisme critique d'Antoine Augustin Cournot*, Neuchâtel, Mémoires de l'Université de Neuchâtel, 1936.

Études pour le centenaire de la mort de A. Cournot (1877-1977). Actes de la table ronde (Dijon-Gray, 21-23 avril 1977), sous la direction de Jean Brun et André Robinet, Paris, Économica, 1978.

MARTIN Thierry, *Probabilités et critique philosophique selon Cournot*, Paris, Vrin, 1996.

– *Bibliographie cournotienne*, Besançon, Annales littéraires de l'Université de Franche-Comté, Série Philex, 1998, diffusion : Paris, Les Belles Lettres.

INDEX

TABLE DES MATIÈRES

Imprimerie de la Manutention à Mayenne – Juin 1998 – N° 252-98
Dépôt légal : 2e trimestre 1998